Band 773

Grundriss der Psychologie

Herausgegeben von Bernd Leplow und Maria von Salisch

Begründet von Herbert Selg und Dieter Ulich

Diese Taschenbuchreihe orientiert sich konsequent an den Erfordernissen des Bachelorstudiums, in dem die Grundlagen psychologischen Fachwissens gelegt werden. Jeder Band präsentiert sein Gebiet knapp, übersichtlich und verständlich!

H. E. Lück/S. Guski-Leinwand
Geschichte der Psychologie

D. Ulich/R. Bösel
Einführung in die Psychologie

K. Rentzsch/A. Schütz
Psychologische Diagnostik

J. Schiebener/M. Brand
Allgemeine Psychologie 1

D. Ulich/P. Mayring
Psychologie der Emotionen

F. Rheinberg/R. Vollmeyer
Motivation

U. Ehlert/R. La Marca/
E. A. Abbruzzese/U. Kübler
Biopsychologie

J. Kienbaum/B. Schuhrke
Entwicklungspsychologie der Kindheit

T. Faltermaier/P. Mayring/
W. Saup/P. Strehmel
Entwicklungspsychologie des Erwachsenenalters

H. M. Trautner
Allgemeine Entwicklungspsychologie

L. Laux
Persönlichkeitspsychologie

T. Greitemeyer
Sozialpsychologie

R. Guski
Wahrnehmung

F. J. Schermer
Lernen und Gedächtnis

H.-P. Nolting/P. Paulus
Pädagogische Psychologie

J. Felfe
Arbeits- und Organisationspsychologie, Bd. 1 und 2

L. v. Rosenstiel/W. Molt/
B. Rüttinger
Organisationspsychologie

T. Faltermaier
Gesundheitspsychologie

S. Trepte/L. Reinecke
Medienpsychologie

D. Köhler
Rechtspsychologie

G. Felser
Konsumentenpsychologie

M. Vollrath
Ingenieurpsychologie

Mark Vollrath

Ingenieurpsychologie

Psychologische Grundlagen und
Anwendungsgebiete

Verlag W. Kohlhammer

Dieses Werk einschließlich aller seiner Teile ist urheberrechtlich geschützt. Jede Verwendung außerhalb der engen Grenzen des Urheberrechts ist ohne Zustimmung des Verlags unzulässig und strafbar. Das gilt insbesondere für Vervielfältigungen, Übersetzungen, Mikroverfilmungen und für die Einspeicherung und Verarbeitung in elektronischen Systemen.

Die Wiedergabe von Warenbezeichnungen, Handelsnamen und sonstigen Kennzeichen in diesem Buch berechtigt nicht zu der Annahme, dass diese von jedermann frei benutzt werden dürfen. Vielmehr kann es sich auch dann um eingetragene Warenzeichen oder sonstige geschützte Kennzeichen handeln, wenn sie nicht eigens als solche gekennzeichnet sind.

Piktogramme

 Beispiel   Definition

 Erklärung   Merke

1. Auflage 2015

Alle Rechte vorbehalten
© W. Kohlhammer GmbH, Stuttgart
Gesamtherstellung: W. Kohlhammer GmbH, Stuttgart

Print:
ISBN 978-3-17-022620-3

E-Book-Formate:
pdf: ISBN 978-3-17-028835-5
epub: ISBN 978-3-17-028836-2
mobi: ISBN 978-3-17-028837-9

Für den Inhalt abgedruckter oder verlinkter Websites ist ausschließlich der jeweilige Betreiber verantwortlich. Die W. Kohlhammer GmbH hat keinen Einfluss auf die verknüpften Seiten und übernimmt hierfür keinerlei Haftung.

Inhalt

Geleitwort 9

Vorwort 11

1 Was ist Ingenieurpsychologie? 13
   1.1 Definition und Arbeitsgebiete 15
   1.2 Geschichte 18
   1.3 Grundbegriffe 20
   1.4 Abgrenzung 24
   1.5 Anwendungsgebiete und Fragestellungen ... 26
   1.6 Zusammenfassung 28
   1.7 Literaturempfehlungen 29

2 Psychologische Modelle 30
   2.1 Psychologische Prozesse bei der Mensch-Maschine-Interaktion 32
   2.2 Das SEEV-Modell 37
   2.3 Das Modell multipler Ressourcen 42
   2.4 Zusammenfassung 46
   2.5 Literaturempfehlungen 48

3 Methoden 50
   3.1 Psychologische Designansätze 52
   3.2 Aufgaben im Designprozess 55
   3.3 Anforderungen an Systeme und Systembewertung 59
   3.4 Planung empirischer Studien 67
   3.5 Typische Messverfahren 72
   3.6 Zusammenfassung 76
   3.7 Literaturempfehlungen 78
   3.8 Hilfreiche Seiten im Internet 78

4 Visuelle Informationen und Anzeigen 79

- 4.1 Arten visueller Informationen.............. 80
- 4.2 Visuelle Wahrnehmung.................... 84
- 4.3 Gestaltungsprinzipien visueller Informationen 93
- 4.4 Gute Grafiken........................... 98
- 4.5 Zusammenfassung........................ 103
- 4.6 Literaturempfehlungen.................... 105

5 Akustische, verbale und textliche Informationen ... 106

- 5.1 Das akustische Signal..................... 108
- 5.2 Akustische Warnungen.................... 111
- 5.3 Sprachdialogsysteme...................... 118
- 5.4 Lesen und Textgestaltung.................. 123
- 5.5 Zusammenfassung........................ 127
- 5.6 Literaturempfehlungen.................... 129

6 Bedienung 130

- 6.1 Manuelle Kontrolle....................... 133
- 6.2 Anforderungen an Bedienelemente......... 139
- 6.3 Gestaltungsprinzipien..................... 147
- 6.4 Zusammenfassung........................ 153
- 6.5 Literaturempfehlungen.................... 156

7 Mensch-Computer-Interaktion 157

- 7.1 Was ist eine Schnittstelle? 160
- 7.2 Grundsätze für Dialoge.................... 166
- 7.3 Evaluation von Software................... 174
- 7.4 Zusammenfassung........................ 178
- 7.5 Literaturempfehlungen.................... 180

8 Automation 181

- 8.1 Definition und Anwendungsgebiete 182
- 8.2 Stufen der Automation 185
- 8.3 Funktionsteilung – Mensch oder Automation? 190

8.4	Problemkreise der Automation	193
8.5	Auswege und Lösungsansätze	200
8.6	Zusammenfassung	203
8.7	Literaturempfehlungen	205

9 Ein kurzer Ausblick… **206**

Literatur **211**

Stichwortverzeichnis **215**

Geleitwort

Neue Studiengänge brauchen neue Bücher! Bachelor und Master sind nicht einfach verkürzte Diplom- oder Magisterausbildungen, sondern stellen etwas qualitativ Neues dar. So gibt es jetzt Module, die in sich abgeschlossen sind und aufeinander aufbauen. Sie sind jeweils mit Lehr- und Lernzielen versehen und spezifizieren sehr viel genauer als bisher, welche Themen und Methoden in ihnen zu behandeln sind. Aus diesen Angaben leiten sich Art, Umfang und Thematik der Modulprüfungen ab. Aus der Kombination verschiedener Module ergeben sich die Bachelor- und Masterstudiengänge, welche in der Psychologie konsekutiv sind, also aufeinander aufbauen. Die Bände der Reihe »Grundriss der Psychologie« konzentrieren sich auf das umgrenzte Lehrgebiet des Bachelorstudiums.

Da im Bachelorstudium die Grundlagen des psychologischen Fachwissens gelegt werden, ist es uns ein Anliegen, dass sich jeder Band der Reihe »Grundriss der Psychologie« ohne Rückgriff auf Wissen aus anderen Teilgebieten der Psychologie lesen lässt. Jeder Band der Grundrissreihe orientiert sich an einem der Module, welche die Deutsche Gesellschaft für Psychologie (DGPs) im Jahr 2005 für die Neugestaltung der Psychologieausbildung vorgeschlagen hat. Damit steht den Studierenden ein breites Grundwissen zur Verfügung, welches die wichtigsten Gebiete aus dem vielfältigen Spektrum der Psychologie verlässlich abdeckt. Dies ermöglicht nicht nur den Übergang auf den darauf aufbauenden Masterstudiengang der Psychologie, sondern auch eine erste Berufstätigkeit im psychologisch-assistierenden Bereich.

So führt der Bachelorabschluss in Psychologie zu einem eigenen, berufsbezogenen Qualifikationsprofil. Aber auch Angehörige anderer Berufe können von einer ergänzenden Bachelorausbildung in Psychologie profitieren. Überall dort, wo menschliches Verhalten und Erleben Entscheidungsabläufe beeinflusst, hilft ein fundiertes Grundwissen in Psychologie. Die Bandbreite reicht vom Fachjournalismus über den Erziehungs- und Gesundheitsbereich, die Wirtschaft mit diversen Managementprofilen, die Architektur und die Ingenieurwissenschaften bis hin zu Führungspositionen in Militär und Polizei. Die wissenschaftliche Psychologie bietet insofern – bei ethisch vertretbarer Anwendung – ein Gerüst, über welches man auf die Gesellschaft positiv Einfluss nehmen kann. Daher können auch Studierende und Praktiker aus anderen als den klassischen psychologischen Tätigkeitsfeldern vom Wissen eines Bachelors in Psychologie profitieren. Weil die einzelnen Bände so gestaltet sind, dass sie psychologisches Grundlagenwissen voraussetzungsfrei vermitteln, sind sie also auch für Angehörige dieser Berufsgruppen geeignet.

Jedes Kapitel ist klar gegliedert, beginnt mit einer präzisen Formulierung der Inhalte und schließt mit einer übersichtlichen Zusammenfassung. Literaturempfehlungen und Fragen zur Selbstüberprüfung runden die Kapitel ab. Als weitere Lern- und Verständnishilfen wurden *Exkurs*-Kästen, *Beispiele* und *Erklärungen* aufgenommen. In einigen Bänden finden sich darüber hinaus *Definitionen*, und wo es sich anbietet, wird besonders Wichtiges in einem *Merke*-Satz wiederholt.

Wir möchten den ausgeschiedenen Herausgebern für ihre inspirierende Arbeit an dieser Reihe danken und hoffen, auch weiterhin auf ihre Erfahrungen zurückgreifen und ihren wertvollen Rat in Anspruch nehmen zu können. Den Leserinnen und Lesern wünschen wir vielfältige Erkenntnisse und Erfolge mit den Bänden der Reihe »Grundriss der Psychologie«.

Maria von Salisch
Bernd Leplow

Vorwort

Als Doktorand musste ich mein erstes Projekt aus dem Bereich der Ingenieurpsychologie übernehmen. »Musste« trifft meine Gefühle von damals sehr gut – dieser Bereich der Psychologie hatte mich bislang nie interessiert. Soziale Prozesse und menschliche Interaktionen fand ich viel spannender. Im Laufe des Projekts veränderte sich meine Einstellung. Ich entdeckte, dass Ingenieurpsychologie (und speziell auch der Bereich der Mensch-Maschine-Interaktion im Verkehr) ein außerordentlich spannendes Feld ist. Warum?

Auf der einen Seite trifft die Ingenieurpsychologie den Wunsch (fast) jedes Psychologen, sich mit etwas Anwendbarem zu beschäftigen, etwas zu bewirken, vielleicht sogar die Welt zu verbessern. Technik, Computer und Kommunikation sind inzwischen so weit im Privatleben und der Arbeit verbreitet, dass man ständig mit Beispielen schlecht gestalteter Mensch-Maschine-Interaktionen konfrontiert wird. Auf der anderen Seite ist die Ingenieurpsychologie nicht nur reine Anwendung, sondern daran interessiert, die kognitiven Prozesse beim Umgang mit Technik zu verstehen. Man kann sich auf diese Weise mit Allgemeiner oder Kognitiver Psychologie in einem alltagsrelevanten Bereich beschäftigen!

Seit 2007 leite ich den Lehrstuhl für Ingenieur- und Verkehrspsychologie an der TU Braunschweig. Dieses Buch ist wesentlich geprägt durch meine Vorlesung »Grundlagen der Ingenieurpsychologie«. Deshalb Dank an alle Studierenden (vor allem auch aus dem Bereich des Maschinenbaus und der Informatik), deren Feedback die Inhalte dieses Buches maßgeblich geprägt haben. Vielen Dank auch an Josef Krems aus Chemnitz, der mir unaufgefordert seine ungemein hilfreichen Vorlesungsunterlagen zur Verfügung stellte, als ich damals die erste Vorlesung in Braunschweig halten durfte. Leider hat es bei diesem Buch nicht geklappt, zusammen zu schreiben. Dank auch an meine Mitarbeiter und Kollegen, deren Forschungen Eingang in die Beispiele und Inhalte des Buches gefunden haben.

Ich wünsche mir, dass Sie mit diesem Buch ähnlich wie ich selbst damals als Doktorand die Reize entdecken, die die Ingenieurpsychologie zu bieten hat. Wenn Sie in diesem Bereich tätig werden, müssen wir uns in Zukunft vielleicht weniger über schlecht gestaltete Technik ärgern. Und vielleicht gelingt es mit diesem Buch auch, bei angehenden Ingenieuren und Informatikern eine gewisse Sensibilität für diese Themen zu fördern.

Und schließlich: Selbstverständlich soll dieses Buch Männer und Frauen ansprechen. Aus Gründen der Lesbarkeit (▶ **Kap. 5.4**) wurde allerdings die männliche Form der Ansprache verwendet. Ich bitte alle Frauen, sich dennoch angesprochen zu fühlen!

Braunschweig, im Herbst 2014
Mark Vollrath

1 Was ist Ingenieurpsychologie?

Inhalt
Ingenieurpsychologie beschreibt eine angewandte Richtung der Psychologie, die sich mit dem Umgang von Menschen mit Technik beschäftigt. Menschen nutzen Maschinen und Computerprogramme, um bestimmte Ziele zu erreichen. Das Wissen über die menschliche Handlungssteuerung bildet die Grundlage, um die Mensch-Maschine-Interaktion so zu gestalten, dass eine einfache und angenehme Nutzung ermöglicht wird.

Ingenieure sind Menschen, die Maschinen entwickeln, mit denen andere Menschen Aufgaben erledigen. Obwohl Ingenieure selbst Menschen sind, fällt es manchen von ihnen offensichtlich sehr schwer, diese Maschinen so zu konstruieren, dass andere Menschen damit wirklich gut umgehen können. Wer hat nicht schon einmal versucht, in seinem Handy die eigene Telefonnummer zu finden? An Fahrkartenautomaten sind regelmäßig verzweifelte Reisende zu beobachten, die ihre Fahrkarte nicht erstellen können. Und bevor man wirklich gut mit einem Computerprogramm umgehen kann, müssen die meisten Nutzer Schulungen und Trainings auf sich nehmen. Muss das so sein? Ist die moderne Technik so komplex, dass man den Umgang damit erst mühsam erlernen muss?

Zum Teil trifft das tatsächlich zu. Wenn man als Mitarbeiter in einem Betrieb mit einem neuen Computerprogramm auch gleichzeitig eine neue Aufgabe erlernen muss, ist eine Lernphase wohl nicht zu vermeiden. Wenn man allerdings genau weiß, *was* man mit einer Maschine erreichen will, aber nicht herausfinden kann, *wie* man das tut, dann wurde das Produkt nicht optimal entwickelt. Etwas genauer formuliert: Eine bestimmte Funktion wurde zwar entwickelt. Die Frage, wie der Nutzer auf diese Funktion zugreift und sie bedient, wurde jedoch vernachlässigt. Damit ist die *Mensch-Maschine-Schnittstelle* (MMS), oder, häufiger verwendet, das *Human-Machine-Interface* (HMI) angesprochen.

Definition
▶ Das *Human-Machine-Interface (HMI)* beschreibt die Teile einer Maschine oder eines Computerprogramms, mit denen Informationen an den Menschen vermittelt werden und mit deren Hilfe der Mensch die Maschine oder das Programm bedienen kann. Im Deutschen bezeichnet man dies auch als *Mensch-Maschine-Schnittstelle (MMS)*. HMI wird häufig auch als *Human-Machine-Interaction* verwendet, um den Umgang des Menschen mit der Maschine zu beschreiben (auf Deutsch dann *Mensch-Maschine-Interaktion, MMI*). ◀◀

Das zentrale Anliegen der Ingenieurpsychologie ist es, diese Mensch-Maschine-Interaktion optimal zu gestalten oder sie zu verbessern – also genau die Situation zu vermeiden, die in **Abbildung 1.1** dargestellt ist. Dazu wird Wissen über die menschliche Informationsverarbeitung und die kognitiven Prozesse genutzt, die menschlichen Handlungen zu Grunde liegen. Für die Ingenieurpsychologie ist es deshalb zentral, zu verstehen, wie Menschen über Maschinen denken und welche Erwartungen sie an deren Leistungsfähigkeit und Bedienung haben (»mentale Modelle«). Da Menschen Maschinen nutzen, um bestimmte Ziele zu erreichen, ist außerdem ein Verstehen menschlicher Handlungen notwendig, um die Mensch-Maschine-Interaktion so zu gestalten, dass diese Ziele möglichst gut erreicht werden können. Diese Definition von Ingenieurpsychologie wird im folgenden Kapitel ausführlicher dargestellt.

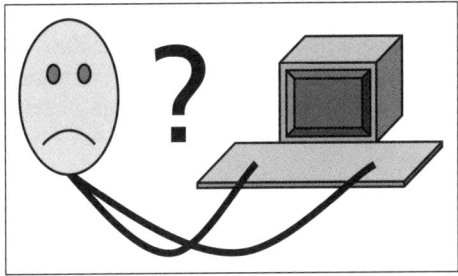

Abb. 1.1: Der Nutzer weiß nicht, wie er den Computer oder die Maschine bedienen soll – diese Situation will die Ingenieurpsychologie vermeiden.

Merke
▶ Für die Ingenieurpsychologie steht nicht die *Funktion* einer Maschine (*was* macht man damit?) im Vordergrund, sondern die *Mensch-Maschine-Interaktion* (*wie* macht man das?). Nur wenn der Nutzer weiß, wie man auf eine Funktion zugreift, kann er diese auch verwenden. Allerdings müssen auch alle benötigten Funktionen tatsächlich vorhanden sein. ◀◀

1.1 Definition und Arbeitsgebiete

Definition
▶ Ingenieurpsychologie ist die Wissenschaft vom Erleben und Verhalten des Menschen im Umgang mit technischen Systemen mit dem Ziel, diesen Umgang optimal zu gestalten. ◀◀

Eine einfache und angenehme Bedienung von Geräten ist weder selbstverständlich noch einfach zu erreichen (s. Beispiel). Da Maschinen und insbesondere Computer privat und beruflich eine Vielzahl von Handlungsmöglichkeiten erst eröffnen, hat sich eine eigene Richtung der Psychologie entwickelt. Wickens definiert Ingenieurpsychologie als »... the study of human behavior with the objective of improving human interaction with systems.« (Wickens & Kramer, 1985, S. 307). In dieser Definition sind zwei wesentliche Elemente enthalten:

1. Ingenieurpsychologie untersucht menschliches Verhalten, insbesondere die Nutzung von Maschinen zur Zielerreichung.
2. Ingenieurpsychologie wendet dieses Wissen an, um die Interaktion von Nutzern mit Systemen optimal zu gestalten.

Beispiel
▶ **Abbildung 1.2** zeigt das Bedienelement eines Herdes mit einem Ceran-Kochfeld und vier Platten. Das Element befindet sich vorne auf dem Kochfeld. Es handelt sich um eine Metallscheibe, die man auch vom Herd wegnehmen kann und die offensichtlich durch einen Magneten im runden Feld gehalten wird. Die vier Zahlen geben wohl die Wärmestufen der vier Herdplatten an. Wie stellt man jetzt die Platte vorne rechts an und wie wählt man dort die Stufe 7 aus?

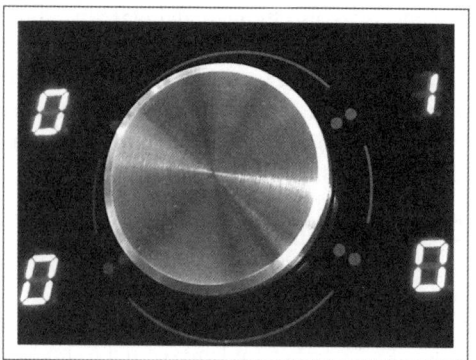

Abb. 1.2: Bedienelement eines Herdes mit Ceran-Kochfeld. Wie schaltet man damit eine Platte an?

Ohne Bedienungsanleitung ist das gar nicht so einfach herauszufinden. Wie würden Sie das tun?

Lösung: Sie müssen die Metallscheibe zunächst in Richtung der Zahl bewegen, die Sie ändern wollen. Ein kleiner, leuchtender Punkt taucht dann neben der entsprechenden Zahl auf und zeigt an, dass diese Platte gerade aktiv ist. Danach drehen Sie die Scheibe nach rechts, um höhere Werte zu erreichen. Wären Sie spontan auf diese Lösung gekommen? ◀◀

Der interdisziplinäre Ansatz der Ingenieurpsychologie wird in der Definition von Hoyos (1990) sehr deutlich. »Ingenieurpsychologie ... ist die Anwendung der Psychologie auf die Nutzung, Steuerung und Wartung ingenieurwissenschaftlicher Produkte.« (S. 5) Damit wird vorausgesetzt, dass entsprechende Produkte auch entwickelt werden. Ingenieurpsychologen brauchen Ingenieure und ergänzen deren funktionale Sicht durch die Untersuchung der Mensch-Maschine-Interaktion. Davon profitieren wiederum Ingenieure, die sich häufig auf die Funktionsentwicklung konzentrieren wollen. Durch eine gute MMI wird erreicht, dass die Produkte so genutzt werden können, wie es gedacht ist.

Deshalb sind Ingenieurpsychologen auch in der Grundlagenforschung tätig, wobei es ihnen darum geht, die kognitiven Prozesse des Menschen bei der Bewältigung konkreter Aufgaben zu verstehen. Am Beispiel der Bedienung eines Herds: Man kann als Ingenieurpsychologe die Bedienelemente verschiedener Hersteller bewerten und vergleichen, um daraus Hinweise abzuleiten, wie neue Bedienelemente optimal zu gestalten wären. Man könnte aber auch die Erwartungen und typischen Arbeitsschritte am Herd untersuchen, um daraus abzuleiten, wie ein ideales Bedienelement aussehen müsste. Das ist mit »angewandter Grundlagenforschung« gemeint.

Ganz wesentlich dafür ist eine *Aufgabenanalyse*. Dabei wird auf unterschiedliche Art und Weise die Bewältigung einer Aufgabe durch einen Menschen untersucht, um daraus abzuleiten, an welche Stelle er auf welche Weise durch ein technisches System unterstützt werden könnte, oder wie ein bestehendes System erweitert werden müsste, um die Aufgabenbearbeitung zu optimieren.

Entwickelte oder bestehende Systeme werden mit Hilfe unterschiedlicher Methoden bewertet (*Evaluation*), um daraus Verbesserungsmöglichkeiten abzuleiten. Dazu werden Nutzer in der Interaktion mit Systemen beobachtet, ihre körperlichen Reaktionen und ihr Verhalten gemessen und unterschiedliche Aspekte des Erlebens erfasst. Häufig geht es dabei nicht nur um eine angenehme, effektive Nutzung, sondern auch um sicherheitsrelevante Aufgaben. Beim Autofahren, bei der Überwachung eines Atomkraftwerks oder auch bei der Koordination des Luftverkehrs können Fehler schwerwiegende Konsequenzen nach sich ziehen. Daher ist die Analyse von Fehlern und die Entwicklung von Konzepten zur Fehlervermeidung ein ganz zentrales Arbeitsgebiet des Ingenieurpsychologen.

Man weiß nicht sofort, wie etwas funktioniert. Die Erfüllung von Aufgaben mit Maschinen ist nicht immer einfach und manchmal sogar gefährlich. Und nicht jeder Umgang mit Maschinen macht so viel Spaß wie die Bedienung des iPads. Neben der rein technischen Entwicklung muss dafür gesorgt werden, dass Menschen damit gut umgehen können. Das ist das Aufgabengebiet der Ingenieurpsychologie.

Merke
▶ Wesentliche Aufgabengebiete der Ingenieurpsychologie sind:

- Angewandte Grundlagenforschung
- Aufgabenanalyse
- Fehleranalysen
- Ableitung von Anforderungen an MMI (Konzepte)
- Bewertung der MMI ◀◀

1.2 Geschichte

Der Ursprung der Ingenieurpsychologie kann bei William Stern gesehen werden, der 1903 den Begriff der *Psychotechnik* prägte (Stern, 1903–1904). Dieser bezeichnete die Anwendung psychologischen Wissens, um das Verhalten von Menschen zu verändern. Damit waren allerdings zunächst noch ganz verschiedene Anwendungsgebiete gemeint. Bei Hugo Münsterberg findet sich die Beschreibung der Psychotechnik als Anwendung der Psychologie im Dienste von Kulturaufgaben, wozu auch das Wirtschaftsleben gehört (Münsterberg, 1913; 1914). Fritz Giese führte dann den Begriff der »Objektpsychotechnik« ein, um damit die Anpassung der Arbeitsbedingungen an den Menschen zu beschreiben (Giese, 1927). Von Walter Moede stammte der

Begriff der »Industriellen Psychotechnik«, welcher die Anwendung psychologischen Wissens im Bereich der Produktion bezeichnet (Moede, 1930). Im Ersten Weltkrieg und in der Zeit danach erlebte die Psychotechnik einen Aufschwung, da mit ihrer Hilfe die wirtschaftliche Produktion verbessert werden sollte. Allerdings lag der Schwerpunkt eher bei der Anpassung der Menschen an die Arbeitsbedingungen (Personalauswahl, Training) als umgekehrt. Diese einseitige Sichtweise führte auch dazu, dass die Psychotechnik im nationalsozialistischen Deutschland zwar weiter gefördert wurde, durch diese Förderung aber in Verruf geriet und an Bedeutung verlor.

Parallel dazu entwickelte sich in den USA das *Human Factors Engineering*. Gerade militärische Entwicklungen führten zu neuen Anforderungen an die Bediener. Eine Vielzahl von Informationen wurde über Radar, Sonar, Telefon und Radio verfügbar und musste für die Nutzer verständlich dargestellt werden. Es wurde schnell deutlich, dass menschliche Fehler und Probleme beim Umgang mit technischen Systemen wesentlich durch die Gestaltung dieser Systeme und ihrer Schnittschnellen bedingt waren. Diese Fehler fanden sich auch bei gut trainierten Nutzern, was dazu anregte, die Gestaltung der Systeme auf eine Weise zu verbessern, dass auch ungeübte Nutzer besser und fehlerfrei damit umgehen können. Damit war die Ingenieurpsychologie geboren, die auf Basis des psychologischen Wissens an der Gestaltung und Bewertung von Systemen arbeitet.

In Deutschland wurden diese Entwicklungen zunächst vor allem in der ehemaligen DDR aufgegriffen. Ausgangspunkt war die Übersetzung eines russischen Buches von Lomow als »Ingenieurpsychologie« (Lomow, 1964). Friedhart Klix und Klaus-Peter Timpe etablierten an der Humboldt-Universität in Berlin das entsprechende Fach, wobei auf Basis experimentalpsychologischer Grundlagen Fragen der Schnittstellengestaltung bei der Mensch-Maschine-Interaktion untersucht wurden. Dies wurde insbesondere im Zusammenhang mit Automation ein wichtiger Forschungsbereich. Auch in der Lehre gab es in der DDR eine eigene Spezialisierung »Ingenieurpsychologie« als Alternative zur Klinischen Psychologie. In der BRD wurden ingenieurpsychologische Fragestellungen im Bereich der Arbeitspsychologie behandelt. Nach der Wiedervereinigung blieb die Ingenieurpsychologie an einigen Universitäten erhalten (z. B. Dresden, Berlin, Chemnitz). Mit der zunehmenden Bedeutung der Mensch-Computer-Interaktion hat sich das Interesse an diesem Bereich verstärkt, sodass es auch neue Professuren für Ingenieurpsychologie gibt (z. B. seit 2003 in Lüneburg, seit 2007 in Braunschweig, seit 2009 in Darmstadt) oder wenigstens entsprechende Lehrveranstaltungen angeboten werden.

Ein aktuelles deutschsprachiges Lehrbuch fehlt momentan. Ein Überblick entsprechender Forschungsthemen findet sich in der Enzyklopädie der Psychologie (Zimolong & Konradt, 2006). Klassiker sind das Lehrbuch von Lomow (1964) und das von Hacker (2005, in der ersten Auflage noch »Allgemeine Arbeits- und Ingenieurpsychologie«), wobei hier aktuelle Entwicklungen fehlen. Im englischen Sprachraum sind vor allem die Bücher von Wickens (Wickens, Lee, Liu & Becker, 2004, Wickens & Hollands, 2000) zu empfehlen.

Merke
▶ Die Ingenieurpsychologie hat ihre Wurzeln in der *Psychotechnik*, der Anwendung psychologischen Wissens im Bereich der Wirtschaft. Während anfangs die Anpassung der Menschen an die Technik im Vordergrund stand, hat sich der Schwerpunkt so verändert, dass die technischen Systeme an die Eigenschaften des Menschen angepasst werden, sodass durch eine optimale Mensch-Maschine-Interaktion die unterschiedlichen Ziele möglichst gut erreicht werden können. ◀◀

1.3 Grundbegriffe

Der Gegenstand der Ingenieurpsychologie ist die *Mensch-Maschine-Interaktion*. An dieser Interaktion sind zwei Seiten beteiligt, die jeweils einerseits selbst etwas tun, andererseits Informationen vom Gegenüber aufnehmen. Der Mensch bedient die Maschine, indem er Tasten drückt oder mit einer Maus einen Zeiger bewegt und Elemente auswählt (beim Computer), einen Knopf drückt (beim Öffnen der Zugtür) oder ein Lenkrad dreht (im Auto). Allgemein geht es um die Gestaltung dieser *Bedienelemente oder Stellteile*. Mit welcher Tastatur kann ein Text am schnellsten und mit den wenigsten Fehlern geschrieben werden? Ist der Druckknopf an der Tür des ICE gut geeignet, um die Tür zu öffnen? Kann man mit einer Bremse wirklich am schnellsten reagieren, wenn ein Unfall bevorsteht? Wie das *Beispiel ICE-Knopf* zeigt, geht es dabei einerseits um die Bedienbarkeit selbst, aber andererseits auch um die direkte Rückmeldung, dass die eigene Aktion von der Maschine richtig interpretiert wurde.

Beispiel
▸ Der derzeitige Druckknopf an der ICE-Tür ist als Bedienelement nicht gut geeignet, da man nie sicher ist, ob der Tastendruck wirklich registriert wurde: Der Knopf selbst gibt nicht nach und rastet nicht ein, sodass eine Rückmeldung (Feedback) fehlt. Die Tür öffnet sich deutlich verzögert, sodass man während dieser Pause sehr unsicher ist, ob der Knopfdruck tatsächlich gewirkt hat. Der Knopf selbst ist zwar gut zu sehen und gut zu erreichen. Man weiß, was man tun soll und kann ihn auch leicht drücken. Aber ein wesentlicher Aspekt eines Bedienelements fehlt: Eine gute Rückmeldung, dass die Handlung des Nutzers auch registriert wurde. ◂◂

Die Rückmeldungen der Maschine sind der zweite Aspekt der Mensch-Maschine-Interaktion. Allgemein wird das mit dem Begriff des *Displays* bezeichnet. Dazu gehören verschiedene Arten der visuellen Anzeigen (z. B. Tachometer, Thermometer, Bildschirme, Warnlichter), aber auch akustische und sprachliche Rückmeldungen (Warntöne, Sprachausgaben eines Navigationssystems) und haptische Signale (z. B. das Einrasten eines Knopfs oder ein Widerstand am Lenkrad, wenn das Fahrzeug die Spur verlässt). Bei der Gestaltung des Displays geht es vor allem darum, ob die Signale wahrgenommen und richtig verstanden werden. Kann man den Ton überhaupt hören, wenn es im Fahrzeug laut ist? Wird das Warnsignal im

Flugzeugcockpit gesehen, wenn gleichzeitig eine Vielzahl von Signalen verfügbar ist? Versteht der Kunde, welches Menü er auswählen muss, um eine Tageskarte für den öffentlichen Nahverkehr zu kaufen?

Beide Aspekte sind im Begriff der *Mensch-Maschine-Schnittstelle* oder des *Interface* enthalten. Es geht einerseits um die Bedienhandlungen des Menschen, andererseits um Aktionen und Informationen der Maschine, die der Mensch verstehen muss. Dieser Zusammenhang ist in **Abbildung 1.3** zusammengefasst. Diese Aufteilung findet sich auch in den entsprechenden Kapiteln dieses Buches wieder.

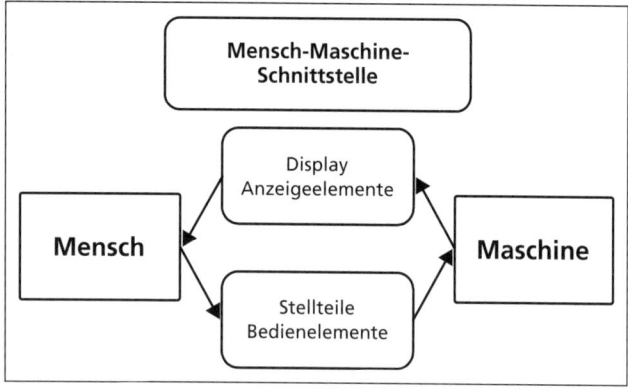

Abb. 1.3: Die beiden Aspekte der Mensch-Maschine-Schnittstelle

Wie bewertet man die Güte einer Mensch-Maschine-Schnittstelle? Hier spielt das Konzept der *Gebrauchstauglichkeit* oder *Usability* eine wichtige Rolle. Dieses stammt aus dem Bereich der Softwareentwicklung und wird in der Norm EN ISO 9241-11 definiert. Es umfasst drei Aspekte:

- Unter *Effektivität* versteht man, inwieweit der Nutzer seine Ziele tatsächlich erreichen kann. Wenn der Nutzer beim Schreiben eines Textes am Computer zum Beispiel Absätze nummerieren will, diese Funktion aber nicht findet, ist die Software nicht effektiv.

1.3 Grundbegriffe

- *Effizienz* beschreibt, wie schnell und fehlerfrei das Ziel erreicht wird. Wenn die Tastatur eines Handys so klein ist, dass man sich ständig vertippt und deswegen sehr lange braucht, um eine SMS zu schreiben, ist dies wenig effizient.
- Die Bedienung sollte angenehm und zufriedenstellend für den Nutzer sein (*Akzeptanz* oder *Zufriedenheit*). Die Vergrößerung von Texten auf einem iPad durch Auseinanderziehen mit Hilfe von zwei Fingern wird zum Beispiel von vielen Nutzern als sehr angenehm erlebt.

Diese drei Aspekte ergänzen sich gegenseitig, können aber auch unterschiedlich ausgeprägt sein. Viele Nutzer von Textprogrammen formatieren ihre Texte über die Bedienung von Symbolen mit der Maus, obwohl dies mit Hilfe von Tastaturkürzeln wesentlich schneller ginge, aber die Maus erscheint ihnen angenehmer und man muss sich die Tastaturkürzel nicht merken. So ist im Einzelfall abzuwägen, welcher Aspekt wie stark optimiert werden kann.

Definition
▶ *Usability* (*Gebrauchstauglichkeit*) eines Produkts beschreibt, inwieweit der Nutzer seine Ziele mit diesem Produkt effektiv (er kann das machen, was er will), effizient (schnell und mit geringem Aufwand) und zufriedenstellend (die Bedienung ist angenehm) erreichen kann. ◀◀

Ergänzend dazu wurde der Begriff der *User Experience* eingeführt, um den besonderen Spaß oder das Vergnügen der Nutzung selbst im Unterschied zum Erreichen bestimmter Ziele in den Vordergrund zu stellen. Beim Motorradfahren steht oft nicht das schnelle, einfache und angenehme Erreichen eines Ziels im Vordergrund, sondern die Fahrt an sich macht Spaß und wird als etwas Besonderes erlebt. Mit dem Finger auf dem iPad Apps auszuwählen und zu bedienen wird von vielen Nutzern nicht nur als effektiv, sondern als angenehm und schön erlebt. Der Genuss am Produkt, an der Bedienung, kann also eine zusätzliche Qualität sein, die vor allem für den Kaufwunsch wichtig ist.

> **Merke**
> ▶ Die schnelle und fehlerfreie, angenehme Bedienung ist sicherlich bei vielen Mensch-Maschine-Schnittstellen das wesentliche Ziel. Gerade bei Konsumprodukten sollte zusätzlich der Spaß, das positive Erleben mit berücksichtigt werden. ◀◀

1.4 Abgrenzung

In den Arbeitswissenschaften beschäftigt sich die *Ergonomie* mit ähnlichen Fragestellungen wie die Ingenieurpsychologie. Im englischsprachigen Bereich spricht man hier neben *Ergonomics* auch vom Forschungsgebiet der *Human Factors*. Auf den ersten Blick zeigt auch die Definition von Ergonomie bzw. Human Factors eine große Ähnlichkeit zur Ingenieurpsychologie.

> **Definition**
> ▶ *Ergonomie* ist ein Fachgebiet, »… das sich in besonderer Weise mit der Interaktion von Mensch und Maschine befassen sollte.« (Zimolong, 2006, S. 8) ◀◀

Auch in der Ergonomie ist der Forschungsgegenstand die Interaktion zwischen Mensch und technischen Systemen, wobei Wissen aus der Psychologie und den Ingenieurwissenschaften genutzt wird. Ein zusätzlicher Schwerpunkt liegt darin, die physiologischen und anthropologischen Eigenschaften des Menschen in den Vordergrund zu stellen, also z. B. die Armlänge bei der Platzierung von Bedienelementen zu berücksichtigen oder die Gestaltung von Fahrzeugsitzen an Körpergröße und Gewicht anzupassen. Demgegenüber beschäftigen sich Ingenieurpsychologen wie oben dargestellt mehr mit den Denkprozessen des Menschen. Ein Teilbereich der Ergonomie, die kognitive Ergonomie, hat allerdings eine ganz ähnliche thematische Ausrichtung. Der Unterschied liegt aber nicht nur darin, dass Ingenieurpsychologie von Psychologen, Ergonomie von Arbeitswissenschaftlern und Ingenieuren betrieben wird. Vielmehr sind die Zielrichtung und der Schwerpunkt etwas unterschiedlich. Bei der Ergonomie steht letztlich das gute

Produkt, das Ergebnis, im Vordergrund, während sich Psychologen stärker auf den Menschen und das Verstehen der dabei beteiligten Prozesse konzentrieren.

Die Experimentelle Allgemeine Psychologie bildet deshalb die Grundlage der Ingenieurpsychologie. In jedem Lehrbuch der Ingenieurpsychologie werden allgemeine Prinzipien der menschlichen Wahrnehmung, Aufmerksamkeit, Informationsverarbeitung und des Handelns dargestellt. Während die Allgemeine Psychologie dies allerdings meist in streng kontrollierten, abstrakten und künstlichen Laborsituationen untersucht, ist die Ingenieurpsychologie an der praktischen, lebensnahen Anwendung interessiert. Die allgemeinen Eigenschaften der menschlichen Reaktionsfähigkeit lassen sich am besten mit sehr speziellen Aufgaben untersuchen, bei denen z. B. unterschiedliche Ziffern an definierten Positionen eines Bildschirms erscheinen und die Probanden mit einem Tastendruck antworten müssen. In einer solchen Situation lassen sich Reizeigenschaften sehr gut variieren, um so die Ursachen für unterschiedliche Reaktionszeiten zu finden. Wie es sich beim Autofahren auswirkt, wenn plötzlich ein Fußgänger auf der Straße erscheint und der Fahrer bremsen muss, ist mit dieser Art von Untersuchungen jedoch kaum vorherzusagen. Allerdings geben allgemeinpsychologische Untersuchungen von Reizeigenschaften eine ganze Reihe von Hinweisen, wie Warnsignale am besten gestaltet werden sollten, damit die Fahrer daraufhin möglichst schnell reagieren. Die konkrete Umsetzung zum Beispiel in einen Warnton und die Prüfung der Wirkung in einem Fahrsimulator ist dann Aufgabe der Ingenieurpsychologie. Damit wird einerseits das Grundlagenwissen erweitert und auf alltägliche Situationen übertragen, andererseits in diesen Situationen zur Verbesserung der Mensch-Maschine-Interaktion praktisch angewendet.

Merke
▶ *Ergonomie* oder *Human Factors* optimieren die Mensch-Maschine-Interaktion im Hinblick auf körperliche und geistige (kognitive) Aspekte. Die Ingenieurpsychologie erarbeitet zusätzlich ein besseres Verständnis der kognitiven Prozesse bei der

Mensch-Maschine-Interaktion, um diese Interaktion gezielt an die Fähigkeiten und Eigenschaften des Menschen anpassen zu können. Sie ist im Gegensatz zur Experimentellen Allgemeinen Psychologie an den kognitiven Prozessen nur soweit interessiert, wie dies für die Mensch-Maschine-Interaktion bedeutsam ist, und erweitert das Wissen über diese Prozesse im alltäglichen, praktischen Umfeld. ◄◄

1.5 Anwendungsgebiete und Fragestellungen

Wesentliche Anwendungsbereiche der Ingenieurpsychologie liegen im industriellen Bereich, im Verkehr, bei Gebrauchsgütern und der Mensch-Computer-Interaktion (Software, Web-Design). In der Industrie geht es um die Optimierung der Bedienung von Maschinen, wobei Effizienz einerseits, Sicherheit und Fehlerfreiheit andererseits wesentliche Kriterien bei der Gestaltung sind. Weiter gehört hierzu die Prozesskontrolle, bei der eine Vielzahl von Informationen zentral zusammenlaufen und überwacht werden und gegebenenfalls eingegriffen werden muss. Dies stellt sich teilweise im Verkehr ähnlich dar, insoweit zum Beispiel Berufskraftfahrer, Piloten oder Fluglotsen am Arbeitsplatz Verkehr tätig sind. Hinzu kommen private Verkehrsteilnehmer, die komfortabel, sicher und schnell ihre individuellen Ziele erreichen wollen. Während bei der ersten Gruppe Auswahl und Training eine große Rolle spielen, sodass man auch bei der Mensch-Maschine-Interaktion von speziell trainierten, fähigen Nutzern ausgehen kann, ist dies bei Privatpersonen deutlich weniger der Fall. Entsprechend anders sind die Anforderungen an die Gestaltung der Mensch-Maschine-Schnittstellen. Dies verstärkt sich noch bei der Gestaltung von allgemeinen Gebrauchsgütern. Hier ist neben einer hohen Gebrauchstauglichkeit auch die User Experience ganz wesentlich, da die Nutzer häufig die Güter selbst kaufen und die angenehme Bedienbarkeit eine wichtige Rolle bei der Kaufentscheidung spielt.

1.5 Anwendungsgebiete und Fragestellungen

Ein ganz eigenes Feld ist die Gestaltung der *Mensch-Computer-Interaktion*, wobei zum einen spezielle Nutzersoftware (aktuell: Apps), zum anderen die Gestaltung von Internetseiten die Anwendungsgebiete sind. Bei der Software geht es insbesondere um das einfache Erreichen der jeweiligen Funktionen, bei Internetseiten vor allem um die gute Präsentation von Informationen und den einfachen Zugang zu ihnen.

Beispiel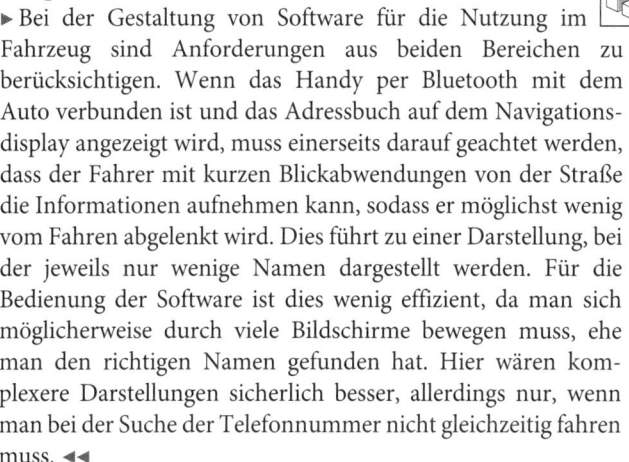
▸ Bei der Gestaltung von Software für die Nutzung im Fahrzeug sind Anforderungen aus beiden Bereichen zu berücksichtigen. Wenn das Handy per Bluetooth mit dem Auto verbunden ist und das Adressbuch auf dem Navigationsdisplay angezeigt wird, muss einerseits darauf geachtet werden, dass der Fahrer mit kurzen Blickabwendungen von der Straße die Informationen aufnehmen kann, sodass er möglichst wenig vom Fahren abgelenkt wird. Dies führt zu einer Darstellung, bei der jeweils nur wenige Namen dargestellt werden. Für die Bedienung der Software ist dies wenig effizient, da man sich möglicherweise durch viele Bildschirme bewegen muss, ehe man den richtigen Namen gefunden hat. Hier wären komplexere Darstellungen sicherlich besser, allerdings nur, wenn man bei der Suche der Telefonnummer nicht gleichzeitig fahren muss. ◂◂

Häufig wird auch die Gestaltung von menschlichen Aufgaben in Organisationen (soziotechnischen Systemen) zu den Themen der Ingenieurpsychologie gezählt. Wenn Gruppen von Menschen gemeinsam arbeiten und dabei Maschinen nutzen, ist es sicherlich sinnvoll, nicht nur die Schnittstellen zu optimieren, sondern auch Gruppenprozesse und Interaktionen der Menschen miteinander zu berücksichtigen. Dies sind allerdings auch Themen der Arbeits- und Organisationspsychologie. In diesem Lehrbuch konzentrieren wir uns deshalb auf die Gebiete, die sich mit der Mensch-Maschine-Interaktion im engeren Sinne beschäftigen und verweisen für die zusätzlichen Themen auf entsprechende Lehrbücher.

1.6 Zusammenfassung

Es gibt kaum einen Bereich des menschlichen Lebens, der ohne Maschinen auskommt. In den letzten Jahren hat sich die Kommunikation durch Internet und soziale Netzwerke massiv verändert. Die Ingenieurpsychologie versucht, auf der Basis des Wissens über die menschliche Informationsverarbeitung die Mensch-Maschine-Interaktion so zu gestalten und zu optimieren, dass Menschen damit ihre Ziele möglichst einfach, schnell und angenehm erreichen können. Dies ist bereits im privaten Bereich eine wichtige Aufgabe angesichts der Durchdringung unseres Lebens durch Technik. Gleichzeitig nimmt im beruflichen Kontext die Komplexität, die »Intelligenz« der Technik immer weiter zu. Dennoch bleibt auch bei hoch automatisierten Systemen häufig die letzte Verantwortung beim Menschen, und viele Tätigkeiten sind ohne Technik nicht mehr vorstellbar. Gleichzeitig zeigt die Erfahrung, dass der Umgang mit Technik häufig nicht nur ärgerlich oder unbefriedigend ist, sondern zu katastrophalen Entwicklungen führen kann, von Verkehrsunfällen oder Unfällen in Fabriken bis hin zu Unfällen in Atomkraftwerken. Ganz wesentlich um Fehler zu vermeiden und es dem Menschen überhaupt zu ermöglichen, noch zu verstehen, was die Technik aktuell macht, ist die Gestaltung der Mensch-Maschine-Schnittstelle. Dies ist das zentrale Anliegen der Ingenieurpsychologie. Sie kann dies nur durch fundiertes, experimentell gewonnenes Wissen über die Prozesse der Informationsverarbeitung beim Menschen erreichen. Wie nehmen wir die Umwelt wahr, wie interpretieren wir die Informationen, die wir aufnehmen, und wie werden Entscheidungen getroffen, zum Beispiel unter Stress und Zeitdruck? Erst dieses Wissen ermöglicht es, ganz gezielt Informationen auszuwählen, die die technischen Systeme liefern sollten und die der Nutzer benötigt. Mit entsprechenden Erkenntnissen werden Displays gestaltet, die es dem Nutzer erleichtern, die relevanten Informationen zu erkennen und zu verstehen. Nur so können Bedienelemente entwickelt werden, die einfach und sicher genutzt werden können. Angesichts der zunehmenden technischen Möglichkeiten werden die Aufgaben der Ingenieurpsychologie in Zukunft nicht weniger werden, aber hoffentlich zu besseren technischen Lösungen führen.

> **Fragen zur Selbstüberprüfung**
>
> 1. Was ist ein Human-Machine-Interface? Beschreiben Sie an einem Beispiel, welche beiden Komponenten dabei zu berücksichtigen sind.
> 2. Was ist Ingenieurpsychologie?
> 3. Welche inhaltliche Ausrichtung der Psychotechnik hat zu ihrem Niedergang beigetragen?
> 4. Was ist Usability? Welche drei Aspekte sind dabei zu unterscheiden? Definieren Sie diese kurz.
> 5. Was ist User Experience? Geben Sie ein Beispiel.
> 6. Was unterscheidet die Ergonomie von der Ingenieurpsychologie?
> 7. Inwieweit ist die Allgemeine Psychologie die Grundlage der Ingenieurpsychologie?
> 8. Welche Anwendungsgebiete der Ingenieurpsychologie kennen Sie?

1.7 Literaturempfehlungen

Wickens, C. D., Hollands, J. G., Banbury, S. & Parasuraman, R. (2013). *Engineering Psychology and Human Performance.* Boston: Pearson.

Zimolong, B. & Konradt, U. (Hrsg.). (2006). *Enzyklopädie der Psychologie: Praxisgebiete, Wirtschafts-, Organisations- und Arbeitspsychologie: Bd. 2. Ingenieurpsychologie.* Göttingen: Hogrefe.

2 Psychologische Modelle

Inhalt
Ein psychologisches Grundmodell zeigt einerseits, welche kognitiven Prozesse bei der Gestaltung der Mensch-Maschine-Interaktion berücksichtigt werden müssen und liefert eine Strukturierung der Aufgabengebiete der Ingenieurpsychologie. Andererseits kann so ein Überblick über vorhandenes Wissen geliefert werden, der in den folgenden Kapiteln bei den jeweiligen Anwendungsfeldern vertieft wird. Die Wahrnehmung und das Verständnis von visuellen Informationen sind bei einer Vielzahl technischer Systeme wesentlich. Mit dem SEEV-Modell wird ein Grundverständnis über das Zusammenspiel zwischen Wahrnehmung und Aufmerksamkeit vermittelt. Die Darstellung des Modells der multiplen Ressourcen ergänzt dies im Hinblick auf geteilte Aufmerksamkeit und Doppeltätigkeiten. Damit sind wesentliche psychologische Themenbereiche beschrieben, die als Grundlage für die Anwendung im Bereich der Mensch-Maschine-Interaktion genutzt werden.

Der Ansatzpunkt der Ingenieurpsychologie ist es, das Wissen um kognitive Prozesse, die das Handeln von Menschen steuern, bei der Gestaltung der Mensch-Maschine-Interaktion zu nutzen und zu mehren. Es geht also darum, wie Menschen die Umwelt wahrnehmen, wie sie die aufgenommenen Informationen verarbeiten, diese im Hinblick auf ihre Handlungsziele bewerten und dann motorische oder sprachliche Reaktionen planen und ausführen, um ihre Ziele zu erreichen. Diese kurze Beschreibung enthält wesentliche Elemente eines *psychologischen Grundmodells* der Handlungssteuerung, das in **Kapitel 2.1** dargestellt wird. Aus diesem Grundmodell ergeben sich typische Fragestellungen von Ingenieurpsychologen für die Entwicklung der Mensch-Maschine-Schnittstelle:

- Welche Ziele verfolgt der Nutzer bei der Interaktion mit dem System?
- Welche Informationen sollte das System liefern und wie sollten diese präsentiert werden?
- Wie kann der Nutzer das System steuern und welche Bedienelemente werden genutzt?

Damit unterstützt das psychologische Grundmodell eine systematische, strukturierte Vorgehensweise bei der Gestaltung der Mensch-Maschine-Interaktion. Für die einzelnen Elemente des Modells liegen außerdem detaillierte, spezielle Modelle vor, in denen vorhandenes Wissen zusammengefasst ist, und aus denen sich direkt Konsequenzen für die Gestaltung ableiten lassen. So ist z. B. die visuelle Wahrnehmung in vielen Bereichen der wichtigste Zugang zu Informationen. Allerdings können nur die Objekte, die im Zentrum des Sehfeldes abgebildet werden, wirklich tief verarbeitet werden. Deshalb muss man beim Lesen die einzelnen Worte nacheinander fixieren, um so den Satz zu lesen und zu verstehen. Wenn wichtige Informationen aufgenommen werden sollen, muss man demnach dafür sorgen, dass diese entweder dort dargeboten werden, wo der Nutzer häufig hinschaut. Oder man muss durch eine entsprechende Gestaltung (z. B. Blinken) dafür sorgen, dass diese Objekte die Aufmerksamkeit auf sich ziehen.

Das Grundmodell als strukturierendes Element für die verschiedenen Ansatzpunkte der Ingenieurpsychologie wird in **Kapitel 2.1** dargestellt. Wesentliche Grundzüge der dabei beteiligten Prozesse werden dann jeweils im Rahmen der entsprechenden Aufgabengebiete vertieft. So findet sich in **Kapitel 4** bei der Gestaltung visueller Informationen und Anzeigen ein Überblick über visuelle Wahrnehmung und Aufmerksamkeit. In **Kapitel 5** über akustische, verbale und textliche Informationen werden Grundlagen des Hörens und der Sprachwahrnehmung dargestellt. Die Prinzipien der Motorik sind Thema in **Kapitel 6**, da diese wesentlich für die Bedienung von Systemen sind. Die Bewertung von Informationen und die Handlungssteuerung stehen dann im Zentrum, wenn sie die Rolle des Menschen in der Interaktion mit dem System ändern, was das zentrale Thema von **Kapitel 7** (Mensch-Computer-Interaktion) und **Kapitel 8** (Assistenz und Automation) ist.

Da die visuelle Wahrnehmung nicht nur bei der Mensch-Maschine-Interaktion ganz zentral ist, stellt **Kapitel 2.2** mit dem SEEV-Modell (Wickens et al., 2003) das Zusammenspiel zwischen Wahrnehmung und Aufmerksamkeit dar. Anhand dieses Modells lässt sich am Beispiel der Gestaltung von Anzeigen weiter sehr gut demonstrieren, wie das psychologische Wissen dafür genutzt werden kann.

Das Zusammenspiel zwischen den verschiedenen Sinnesmodalitäten und der Nutzung unterschiedlicher kognitiver Ressourcen wird im Modell der multiplen Ressourcen (Wickens, 2002) thematisiert, das in **Kapitel 2.3** dargestellt wird. In vielen Anwendungsgebieten müssen unterschiedliche Informationen gleichzeitig aufgenommen und mehrere Tätigkeiten gleichzeitig ausgeführt werden. Dieses Modell zeigt einerseits die Begrenzungen der menschlichen Informationsverarbeitung, andererseits aber auch die Möglichkeiten, diese durch eine geschickte Gestaltung von Tätigkeiten zu überwinden.

Dieses Kapitel gibt damit einen Überblick über die wesentlichen *kognitiven Prozesse*, die bei der Gestaltung der Mensch-Maschine-Interaktion zu berücksichtigen sind. Diese psychologischen Grundlagen der Ingenieurpsychologie sind notwendiges Basiswissen für Anwender, gleichzeitig aber auch die Schnittstelle zur Grundlagenforschung im Bereich der Allgemeinen und Kognitiven Psychologie, die wesentlich zu diesem Grundwissen beiträgt. Verweise auf entsprechende Lehrbücher finden sich in **Kapitel 2.5**.

2.1 Psychologische Prozesse bei der Mensch-Maschine-Interaktion

Was geht in einem Nutzer vor, wenn er mit einem technischen System interagiert? Oder etwas vereinfacht an einem Beispiel: Was macht jemand, wenn er die Kaffeemaschine bedient, um eine Latte Macchiato zu bekommen? **Abbildung 2.1** zeigt die bei der Mensch-Maschine-Interaktion beteiligten Prozesse im Überblick. Der Mensch nimmt ständig neue Informationen aus der Umwelt auf. Für die Mensch-Maschine-Interaktion sind besonders die Informationen relevant, die man durch Anzeigeelemente bzw. Displays erhält. Wenn man vor der Kaffeemaschine steht, fällt der Blick auf ein grünes Lämpchen – die

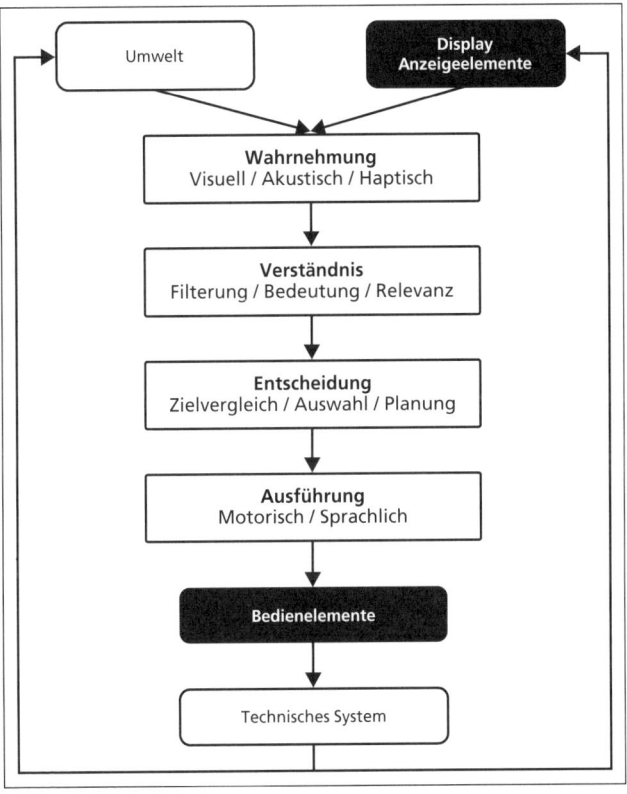

Abb. 2.1: Psychologisches Grundmodell der Informationsverarbeitung des Menschen bei der Interaktion mit technischen Systemen (Mensch-Maschine-Interaktion)

Maschine ist also betriebsbereit. Man sucht nun den Knopf, mit dem man die Latte Macchiato herstellen kann und findet auch ein entsprechendes Symbol (welches?). Wenn man den Knopf drückt, erscheint auf einem kleinen Bildschirm eine Meldung (»Ihr Getränk wird zubereitet«). Danach beginnt die schäumende Milch in die untergestellte Tasse zu fließen.

Dieses Beispiel verdeutlicht einige relevante Arten von Informationen bei der Mensch-Maschine-Interaktion: Dargestellt werden der *Zustand* (An/Aus), die *Bedienmöglichkeiten* (Labels) und die *Aktionen des Systems* (Kaffee kochen). Umweltinformationen (»Die Milch fließt«) tragen weiter dazu bei, dass der Nutzer versteht, was die Maschine tut und welche Handlungsmöglichkeiten er hat. Dabei sind die verschiedenen Sinneskanäle in unterschiedlichem Maße beteiligt. Man sieht die Symbole und liest Meldungen, hört die Milch fließen und spürt, wie der Knopf etwas nachgibt, wenn man ihn drückt.

Die *Wahrnehmung* spielt damit eine ganz zentrale Rolle bei der Mensch-Maschine-Interaktion. Sie erfolgt über die verschiedenen Sinneskanäle, wobei Sehen, Hören und Fühlen (Haptik) sicherlich die wichtigsten Sinne sind. Entsprechend beschäftigen sich in diesem Buch zwei eigene Kapitel mit den jeweils typischen Eigenschaften der visuellen (▶ **Kap. 4**) und akustischen (▶ **Kap. 5**) Wahrnehmung bzw. der Gestaltung der entsprechenden Anzeigen. Haptische Informationen werden vor allem bei der Bedienung bedeutsam, da für die Ausführung von Handlungen die direkte Rückmeldung über das Bedienelement für die Steuerung und Überwachung des Handlungserfolgs notwendig ist. Dies wird in **Kapitel 6** dargestellt.

Von der reinen Wahrnehmung ist das *Verstehen* der aufgenommenen Informationen zu trennen. Im Beispiel war dies nicht unterschieden worden, und auch im Erleben scheint es so, als würde man das, was man wahrnimmt, auch sofort verstehen und interpretieren. Die Grundlagenforschung hat gezeigt, dass es sinnvoll ist, hier zwischen zwei Arten von Prozessen zu unterscheiden, die allerdings im Wesentlichen unterbewusst ablaufen und deshalb nicht erlebt werden. Im visuellen Bereich geht man zum Beispiel davon aus, dass zunächst Basiseigenschaften für alle Objekte im Sichtfeld wahrgenommen werden.

Eine Identifikation und ein Verständnis der Objekte sind allerdings nur für einen begrenzten Teil möglich. *Aufmerksamkeit* spielt hier eine wesentliche Rolle, die als Filter dafür sorgt, dass man sich nur auf bestimmte Objekte konzentriert, deren Bedeutung erfasst und sie im Hinblick auf die Relevanz für die eigenen Ziele bewertet. Da diese Filterung dafür verantwortlich ist, welche der verfügbaren Informationen auch tatsächlich genutzt werden, wird ein entsprechendes Modell in **Kapitel 2.2** dargestellt.

Am Beispiel des Kaffeeautomaten lassen sich diese beiden Stufen verdeutlichen. Wenn man das erste Mal den Automaten anschaut, wird zwar sofort die ganze Vorderseite auf der Netzhaut des Auges abgebildet, sodass die visuelle Information prinzipiell im Kopf des Nutzers vorhanden ist. Allerdings muss man die Funktionsanzeige (An/Aus) zunächst suchen. Man kann diese Suche erleichtern, indem man diese Anzeige besonders auffällig gestaltet (Verwendung von Signalfarben oder Blinken, ▶ **Kap. 4**). Man versteht also nicht sofort die Bedeutung aller Elemente im Sichtfeld, sondern muss erst die Aufmerksamkeit auf bestimmte Regionen konzentrieren, um dann dort die Objekte zu erkennen (»Ah, die Maschine ist an!«). Ähnliche Prozesse spielen auch beim Hören eine Rolle (▶ **Kap. 5**).

Ausgehend von diesen verstandenen Informationen wird dann die Entscheidung getroffen, inwieweit eine Handlung notwendig ist. Wenn dies der Fall ist, wird eine entsprechende Handlung ausgewählt und geplant und dann schließlich ausgeführt, wobei hier die Motorik (vor allem Hände, Füße und Körper) und die Sprache Möglichkeiten bieten, über Bedienelemente technische Systeme zu steuern, um mit der Ausführung den Zustand der Umwelt zu verändern. Wenn man bei der Kaffeemaschine den Knopf gefunden hat, mit dem man Latte Macchiato erhalten kann, muss man ihn drücken, um so sein Ziel zu erreichen. Oder muss man den Knopf drehen, um auf diese Weise die Milch aufzuschäumen? Man erkennt hier die enge Verknüpfung von Ausführung und Wahrnehmung bei der Nutzung der Bedienelemente. Neben der Frage, mit welcher Art von Bedienelementen bestimmte Tätigkeiten am besten ausgeführt werden können, geht es auch darum, welches

Bedienelement überhaupt für bestimmte Aktionen verantwortlich ist (»Was ist der An-Knopf?«) und wie man diese auslöst bzw. ausführt (Knopf drücken oder drehen?). Dies wird ausführlich in **Kapitel 6** diskutiert.

Dieses Schema strukturiert die verschiedenen Ansatzpunkte der Ingenieurpsychologie. Bei der Gestaltung von Anzeigen und Displays geht es im ersten Schritt um die gute Wahrnehmbarkeit von Informationen, was eine notwendige, aber nicht hinreichende Voraussetzung für ein Verstehen dieser Informationen ist. Das Vorwissen und die Erfahrung der Nutzer und damit der Zugriff auf Gedächtnisinhalte, sind für diesen zweiten Schritt wichtig. Schließlich müssen auch die Ziele und Bearbeitungsstrategien der Nutzer berücksichtigt werden, damit diese Informationen für die Handlungsplanung genutzt werden können. Bei der Ausführung der Handlungen stehen dann die Bedienelemente im Vordergrund. Diese stellen die Schnittstelle zu den technischen Systemen dar und entscheiden darüber, inwieweit der Nutzer mit diesen tatsächlich die von ihm geplanten Handlungen umsetzen kann. Eine besondere Bedeutung hat die direkte Wahrnehmung der eigenen Handlungen bei der Interaktion mit einem Bedienelement. Unter dem Stichwort »Rückmeldung« führt dies zu einem ganz wesentlichen Gestaltungsprinzip, das in **Kapitel 6** ausführlich dargestellt wird. Damit lassen sich aus diesem Modell auch verschiedene Kriterien der Gestaltung ableiten (s. Merke), die in **Kapitel 3** dargestellt werden.

Welche Informationen nehmen Nutzer tatsächlich wahr? Wie entscheiden sie sich zwischen den vielfältigen Informationsangeboten? Da der Übergang von der Wahrnehmung zum Verstehen von Informationen bei der Mensch-Maschine-Interaktion eine so entscheidende Rolle spielt, werden die entsprechenden Prozesse im folgenden Kapitel ausführlicher dargestellt.

Merke
▶ Die vier Stufen der menschlichen Handlung:

- Wahrnehmung von Information
- Interpretation und Verständnis der Bedeutung

- Entscheidung und Handlungsplanung
- Ausführung

Daraus ergeben sich vier wesentliche Kriterien für die Gestaltung der Mensch-Maschine-Interaktion:

- Sichtbarkeit relevanter Informationen
- Verständlichkeit von Informationen
- Erreichbarkeit von Handlungszielen
- Bedienbarkeit ◂◂

2.2 Das SEEV-Modell

Die Aufnahme und das Verständnis von Informationen sind im Bereich der Mensch-Maschine-Interaktion vor allem dann wichtig, wenn ein automatisiertes System von einem Bediener überwacht wird oder wenn sich Mensch und Maschine Aufgaben teilen. Vor diesem Hintergrund entwickelte Wickens (Wickens et al., 2003) sein *SEEV-Modell,* um damit vorherzusagen, wie Nutzer ihre visuelle Aufmerksamkeit auf verschiedene Displays oder Anzeigen verteilen. SEEV steht für:

S *Salience*: Salienz oder Auffälligkeit von Reizen
E *Effort*: Anstrengung, die für die Verlagerung der Aufmerksamkeit benötigt wird
E *Expectancy*: Erwartungen darüber, wie häufig Veränderungen der Reize auftreten
V *Value*: Wert der Informationen

Dieses Modell ist am Beispiel der Beobachtung von vier unterschiedlichen Displays in **Abbildung 2.2** dargestellt.

In dem in der Abbildung dargestellten Beispiel überwacht ein Bediener ein System mit Hilfe von vier Displays, die verschiedene Messgrößen darstellen. Das SEEV-Modell beschreibt, wie viel Aufmerksamkeit der Nutzer den einzelnen Displays widmet, was man z. B. durch die Analyse von Blickdauern messen kann. Die Verteilung der Aufmerksamkeit ist einerseits von Wahrnehmungsfaktoren abhängig. Diese werden

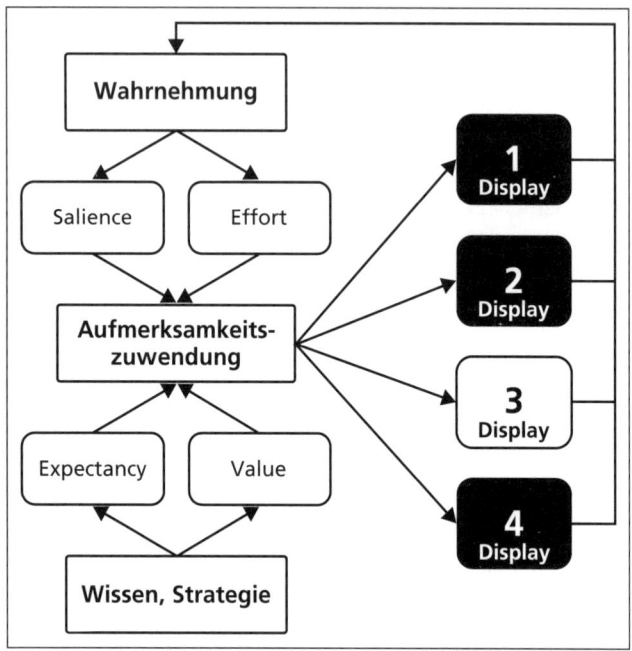

Abb. 2.2: Grundprinzip des SEEV-Modells (modifiziert nach Wickens et al., 2003). Am Beispiel von vier Displays ist dargestellt, wie die Aufmerksamkeitsverteilung durch Wahrnehmung und Wissen beeinflusst wird.

als *Bottom-up*-Faktoren bezeichnet, da hier die Umwelt das Verhalten des Bedieners bestimmt.

S *Salience* oder Salienz ist der erste Bottom-up-Faktor. Mit ihr wird die Auffälligkeit von Objekten bezeichnet. Objekte, die sich in grundlegenden Eigenschaften von anderen unterscheiden, ziehen unwillkürlich die Aufmerksamkeit auf sich. Display 3 ist ein Beispiel dafür. Da es sich von den anderen drei Displays unterscheidet, sollte es häufiger beobachtet werden.

E *Effort* oder Anstrengung ist der zweite Bottom-up-Faktor. Je weiter ein Objekt von dem entfernt ist, das man gerade betrachtet, umso mehr Anstrengung erfordert es, die

2.2 Das SEEV-Modell

Aufmerksamkeit zu verlagern. Dies führt zu einer verringerten Zuwendung von Aufmerksamkeit. Wenn man also Display 3 betrachtet, wird man danach eher Display 2 oder 4 anschauen als Display 1.

Die zweite Gruppe von Faktoren wird als *Top-down*-Faktoren bezeichnet, da sie aktiv durch den Bediener ausgelöst werden, der seine Aufmerksamkeit entsprechend seinem Vorwissen und Strategien ausrichtet.

E *Expectancy* oder Erwartung des Bedieners ist der erste Top-down-Faktor. Diese hängt vor allem von der Änderungsrate ab. Je häufiger sich die Information verändert oder wechselt, umso häufiger wird man das Display betrachten, um die Änderungen schnell zu erkennen. Eine moderne Kaffeemaschine zeigt zum Beispiel im Display mit einer Fortschrittsanzeige an, wie lange das Brühen des Kaffees noch dauert. Man erkennt die Änderungsrate sehr schnell und kann sich in der Zwischenzeit umschauen. Gegen Ende des Brühvorgangs schaut man wieder häufiger auf das Display, da man erwartet, dass dieser gleich beendet sein wird. Hier spielt demnach das Vorwissen, die Erwartung des Nutzers eine große Rolle, um gezielt dann das Display anzusehen, wenn eine relevante Information auftauchen könnte.

V *Value* oder Wert der Information ist der zweite Top-down-Faktor. Je wichtiger Informationen für die Erreichung der Ziele des Bedieners sind, umso häufiger wird er das entsprechende Display betrachten. Bei der Kaffeemaschine ist die Anzeige mit dem Fortschritt des Brühens wichtig, dagegen sind es die verschiedenen Kaffeearten nicht, da man ja schon gewählt hatte. Bei diesem Faktor zeigt sich die Zielgerichtetheit der Aufmerksamkeitsverteilung am deutlichsten, da der Wert wesentlich von den Aufgaben und Zielen des Bedieners abhängt.

Merke
▶ Die Ausrichtung der Aufmerksamkeit geschieht einerseits, indem sie unwillkürlich auf auffällige Objekte ausgerichtet

wird (Salience), wobei zu hoher Bewegungsaufwand vermieden wird (Effort). Menschen richten andererseits die Aufmerksamkeit gezielt auf Objekte, die für sie relevant sind (Value) und wo sie neue Informationen erwarten (Expectancy). Diese Prozesse werden im SEEV-Modell (Salience-Effort-Expectancy-Value) zusammengefasst. ◄◄

Dieses Modell verdeutlicht noch einmal die beiden oben dargestellten Stufen der Wahrnehmung und des Verständnisses von Informationen. Menschen verarbeiten praktisch alle visuellen Informationen im Sichtfeld, allerdings nur sehr oberflächlich im Hinblick auf grundlegende Eigenschaften. Wenn sehr auffällige Objekte erscheinen, ziehen diese die Aufmerksamkeit auf sich. Durch diese Konzentration der Aufmerksamkeit werden andere, weit davon entfernte Objekte ausgeblendet. Hinzu kommen Strategien der Informationsaufnahme, sodass die Aufmerksamkeit willentlich auf bestimmte Bereiche ausgerichtet wird. In dem Bereich, auf den die Aufmerksamkeit gerichtet ist, findet dann eine tiefere Verarbeitung statt, sodass die Bedeutung der Informationen verstanden werden kann.

Neben diesem grundlegenden Verständnis der Beziehung zwischen Wahrnehmung und Aufmerksamkeit liefert dieses Modell wertvolle Hinweise für die Gestaltung von Displays. So sollten z. B. Informationen, die sich häufig ändern (Expectancy) und für die Aufgabe wichtig sind (Value) möglichst im zentralen Sehbereich angeordnet sein. Sind mehrere Anzeigen von ähnlich großer Bedeutung, sollten sie benachbart positioniert werden (Minimierung des Effort). Ist es wichtig, dass der Bediener Informationen schnell beachtet und die Aufmerksamkeit auch dann auf sie gerichtet wird, wenn gerade andere Anzeigen beachtet werden, sollte eine auffällige, zum Beispiel eine blinkende Anzeige gewählt werden (Salienz). Dieses Grundmodell der visuellen Aufmerksamkeitszuwendung hat damit direkte praktische Konsequenzen für die Gestaltung von Displays und Anzeigen. Dieser Anwendungsbezug und weitere Gestaltungsprinzipien für visuelle Displays werden ausführlich in **Kapitel 4** dargestellt.

Das Modell ist aber auch prinzipiell geeignet, um die Aufmerksamkeitsverteilung des Menschen in der Umwelt zu erklären (s. Beispiel). Allerdings ist das Modell auf die visuelle Wahrnehmung beschränkt. Das Zusammenspiel zwischen verschiedenen Sinnesmodalitäten und die Erweiterung auf die Handlungsplanung und Ausführung wird im Modell multipler Ressourcen beschrieben, das im folgenden Kapitel dargestellt wird.

Beispiel
▶ In einer Studie im Fahrsimulator wurde geprüft, ob das SEEV-Modell auch geeignet ist, die Aufmerksamkeitsverteilung beim Fahren vorherzusagen (Werneke & Vollrath, 2012). Fahrer sollten dabei in einem Stadtszenario an einer T-Kreuzung immer wieder rechts abbiegen, wobei sie Vorfahrt zu gewähren hatten. An der Kreuzung wurden der von links kommende Verkehr und die Anwesenheit von Fußgängern rechts variiert (▶ **Abb. 2.3**). Bei einer der Kreuzungen (▶ **Abb. 2.3a**) kam dichter Verkehr von links, während rechts keine Fußgänger vorhanden waren. Entsprechend dem SEEV-Modell wurde vermutet, dass der dichte Verkehr eine hohe Expectancy für die linke Seite hervorruft, das Nicht-Vorhandensein von Fußgängern dagegen eine geringe Expectancy für die rechte Seite. Da man den Fahrzeugen Vorfahrt gewähren musste, wurde außerdem der linken Seite ein hoher Wert (Value) zugeschrieben. In der Situation in **Abbildung 2.3b** war dagegen wegen des geringen Verkehrs die Expectancy für den linken Bereich eher niedrig, wogegen rechts durch die Anwesenheit von Fußgängern eine hohe Expectancy erzeugt wurde. Der Wert der Fahrzeuge von links blieb zwar hoch, aber der Wert von Fußgängern, die möglicherweise die Straße überqueren würden und denen man ebenfalls Vorfahrt gewähren müsste, war in dieser Situation ebenfalls hoch. Insgesamt wurde damit in der linken Kreuzung (▶ **Abb. 2.3a**) eine stärkere Ausrichtung auf den linken Bereich erwartet, in der rechten (▶ **Abb. 2.3b**) auf den rechten Bereich.

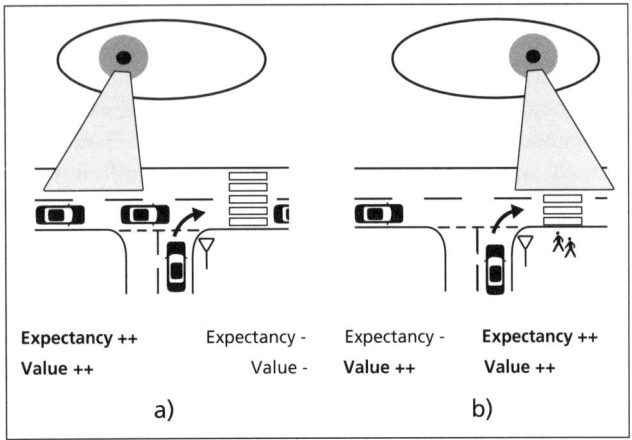

Abb. 2.3: Zwei Kreuzungssituationen, in denen die visuelle Aufmerksamkeit in Abhängigkeit von Expectancy und Value unterschiedlich ausgerichtet werden (aus der Studie von Werneke & Vollrath, 2012)

Die Ergebnisse der Blickanalysen bestätigten diese Erwartungen. An der linken Kreuzung wurde bei ungefähr 80 % der Zeit nach links geblickt, dagegen zu nur etwa 18 % nach rechts. An der rechten Kreuzung ging dagegen nur etwa 40 % der Zeit der Blick nach links, dagegen etwa 45 % nach rechts. Der Wert einer Information und die Erwartung, dass an einer bestimmten Stelle neue Informationen auftauchen, scheinen damit allgemeine Einflussfaktoren der Ausrichtung der Aufmerksamkeit zu sein. ◄◄

2.3 Das Modell multipler Ressourcen

Es gibt praktisch keine Tätigkeit, die ganz für sich alleine ausgeführt wird. Prinzipiell ist immer eine Vielzahl von Informationen vorhanden, aus denen die relevanten Informationen ausgewählt werden. Wichtige Auswahlprinzipien für die visuelle Wahrnehmung wurden im SEEV-Modell beschrieben. Dieses machte aber auch deutlich, dass eigentlich mehrere

2.3 Das Modell multipler Ressourcen

Informationen gleichzeitig benötigt werden. Beim Beispiel des Abbiegens an der Kreuzung muss man sich sowohl nach links gegenüber vorfahrtsberechtigten Fahrzeugen als auch nach rechts gegenüber Fußgängern absichern. Im realen Verkehr können noch Straßenbahnen, Radfahrer usw. vorhanden sein, die beobachtet werden müssen. Leider ist die visuelle Aufmerksamkeit nicht teilbar – man kann nicht gleichzeitig links und rechts im Gesichtsfeld Informationen tief verarbeiten, sondern muss diese nacheinander absuchen. Dies ist der Grundgedanke von Ressourcenmodellen (z. B. Kahnemann, 1973): Bestimmte Verarbeitungsprozesse benötigen mentale Ressourcen, die von der Kapazität her begrenzt sind. Diese Begrenzung führt dazu, dass nicht alle vorhandenen Informationen verarbeitet werden können. Wenn man sich zu stark auf ein bestimmtes Display konzentriert, übersieht man möglicherweise andere, relevante Informationen. Man entwickelt deshalb Strategien, um die relevanten Informationen nacheinander aufzunehmen. Diese Überlegungen sind letztlich auch die Grundlage des SEEV-Modells.

Dies ist aber nicht die einzige Möglichkeit des Menschen, mit Mehrfachanforderungen umzugehen. Man geht vielmehr davon aus, dass es unterschiedliche mentale Ressourcen gibt, die parallel genutzt werden können. Diese Annahme stellt die Basis des *Modells der multiplen Ressourcen* von Wickens dar. Dies ist in **Abbildung 2.4** dargestellt (nach Wickens, 2002, S. 163).

Im oberen Bereich der Abbildung finden sich die verschiedenen Stufen der Informationsverarbeitung wieder, wobei hier die Wahrnehmung und entsprechende Planung zusammengefasst und von der Ausführung (Reaktion) unterschieden werden. Informationen werden entweder über das Sehen oder das Hören aufgenommen. In dem Modell werden nur diese beiden Sinne berücksichtigt, da dies für viele Bereiche die relevantesten sind. Vermutlich wäre dies aber in ähnlicher Weise auf die anderen Sinne zu übertragen. Die Unterscheidung von Wahrnehmung und Verständnis wird hier für den visuellen Bereich durch die Unterscheidung von zentraler und peripherer Wahrnehmung angedeutet. Wie im SEEV-Modell

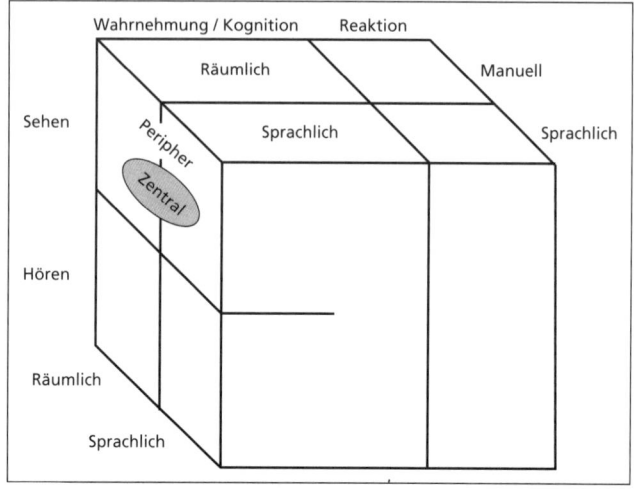

Abb. 2.4: Das Modell multipler Ressourcen von Wickens (modifiziert und übersetzt nach Wickens, 2002, S. 163)

beschrieben wurde, werden im peripheren Sichtbereich alle Objekte hinsichtlich zentraler Eigenschaften automatisch verarbeitet. Eine vertiefte Verarbeitung im Sinne der Objektidentifikation und des Verständnisses erfordert dagegen Aufmerksamkeit, was in der Regel durch Blickzuwendung erreicht wird, wodurch die Objekte im zentralen Bereich des Auges fixiert werden.

Gegenüber den bisher dargestellten Modellen ist neu, dass zwei Arten von Informationen unterschieden werden: räumliche und verbale oder textliche Informationen. Wo befinden sich Objekte, welche Form haben sie, wie groß sind sie, wie bewegen sie sich, in welcher Relation stehen sie zueinander? Diese räumlichen Informationen haben eine andere Qualität und werden auf eine andere Weise verarbeitet als sprachliche Informationen. Beide Arten von Informationen können sowohl gesehen (Objektwahrnehmung im Raum vs. Lesen) als auch gehört werden (Lokalisation von Geräuschquellen, Erkennen von Geräuschen vs. einem anderen Sprecher zuhören). Schließlich kann reagiert werden, indem man Hände und Füße oder den ganzen Körper nutzt, oder indem man spricht.

Die Konsequenzen dieses Modells können gut am Beispiel einer Überwachungsaufgabe in einer Fabrik dargestellt werden. Der Bediener beobachtet verschiedene Displays und nimmt dabei über den visuellen Kanal räumliche Informationen (z. B. die Stellung von Zeigern) auf. Wenn er Abweichungen von Sollwerten entdeckt, nutzt er verschiedene Bedienelemente, um diese zu korrigieren. Dabei verwendet er Ressourcen für manuelle Reaktionen. Entsprechend den Grundannahmen des Modells kann er sich gleichzeitig problemlos mit einem Kollegen unterhalten, da bei der Unterhaltung sprachliche Informationen über das Hören aufgenommen werden und er mit sprachlichen Äußerungen reagiert. Diese beiden Tätigkeiten nutzen damit komplett unterschiedliche Ressourcen und sollten daher sehr gut parallel ausgeführt werden. Wenn allerdings im Gespräch detailliert beschrieben wird, wie das entscheidende Tor zum 1:0 für Deutschland im Endspiel der Fußballweltmeisterschaft 2014 gefallen ist, könnten Interferenzen entstehen, da dabei räumliche Informationen verarbeitet werden. Dieses Beispiel zeigt nebenbei noch eine Beschränkung des Modells multipler Ressourcen: Die emotionale Bedeutung von Informationen wird hier, wie in vielen kognitiven Modellen, nicht berücksichtigt. Auch bei der Bewertung der Mensch-Maschine-Interaktion hinsichtlich der Gebrauchstauglichkeit (▶ **Kap. 3**) wurden lange Zeit nur sachliche, aber nicht emotionale Aspekte berücksichtigt. Erst in neuerer Zeit spricht man von *User Experience*, um damit auch das Erleben und emotionale Komponenten zu berücksichtigen, was jedoch vor allem für die Akzeptanz und Marktdurchdringung der Produkte wichtig ist. Bei dem Modell multipler Ressourcen steht dagegen die Leistungsfähigkeit im Vordergrund, sodass diese Vernachlässigung sicherlich gerechtfertigt ist.

Das Modell multipler Ressourcen liefert damit eine sehr gute Strukturierung, um bei der gleichzeitigen Verarbeitung unterschiedlicher Informationen und bei Mehrfachtätigkeiten mögliche Probleme frühzeitig zu entdecken, indem die dabei notwendigen Ressourcen analysiert werden. Gleichzeitig werden Möglichkeiten aufgezeigt, um Interferenzen zu minimieren, die durch die gemeinsame Nutzung derselben Ressourcen entstehen. Allerdings ist es häufig nicht möglich und vielleicht auch nicht sinnvoll, alle Interferenzen zu vermeiden. Bei einer Überwachungstätigkeit sind häufig zehn oder mehr Displays zu beobachten. Auch eine Verteilung auf visuelle und akustische Anzeigen wäre hier nicht wirklich hilfreich. In diesen Fällen werden dann die Strategien der Aufmerksamkeitsverteilung entsprechend dem SEEV-Modell wichtig. Auf der anderen Seite ist es in dieser Situation entsprechend dem Modell multipler Ressourcen sinnvoll, zusätzliche Informationen, die in jedem Fall beachtet werden sollten, nicht auch noch visuell, sondern akustisch zu vermitteln. Das Prinzip der Verwendung akustischer Alarme ist damit gut durch das Modell multipler Ressourcen zu begründen.

Merke
▶ Das Modell multipler Ressourcen hat zwei wesentliche Grundannahmen:

1. Bei Informationsaufnahme, Verarbeitung und Reaktion gibt es unterschiedliche Ressourcen, die jeweils für sich begrenzt sind.
2. Verschiedene Ressourcen können aber gleichzeitig genutzt werden.

Auf diese Weise kann erklärt werden, unter welchen Umständen sich zwei gleichzeitig auszuführende Aufgaben stören bzw. inwieweit eine parallele Bearbeitung möglich ist. ◀◀

2.4 Zusammenfassung

Bei der Mensch-Maschine-Interaktion ist das Verhalten des Menschen durch unterschiedliche Verarbeitungsstufen bestimmt. Das hier dargestellte Grundmodell stellt die vier zentralen Stufen dar und zeigt, in welcher Weise diese für die Gestaltung von Anzeigen und Bedienelementen, aber auch die Funktionalität von technischen Systemen wichtig sind. Die

2.4 Zusammenfassung

Prozesse und Gesetzmäßigkeiten der einzelnen Stufen werden im Rahmen eines solchen Modells jedoch nicht im Detail beschrieben. Im Rahmen dieses Buches geschieht dies im Anwendungskontext der einzelnen Problemstellungen, insoweit dies für diese Problemstellungen relevant ist. Für ausführlichere Darstellungen finden sich in **Kapitel 2.5** entsprechende Hinweise. Das Grundmodell liefert allerdings den psychologischen Hintergrund für die Anwendungsbereiche und verdeutlicht damit den ingenieurpsychologischen Ansatz.

Gerade bei der Mensch-Maschine-Interaktion werden wesentliche Informationen visuell vermittelt. Anzeigen oder Displays bis hin zu Bildschirmen sind die in diesem Kontext am häufigsten genutzte Möglichkeit, Informationen an den Nutzer zu vermitteln. Entsprechend wichtig ist ein Verständnis dafür, wie Menschen visuelle Informationen aufnehmen. Das SEEV-Modell integriert die zwei Stufen der visuellen Wahrnehmung (1. automatische Vorverarbeitung vieler Reize, 2. kontrollierte, tiefere Verarbeitung weniger ausgewählter Reize) und macht deutlich, wie äußere Einflüsse und bewusste Strategien die Aufmerksamkeitsverteilung von Menschen steuern. Dadurch ergeben sich ganz wichtige Hinweise für die Gestaltung und Anordnung von Anzeigen und Displays.

Ergänzt wurde dies durch das Modell multipler Ressourcen, wobei das Zusammenspiel von Sehen und Hören, unterschiedliche Arten von Informationen und manuelle vs. sprachliche Reaktionen eingeführt wurden, um die typische Situation von Nutzern zu beschreiben, die in der Regel vielfältige Informationen benötigen und häufig mehrere Aufgaben gleichzeitig durchführen müssen. Dies gilt natürlich auch und oft in besonderem Maße für die Mensch-Maschine-Interaktion. Das Modell ermöglicht einerseits das frühzeitige Erkennen von möglichen Schwierigkeiten, wenn dieselben Ressourcen benötigt werden. Es zeigt aber auch Lösungsmöglichkeiten, wenn unterschiedliche Ressourcen genutzt werden können.

Dieser kurze Überblick über inhaltliche Grundlagen der Ingenieurpsychologie wird im folgenden Kapitel ergänzt um den methodischen Aspekt. Wie können die hier beschriebenen mentalen Prozesse gemessen werden? Wie muss eine Untersuchung gestaltet sein, um mögliche Interferenzen zwischen verschiedenen Informationen abzubilden? Und ganz praktisch: Wie bewertet man die Güte der Mensch-Maschine-Interaktion? Neben dem »Was – Psychologische Grundlagen« ist das »Wie – Ingenieurpsychologische Methoden« die zweite Basis für die anwendungsorientierten Themenbereiche, die im weiteren Verlauf des Buches dargestellt werden.

Fragen zur Selbstüberprüfung

1. Welche vier Stadien der Informationsverarbeitung werden unterschieden? Beschreiben Sie diese kurz am Beispiel der Interaktion mit einem Geldautomaten.
2. Welche Gestaltungsprinzipien lassen sich aus den vier Stadien der Informationsverarbeitung ableiten?
3. Wieso ist bei der Bedienung auch die Wahrnehmung wichtig?
4. Was soll mit Hilfe des SEEV-Modells vorhergesagt oder erklärt werden?
5. Beschreiben Sie kurz die vier Einflussgrößen des SEEV-Modells.
6. Sie sitzen in einem Fußballstadion und beobachten ein Spiel. In welcher Weise wirken sich die vier Einflussgrößen des SEEV-Modells hier aus?
7. Erklären Sie kurz die beiden wesentlichen Annahmen des Modells multipler Ressourcen.
8. Sie sitzen in der Vorlesung und hören dem Dozenten zu. Gleichzeitig unterhalten Sie sich auf ihrem Smartphone über eine App mit einer Freundin. Bei welchen Ressourcen entstehen Störungen? An welcher Stelle ist die Doppeltätigkeit problemlos möglich?

2.5 Literaturempfehlungen

Anderson, J. A. (2013). *Kognitive Psychologie*. Heidelberg: Springer.
Goldstein, E. B. (2011). *Wahrnehmungspsychologie: Der Grundkurs*. Berlin: Spektrum.

2.5 Literaturempfehlungen

Hagendorf, H., Krummenacher, J. & Müller, H.-J. (2011). *Wahrnehmung und Aufmerksamkeit: Allgemeine Psychologie für Bachelor.* Berlin: Springer.

Müsseler, J. (2008). *Allgemeine Psychologie.* Berlin: Springer.

Wentura, D. & Frings, C. (2013). *Kognitive Psychologie.* Wiesbaden: Springer.

3 Methoden

> **Inhalt**
> Um Wissen zu gewinnen, verwendet die Ingenieurpsychologie zunächst dieselben Methoden wie andere Zweige der Psychologie. Das Experiment ist die beste Möglichkeit, Gesetzmäßigkeiten nachzuweisen, aber auch um das Verhalten von Nutzern beim Umgang mit technischen Systemen zu verstehen. Da Ingenieurpsychologen dieses Wissen bei der Gestaltung technischer Systeme anwenden, sind zusätzliche Methoden notwendig, mit denen Anforderungen der Nutzer an Funktionen und die Mensch-Maschine-Schnittstelle erhoben werden. Die Ergebnisse müssen in einer Weise aufbereitet werden, dass sie durch Ingenieure und Informatiker genutzt werden können. Schließlich werden für die Bewertung von technischen Systemen eigene Methoden benötigt, um einerseits nachzuweisen, dass bestimmte Designlösungen den Anforderungen der Nutzer entsprechen, oder andererseits dazu beizutragen, die technischen Systeme zu verbessern. Das Kapitel vermittelt ein Verständnis dieser eigenständigen Fragestellungen und der dazugehörigen Methoden der Ingenieurpsychologie.

Ingenieurpsychologie ist eine angewandte empirische Wissenschaft. Aussagen und Empfehlungen basieren auf der Erhebung von Daten, also auf der Beobachtung des Erlebens und Verhaltens von Nutzern technischer Systeme. Während die Grundlagenforschung an der Untersuchung allgemeiner Gesetzmäßigkeiten interessiert ist, will die Ingenieurpsychologie als angewandte Wissenschaft bei der Gestaltung technischer Systeme mitwirken (s. Beispiel). Welche Anforderungen sich dabei ergeben, wird in **Kapitel 3.1** beschrieben. Experimentell fundiertes Grundlagenwissen liefert für die Gestaltung allgemeine Prinzipien, z. B. dass bei der Auswahl einer Option ein unmittelbares Feedback geliefert werden sollte. Welche Optionen vorzusehen sind und welche Art von Feedback benötigt wird, lässt sich aus diesen allgemeinen Prinzipien allerdings nicht ableiten. Für die verschiedenen Aufgaben im Designprozess (▶ **Kap. 3.2**) werden deshalb eigene Erhebungsmethoden benötigt (▶ **Kap. 3.3**). Empirische Studien müssen auf eine bestimmte Art und Weise geplant und durchgeführt werden, um aussagekräftige Ergebnisse zu erhalten. Die Grundprinzipien des Experimentierens werden deshalb in **Kapitel 3.4** dargestellt. Da die Ergebnisse bei der Gestaltung technischer Systeme berücksichtigt werden sollen, müssen sie so aufbereitet werden, dass sie von Designern und Ingenieuren verwendet werden können. Diese Methoden werden in **Kapitel 3.5** beschrieben. Ergänzt wird die Darstellung in **Kapitel 3.6**, in dem einige typische Messinstrumente der Ingenieurpsychologie vorgestellt werden.

Beispiel

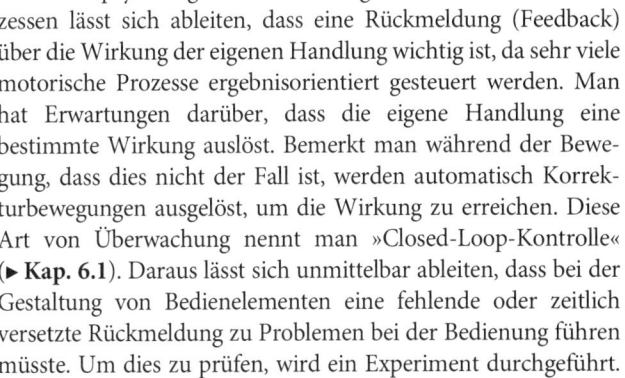

▶ Aus der psychologischen Forschung zu motorischen Prozessen lässt sich ableiten, dass eine Rückmeldung (Feedback) über die Wirkung der eigenen Handlung wichtig ist, da sehr viele motorische Prozesse ergebnisorientiert gesteuert werden. Man hat Erwartungen darüber, dass die eigene Handlung eine bestimmte Wirkung auslöst. Bemerkt man während der Bewegung, dass dies nicht der Fall ist, werden automatisch Korrekturbewegungen ausgelöst, um die Wirkung zu erreichen. Diese Art von Überwachung nennt man »Closed-Loop-Kontrolle« (▶ **Kap. 6.1**). Daraus lässt sich unmittelbar ableiten, dass bei der Gestaltung von Bedienelementen eine fehlende oder zeitlich versetzte Rückmeldung zu Problemen bei der Bedienung führen müsste. Um dies zu prüfen, wird ein Experiment durchgeführt. Dabei wird die vermutete Einflussgröße aktiv variiert. Man bezeichnet diese als Unabhängige Variable. In diesem Fall würde eine Gruppe von Nutzern eine Bedienung mit Feedback durchführen, eine zweite eine Bedienung ohne Feedback. Zum Beispiel muss auf einem Touchscreen auf eine Frage hin ein bestimmter Knopf gedrückt werden. In der Gruppe mit Feedback verändert sich beim Drücken die Farbe des Knopfes, und ein Klickgeräusch ist zu hören. Kurz danach erscheint die nächste Frage. In der Gruppe ohne Feedback verändert sich der Knopf beim Drücken nicht. Nach kurzer Zeit erscheint dann ebenfalls die nächste Frage. Um die Wirkung dieses vorhandenen oder nicht vorhandenen Feedbacks zu erfassen, wird beobachtet, wie häufig die Nutzer den Knopf mehrfach betätigen. Es zeigt sich tatsächlich, dass in der Gruppe ohne Feedback ein mehrfaches Drücken sehr häufig vorkommt, in der Gruppe mit Feedback dagegen nicht. Wenn die beiden Gruppen sich nicht generell in Merkmalen unterscheiden, die zu einem unterschiedlichen Drückverhalten führen könnten, und wenn die Umgebungsbedingungen während des Versuchs bis auf das Feedback völlig vergleichbar sind, kann man damit beweisen, dass fehlendes Feedback zu unnötigen Mehrfachbetätigungen führt. Dies ist ein klassisches experimentelles Vorgehen, mit dem Ursache-Wirkungs-Beziehungen nachgewiesen werden können (▶ **Kap. 3.4**). ◄◄

3.1 Psychologische Designansätze

Definition
▶ Beim menschzentrierten Design geht es darum, dem Nutzer die Technik bereitzustellen, die er benötigt, und zwar in solcher Weise, dass er sie möglichst gut nutzen kann. Dies wird erreicht, indem man von den Anforderungen der Nutzer ausgeht und die Technik daraufhin entwickelt, diesen Anforderungen gerecht zu werden.

Das partizipative Design geht noch einen Schritt weiter und beteiligt den Nutzer direkt im Designprozess auf einer Stufe mit Technikern und Psychologen. Der Nutzer selbst wird hier zum Entwickler. Dies ist allerdings nur insoweit sinnvoll, als der Nutzer entsprechend motiviert und fähig ist, sich am Designprozess zu beteiligen. ◄◄

3.1 Psychologische Designansätze

Moderne Designansätze stellen den Nutzer in den Vordergrund der Entwicklung technischer Systeme. Man bezeichnet dies als *menschzentriertes Design* (engl. *human-centered design*). Was heißt das? Sehr deutlich wird dieser Ansatz, wenn man ihn mit einem technikzentrierten Vorgehen vergleicht. Ein Ingenieur hat eine neue Art von Kaffeemaschine erfunden, die besonders sparsam arbeitet und trotzdem guten Geschmack liefert. Er baut eine dieser Maschinen und stellt sie verschiedenen Nutzern, z. B. seinen Kollegen, zur Verfügung. Enttäuscht stellt er fest, dass diese die neue Maschine gar nicht nutzen, sondern lieber bei ihrer alten Kaffeemaschine bleiben. Er kann nun versuchen, herauszufinden, woran das liegt: Verstehen die Nutzer nicht, wie die Maschine funktioniert? Schmeckt ihnen der Kaffee nicht? Ist es ihnen zu umständlich?

Bei einem menschzentrierten Vorgehen würde man als Erstes mögliche Nutzer befragen, was sie an ihrer Kaffeemaschine stört oder wie eine ideale Kaffeemaschine aussehen müsste. Diese könnten dann zum Beispiel berichten, dass ihr Kaffee häufig nicht schmeckt, weil das Pulver den Geschmack verloren hat. Man würde dann versuchen, eine technische Lösung für dieses Problem zu finden, zum Beispiel eine Maschine, die die Bohnen erst direkt vor dem Aufbrühen mahlt.

Beim menschzentrierten Design werden also erst die Anforderungen an die Technik erfasst, um dann gezielt die Funktionen zu entwickeln, die diesen Anforderungen entsprechen. Dieses Konzept gilt auch für die Mensch-Maschine-Schnittstelle. Wie möchte der Nutzer die Maschine bedienen? Welche Informationen benötigt er? Wie kann er diese möglichst schnell und gut verstehen? Vor dem Bau eines Geräts sollten deshalb auch die Wünsche und Erwartungen der Nutzer an die Bedienung und die präsentierten Informationen oder Rückmeldungen erfasst werden.

In der Praxis ist es natürlich häufig so, dass zuerst die technische Idee vorhanden ist. Auch werden durch technische Entwicklungen Funktionen möglich, an die kein Nutzer vorher gedacht hätte (z. B. immer und überall auf das Internet zugreifen zu können). Der menschzentrierte Ansatz besteht dann darin, einerseits die konkrete Umsetzung dieser Funktionen mit den Nutzern zu erarbeiten, andererseits den Zugang dazu, d. h. die Bedienung und damit die Anforderungen an die Mensch-Maschine-Schnittstelle.

Merke
▶ Die Erhebung von Anforderungen an technische Geräte sollte immer die Funktionen (Was soll das Gerät machen?) und die Mensch-Maschine-Schnittstelle (Was soll angezeigt und wie soll das Gerät bedient werden?) umfassen. ◀◀

Das *partizipative Design* (engl. *participatory design*) geht noch einen Schritt weiter. Hier wird die Ausrichtung auf den Nutzer dadurch verstärkt, dass die Nutzer als gleichberechtigte Partner am Design mitarbeiten und die Designer die Produkte im Arbeitskontext der Nutzer entwickeln. Um ein neues Textverarbeitungsprogramm zu erstellen, würde man zum Beispiel Sekretärinnen auswählen, mit denen man zusammen die typischen Schreibtätigkeiten daraufhin analysiert, wie diese durch ein ideales Textverarbeitungsprogramm unterstützt werden könnten. Gemeinsam werden dann Gestaltungsvorschläge erarbeitet, in Prototypen umgesetzt und im Arbeitskontext erprobt, bewertet und verbessert. Dies setzt voraus, dass entsprechend motivierte und interessierte Nutzer gefunden und vom Arbeitgeber für diese Design-Tätigkeit freigestellt werden und dass Designer bereit sind, sich intensiv mit den Wünschen und Anforderungen der Nutzer zu beschäftigen. Wenn dies gelingt, sind die Akzeptanz und der Nutzen der entsprechenden Lösungen deutlich größer als bei dem herkömmlichen Designprozess.

Beiden Ansätzen ist gemeinsam, dass Erwartungen und Wünsche der Nutzer erfasst werden müssen. Dazu werden entsprechende Methoden benötigt. Diese werden in **Kapitel 3.3** dargestellt. Vorher werden in **Kapitel 3.2** die Aufgaben des Ingenieurpsychologen bei einem menschzentrierten oder partizipativen Designprozess beschrieben. Da die Aufgaben in diesen beiden Arten von Designprozessen identisch sind, wird dies im Folgenden zur Vereinfachung nur als menschzentrierter Designprozess bezeichnet.

3.2 Aufgaben im Designprozess

Bei einem menschzentrierten Designprozess geht man von den Anforderungen der Nutzer an das System aus, um daraus die notwendigen Funktionen des Systems und die Eigenschaften einer möglichst geeigneten Mensch-Maschine-Schnittstelle zu definieren. Dies bildet die Grundlage für eine erste Entwicklungsphase, die in der Regel zu einem Prototypen führt. Dieser wird von Nutzern ausprobiert und bewertet, um Verbesserungsvorschläge im Hinblick auf die Definition der notwendigen Funktionen und deren Bedienung zu entwickeln. Auf Basis der Ergebnisse der ersten Entwicklungsphase wird ein weiterer Prototyp erstellt und erneut bewertet. Dieser Prozess wird so oft wiederholt, bis die Nutzertests zeigen, dass keine weiteren Veränderungen erforderlich sind. Man bezeichnet dieses Vorgehen als *iteratives Design*. **Abbildung 3.1** zeigt die wesentlichen Schritte dieses Vorgehens.

Danach kann das technische System produziert werden. In der Regel erfolgen dann weitere Nutzertests, um das Produkt in weiteren Produktionszyklen zu verbessern. Auch die systematische Erfassung von Fehlern, Fragen und Problemen der Nutzer kann zur kontinuierlichen Weiterentwicklung des Produkts genutzt werden. Zum *Lebenszyklus* eines Produkts gehört auch die Wartung und Überwachung, wenn dieses Produkt im Alltag eingesetzt wird. Schließlich muss man sich auch über die Entsorgung des Systems Gedanken machen.

Merke
▶ Der Lebenszyklus eines Produkts umfasst folgende Phasen:

- Anforderungsanalyse (Funktion und HMI)
- Iteratives Design (Prototypen)
- Implementierung, Produktion und Bewertung
- Systemoperation und Wartung
- Entsorgung

Die Aufgabengebiete der Ingenieurpsychologie liegen vor allem bei der Anforderungsanalyse und dem iterativen Design, außerdem bei der Bewertung des Systems im Alltag. ◀◀

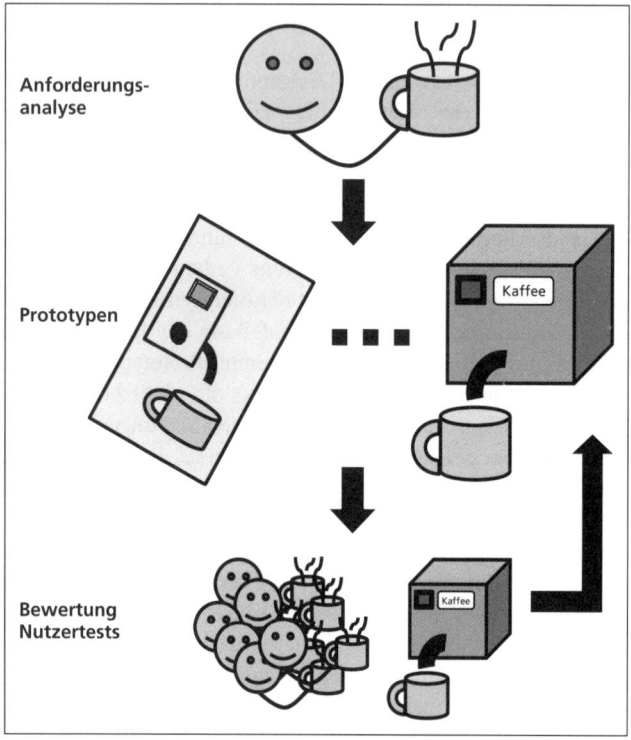

Abb. 3.1: Grundidee der menschzentrierten Produktentwicklung. Anforderungsanalysen bilden die Basis von Prototypen, die mit Nutzertests iterativ verbessert werden.

In der ersten Phase dieses Entwicklungsprozesses liegt die Schwierigkeit häufig darin, *Anforderungen* der Nutzer an ein Produkt zu erheben, das bislang nicht existiert. Hätte man vor 20 Jahren gefragt, ob man ein Gerät braucht, um ständig mit anderen Menschen Textnachrichten auszutauschen, seine Fotos einer breiten Menge von Bekannten zu zeigen und neben der Arbeit mit teilweise nicht persönlich bekannten Menschen über Text zu kommunizieren, so hätten vermutlich wenige Nutzer Anforderungen an ein solches Gerät beschreiben können. Wie kann man Ideen für solche Geräte gewinnen? Ein wichtiger Ansatz ist es hier, die Aufgaben zu beschreiben und dabei insbesondere darauf zu achten, welche Anforderungen an den Nutzer dabei gestellt werden und welche davon unangenehm, lästig, schwierig oder überfordernd sind oder an welchen Stellen Fehler auftauchen. Auch Gruppendiskussionen können hier hilfreich sein (Fokusgruppen). Entsprechende Methoden werden im folgenden Kapitel beschrieben.

In der zweiten Phase unterstützt der Ingenieurpsychologe die *iterative Entwicklung* des technischen Systems. Aufgrund der Anforderungen wird eine erste Vorstellung von einem System entwickelt. Auf dieser Basis kann dann ein Prototyp, ein Einzelstück, entwickelt werden, mit dem Nutzertests durchgeführt werden. Die Aufgabe des Ingenieurpsychologen besteht darin, wichtige Szenarien zu definieren, in denen der Prototyp genutzt werden soll, und das Verhalten und die Reaktionen der Nutzer zu beobachten. Diese Systembewertung wird dazu genutzt, um Verbesserungsvorschläge für das weitere Design abzuleiten. Um die Entwicklung zu beschleunigen, werden Systemfunktionen häufig nicht technisch realisiert, sondern von einem Versuchsleiter produziert (*Wizard-of-Oz-Studien*, s. folgende Erklärung). Auf diese Weise können Funktionen und Bedienkonzepte untersucht werden, die technisch und zeitlich nur sehr aufwändig herzustellen wären.

Erklärung
▶ Bis Fahrzeuge im normalen Verkehr automatisch fahren dürfen, wird wohl noch einige Zeit vergehen. Da automatisch fahrende Fahrzeuge unter dem Aspekt der Verkehrssicherheit kritisch sein könnten, sollte aber möglichst frühzeitig geprüft werden, wie Fahrer mit solchen Fahrzeugen umgehen. Eine Wizard-of-Oz-Studie bietet hier eine Möglichkeit. Ähnlich wie in dem Film »Wizard of Oz« ein übermächtiges Wesen vorgetäuscht wird, wird hier ein automatisches Fahrzeug von einem Versuchsfahrer vorgespielt. Dieser sitzt z. B. hinter dem menschlichen Fahrer und hat dort Lenkrad, Gas und Bremse, mit denen er auch das Fahrzeug steuern kann (ähnlich wie eine

erweiterte Pedalerie eines Fahrlehrers). Diese sind so gekoppelt, dass der menschliche Fahrer die Eingriffe des Wizards, des Versuchsfahrers, am eigenen Lenkrad und an Gas und Bremse spüren kann. Der Versuchsfahrer kann jetzt unterschiedliche Varianten von Unterstützung vorspielen, also zum Beispiel nur sanft das Lenkrad bewegen, wenn der Fahrer zu weit von der Idealspur abweicht. Er kann aber auch für eine Zeitlang ganz übernehmen, und der Fahrer lässt sich dann fahren. Wenn man diesen Versuchsfahrer hinter einer Einwegscheibe versteckt, kann man beim menschlichen Fahrer die Illusion hervorrufen, dass er tatsächlich automatisch gefahren wird. Alle Eigenschaften und Aktionen eines automatischen Systems, die der Versuchsfahrer umsetzen kann, lassen sich damit bereits untersuchen, auch wenn das System selbst noch nicht entwickelt wurde (s. Schmidt, Kiss, Babbel & Galla, 2008). ◄◄

In der dritten Phase, der Nutzung der Systeme im Alltag, geht es vor allem darum, das System zu optimieren, indem vergleichbar wie in der zweiten Phase Fehler, Schwierigkeiten, Probleme und zu hohe Beanspruchungen der Nutzer erfasst werden. Auch das Verständnis besonders gelungener technischer Systeme kann dazu beitragen, zukünftige Systeme zu verbessern. Neben der gezielten Untersuchung von typischen *Nutzungsszenarien* (engl. *use cases*) spielt hier vor allem die Nutzung im Alltag eine besondere Rolle, wobei das Verhalten der Nutzer über längere Zeiträume beobachtet wird. Dies erfordert zusätzliche Methoden, um aus dieser Art von Beobachtungsdaten relevante Ereignisse herauszufiltern und zu analysieren. Die Aufgaben des Ingenieurpsychologen liegen demnach bei der Planung, Durchführung und Auswertung entsprechender Nutzerstudien.

Ingenieurpsychologen haben damit in unterschiedlichen Phasen des Designprozesses unterschiedliche Aufgaben. Dazu werden jeweils bestimmte Methoden benötigt, die im folgenden Kapitel vorgestellt werden.

3.3 Anforderungen an Systeme und Systembewertung

Beispiel

▶ In einem Projekt der TU Braunschweig wurde ein technisches Gerät entwickelt, das Blinde und Sehbehinderte beim Überqueren von Kreuzungen unterstützt (s. Vollrath, Knust & Struck, 2014). Momentan finden sich dort häufig akustische Querungshilfen, die mit unterschiedlichen Tönen signalisieren, wann die Ampel grün ist. Bei der Anforderungsanalyse wurden zunächst die Zielgruppen definiert: Blinde haben möglicherweise andere Anforderungen als Sehbehinderte, die noch einen Rest Sehfähigkeit besitzen. Auch das Alter und die Beweglichkeit können eine Rolle spielen. Mit diesen unterschiedlichen Personen wurden dann zunächst freie Interviews durchgeführt, um Wünsche an die Unterstützung bei der Kreuzungsquerung zu erheben. Es zeigte sich, dass bereits bei der Annäherung an die Kreuzung Informationen darüber gewünscht werden, um welche Art von Kreuzung es sich handelt (z. B. ein- oder zweispurige Straße, Vorhandensein eines Mittelstreifens, abgesenkte oder hohe Bordsteine, Straßenbahngleise). Weiter wurde eine individuell einstellbare, akustische Führung bis zum Bordstein gewünscht, dann ein Querungssignal mit der Information, wie lange die Grünphase noch dauert. Sehr gerne würden die Personen auch vor Hindernissen wie Masten, aber auch anderen Personen oder Radfahrern gewarnt werden.

Nach diesen freien Befragungen wurden Blinde bei der Kreuzungsquerung beobachtet, wobei Kreuzungen ausgewählt wurden, die nach Ansicht der Blinden besonders gut zu bewältigen oder besonders problematisch waren. Die Blinden wurden gebeten, während der Kreuzungsquerung alles zu berichten, was ihnen dabei durch den Kopf geht (Methode des Lauten Denkens). Auf diese Weise ließen sich die verschiedenen Aufgaben erfassen, die bei der Kreuzungsquerung auftraten, sodass dafür Ideen für Unterstützung entwickelt werden konnten. ◀◀

Am Anfang der Produktentwicklung steht die Analyse von Anforderungen. Bevor man sich Gedanken über das Produkt macht, muss man zunächst den Nutzer definieren: Wer soll das Produkt benutzen? Welche Eigenschaften haben diese Nutzer? Sind sie jung oder alt, Männer oder Frauen? Welchen Bildungsstand, welche Vorerfahrungen haben sie? Welche Körpergröße und welche körperliche Fitness können erwartet werden? Ist die Sehfähigkeit oder das Gehör eingeschränkt (s. Beispiel Mobilitätsunterstützung)? Diese *Beschreibung der Nutzer* ist einerseits dafür wichtig, um bei der Erfassung der Anforderungen auch die richtigen Personen zu untersuchen. Andererseits ergeben sich daraus auch direkte Anforderungen an die Produkte. Bei blinden Nutzern (s. Beispiel Mobilitätsunterstützung) müssen alle Informationen akustisch oder haptisch gegeben werden. Ein Kopfhörer darf aber nicht verwendet werden, da dann wichtige Informationen aus der Umwelt (z. B. Autogeräusche) nicht mehr gehört werden. Möglicherweise muss die Lautstärke auch an die Umgebung angepasst werden.

Der *Nutzungskontext* ist der zweite wesentliche Aspekt bei einer Anforderungsanalyse. Unter welchen Bedingungen werden die technischen Systeme genutzt? Wenn sie im Freien verwendet werden, müssen sie anderen Temperaturen und Wetterbedingungen standhalten als Geräte, die nur am Schreibtisch in der Wohnung genutzt werden. Wie das Beispiel der Blinden zeigt, müssen Informationen je nach Umgebung anders präsentiert werden. Auch bei starkem Verkehrslärm sollten die Informationen noch wahrnehmbar sein, dürfen aber auch nicht andere wichtige Informationen zu stark überlagern. In ähnlicher Weise gilt dies, wenn nur wenig Zeit für die Aufnahme von Informationen verfügbar ist. Da der Autofahrer sich ständig auf den Verkehr konzentrieren muss, dürfen im Fahrzeug eigentlich nur Informationen präsentiert werden, die sehr schnell und einfach ohne lange Blickabwendungen erfasst werden können. Die Autohersteller berücksichtigen dies auch, nicht aber die Hersteller anderer Systeme (z. B. Handys), die auch im Fahrzeug verwendet werden. Schließlich ist auch die Bedienung an den Nutzungskontext anzupassen. Am Schreibtisch im Büro ist eine feine, exakte Positionierung des Cursors mit Hilfe der Maus kein Problem. Im Fahrzeug, das gerade über Kopfsteinpflaster fährt, ist das dagegen fast unmöglich, sodass hier andere Bedienelemente oder -möglichkeiten erforderlich sind.

Der Nutzungskontext ist damit ganz wesentlich für die Gestaltung der Mensch-Maschine-Schnittstelle. Er muss weiter berücksichtigt werden für die notwendigen Funktionen. Ein Navigationsgerät sollte zum Beispiel nur im Stand bedient werden. Man könnte daher eine Zieleingabe per Tasten nur im Stand ermöglichen und die Tastatur bei der Fahrt sperren.

Merke
▶ Bei der Anforderungsanalyse sind im ersten Schritt Nutzergruppen und der Nutzungskontext zu definieren. Im zweiten Schritt geht es um die Aufgaben, die mit Hilfe bestimmter Funktionen des Systems besser bewältigt werden sollen. ◀◀

Sind Nutzergruppen und Nutzungskontext definiert, können die typischen Aufgaben untersucht werden, für die das technische System genutzt werden soll. Man unterscheidet hier zunächst zwischen physischen und kognitiven Aufgaben, also inwieweit der Nutzer körperlich oder geistig aktiv wird. Die physischen Aufgaben sind vor allem im Hinblick auf anthropometrische Aspekte wichtig, also die Berücksichtigung der körperlichen Eigenschaften der Nutzer. Welche Kräfte werden eingesetzt, welche Haltung nimmt der Nutzer ein, welche Körperdrehungen und -bewegungen treten auf? Können diese möglicherweise zu Fehlbelastungen und körperlichen Beschwerden führen? Diese Aspekte werden vor allem von der Ergonomie berücksichtigt. Für den Ingenieurpsychologen stehen die kognitiven Aspekte im Vordergrund, wobei es um die Ziele geht, die erreicht werden sollen, und die Informationen, die dabei ausgetauscht werden. Die Ziele sind wesentlich für die Definition der Funktionen, die das System bieten soll. Die Analyse der Informationen ist für die Mensch-Maschine-Schnittstelle wichtig: Welche Informationen sollten dem Nutzer zur Verfügung gestellt werden? Wie bedient der Nutzer das System? Wie liefert er dem System Informationen oder Eingaben?

Die verschiedenen Aufgaben von Nutzern sind häufig hierarchisch und deshalb auch mit einer hierarchischen Aufgabenanalyse am besten zu beschreiben. Die in der Hierarchie oben stehende Aufgabe »Kaffee kochen« besteht aus einer Reihe von untergeordneten Aufgaben: Kaffeemaschine mit Wasser befüllen, Kaffeepulver in den Kaffeefilter löffeln, die Maschine einschalten und warten, bis das Wasser durchgelaufen ist. Häufig ist auch die Reihenfolge der Aufgaben wichtig – man sollte erst Kaffee einfüllen, dann die Maschine einschalten.

Erklärung
▶ Die Ergebnisse einer hierarchischen Aufgabenanalyse werden häufig als Baumdiagramme dargestellt. **Abbildung 3.2** zeigt dies am Beispiel der Startphase des Kaffeekochens. Links oben ist die Gesamtaufgabe dargestellt. Diese besteht aus den drei Teilaufgaben »Wasser auffüllen«, »Kaffee auffüllen« und »Maschine einschalten«. Die ersten beiden Teilaufgaben bestehen wiederum jeweils aus vier Teilaufgaben. Die Pfeile geben zusätzlich an, dass hier eine bestimmte Reihenfolge der Aufgaben notwendig ist. ◀◀

Ein interessanter Ansatz ist es, die Ergebnisse dieser Aufgabenanalyse so genau zu beschreiben, dass eine Simulation des Nutzerverhaltens im Computer möglich ist. Statt Prototypen zu bauen und dann in Nutzerstudien zu testen, wird das Nutzerverhalten im Computer simuliert. Damit lässt sich messen, wie gut und schnell die simulierten Nutzer mit dem System bestimmte Aufgaben durchführen können und an welcher Stelle Verzögerungen oder Probleme bei der Bedienung auftreten. Dann kann das simulierte System im Computer verändert und erneut in der Simulation getestet werden. So könnte die Systementwicklung deutlich beschleunigt werden. Die einflussreichste Methode, die dieses Prinzip umsetzt, ist die

3.3 Anforderungen an Systeme und Systembewertung

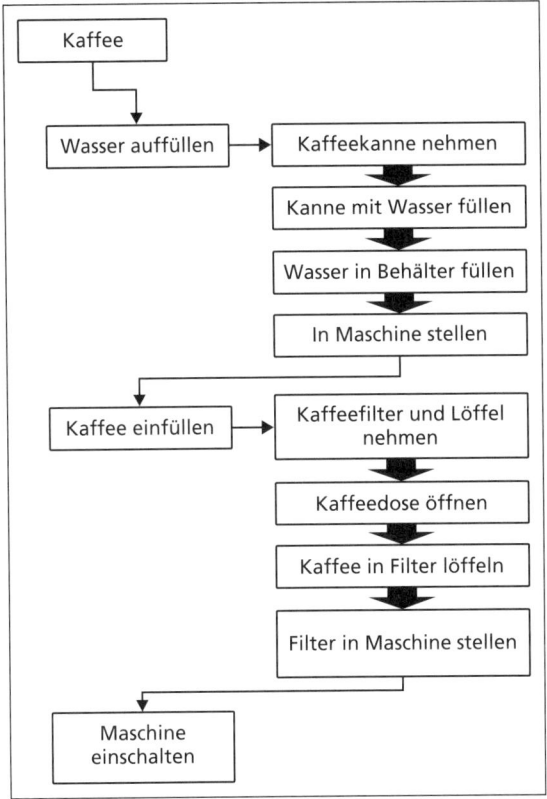

Abb. 3.2: Das Ergebnis einer hierarchischen Aufgabenanalyse für die Startphase des Kaffeekochens

GOMS-Methode (Card, Moran & Newell, 1983). GOMS steht für:

G *Goals*: Ziele, die erreicht werden sollen
O *Operators*: Aktionen, die man ausführen kann
M *Methods*: Zielgerichtete Handlungen, die wiederum aus einzelnen Aktionen (Operators) bestehen
S *Selection Rules*: Regeln, nach denen man in Abhängigkeit von der Situation die Methoden auswählt

Wenn man eine Aufgabenanalyse mit GOMS durchführt, beschreibt man den Umgang von Nutzern mit einem System in solcher Weise, dass man dies hinterher im Computer ablaufen lassen kann. Den einzelnen Aktionen werden Zeiten zugeordnet (z. B. wie lange es dauert, einen bestimmten Knopf zu drücken), sodass hinterher berechnet werden kann, wie lange es dauert, bestimmte Ziele zu erreichen. Ein wesentlicher Vorteil dieses Vorgehens ist für den Entwickler, dass die einzelnen Systemziele und wie man sie erreicht präzise und vollständig beschrieben werden müssen. Schon dabei können mögliche Probleme und Schwierigkeiten schnell deutlich werden. Die Simulation selbst mit ihrer Schätzung von Bedienzeiten macht es recht einfach möglich, verschiedene Varianten einer Mensch-Maschine-Schnittstelle in der Simulation zu vergleichen, um so die am schnellsten bedienbare Variante auszuwählen.

Ein großer Nachteil dieser Methode ist der relativ große Aufwand, um die entsprechenden Modelle zu erstellen. Schwerwiegender aus menschzentrierter Sicht ist jedoch, dass weder Unterschiede zwischen den Nutzern noch Veränderungen des Nutzerzustands befriedigend berücksichtigt werden. Auch Fehler bei der Eingabe oder mangelhaftes Wissen über die Systemfunktionen bei neuen Nutzern sind nicht ohne Weiteres zu berücksichtigen. Damit ist eine GOMS-Analyse sicherlich ein wertvolles Hilfsmittel bei der Optimierung von Systemen, kann Nutzertests aber nicht vollständig ersetzen, insbesondere wenn es neben der reinen Schnelligkeit der Bedienung auch um die Berücksichtigung unterschiedlicher Nutzer und deren Akzeptanz des Systems geht.

Merke
▶ GOMS ist eine formalisierte Methode der Aufgabenanalyse, bei der Ziele (Goals), Aktionen (Operators), Handlungen (Methods) und Regeln, nach denen gehandelt wird (Selection Rules), so beschrieben werden, dass die Nutzung im Computer simuliert werden kann, um so Bedienzeiten unterschiedlicher Designvarianten vergleichen zu können. Durch diese Simulation wird eine schnelle Bewertung und damit

Optimierung von Systemen ermöglicht. Zusätzlich sind Nutzertests notwendig, um unterschiedliche Nutzereigenschaften und weitere Aspekte der Bedienbarkeit (z. B. Akzeptanz) zu berücksichtigen. ◂◂

Während GOMS eine formale Beschreibung benötigt und damit quantitative Aussagen ermöglicht, stehen bei der *Fokusgruppe* die qualitativen Aspekte im Vordergrund. Dabei wird eine Diskussion zwischen in der Regel sechs bis acht Teilnehmern angeregt. Ein Interviewleitfaden mit offenen Fragen steuert die Richtung der Diskussionen. Weiter können verschiedene Medien (Videos, Fotos, Skizzen von Prototypen usw.) eingesetzt werden, um die Diskussion anzuregen. Diese Methode ist besonders geeignet, um Ideen zu entwickeln, Konzepte zu erstellen und Anforderungen zu erfassen. Wie bei jeder freien oder teilstandardisierten Befragung werden die Antworten dann im Nachhinein von Experten kategorisiert, bewertet und zusammengefasst. Der wesentliche Vorteil gegenüber standardisierten Befragungen ist es, dass damit tiefergehende, ausführlichere Antworten ermöglicht werden. Durch die Kommunikation und die gegenseitige Anregung entstehen häufig kreative, neue Ideen, was gerade in frühen Stadien der Systementwicklung sehr nützlich ist.

Beispiel
▶ Um die Bedürfnisse von Fahrern bei der Entwicklung von Fahrerassistenzsystemen besser zu berücksichtigen, führte Julia Werneke (Werneke, 2006) eine Fokusgruppendiskussion durch. Als Anregung wurden in einer Diashow möglichst unterschiedliche Fahrsituationen gezeigt. Danach wurden die Teilnehmer gefragt, welche Situationen ihnen einfallen, die für sie schwierig, unangenehm oder kritisch sind. So wurden zunächst relevante Situationen identifiziert, für die dann in einem zweiten Teil diskutiert wurde, welche Arten von Assistenzsystemen im Fahrzeug hier hilfreich sein könnten. Auf diese Weise konnte eine bedarfsorientierte Liste von wichtigen Assistenzfunktionen erarbeitet werden. ◂◂

Bei den bisher beschriebenen Methoden steht die Erhebung von Anforderungen an technische Systeme im Vordergrund. Sie sind damit besonders für frühe Phasen der Systementwicklung geeignet. Die Beschreibung mit Hilfe von GOMS führt schon etwas weiter und ermöglicht einen Vergleich verschiedener Varianten. Allerdings geschieht dies in einer Simulation, d. h. im Computer mit einem Modell des Nutzerverhaltens, das immer nur begrenzt den »realen« Nutzern entspricht. Aussagekräftiger sind Nutzerstudien, bei denen diese Nutzer im Umgang mit Prototypen des Systems, simulierten oder echten Systemen in typischen Situationen beobachtet und befragt werden.

Prototypen können auf unterschiedliche Art hergestellt werden. Mit Hilfe von Zetteln kann man Menüeinträge eines Computerprogramms aufschreiben und von Nutzern in einer für sie angenehmen Weise anordnen lassen. Verschiedene Programme ermöglichen es, die Benutzeroberfläche zu gestalten und darzustellen, ohne dass die tatsächlichen Funktionen verfügbar sind. Der Nutzer kann dann trotzdem verschiedene Funktionen suchen und auswählen (und sich vorstellen, dass das Programm dann das Entsprechende tut). Umgekehrt kann man auch einzelne Funktionen darstellen, die noch nicht voll integriert sind, sondern eher den aktuellen Arbeitsstand zeigen.

Gerade wenn es um Aufgaben geht, die möglicherweise gefährlich sind, werden typischerweise Simulationen genutzt. Bevor ein Assistenzsystem, das den Fahrer beim Ausweichen vor einem Hindernis unterstützt, im realen Verkehr getestet wird, werden zunächst Versuchsreihen in einem Fahrsimulator durchgeführt (▶ **Abb. 3.3** für ein Beispiel). Haben sich die Systeme dort bewährt, können abschließende Nutzertests mit den realen Systemen durchgeführt werden (Feldtest).

Abb. 3.3: Der Fahrsimulator der TU Braunschweig wird genutzt, um Warnsysteme für kritische Situationen zu untersuchen.

Damit gibt es unterschiedliche Möglichkeiten, den Nutzern die Systeme für Tests zur Verfügung zu stellen. Bei allen diesen Methoden geht es immer darum, den Umgang der Nutzer mit den Systemen zu beobachten und zu bewerten, um einerseits Hinweise für Verbesserungsmöglichkeiten zu gewinnen und andererseits nachweisen zu können, dass das neue System für die Nutzung geeignet ist und von den Nutzern akzeptiert und positiv bewertet wird. Zur Untersuchung dieser und ähnlicher Fragen wendet die Ingenieurpsychologie spezifische empirische Methoden an, die im folgenden **Kapitel 3.4** dargestellt werden. Weiter werden typische Messverfahren eingesetzt, um die Reaktionen der Nutzer zu erfassen. Eine Auswahl der wichtigsten Verfahren wird in **Kapitel 3.5** beschrieben.

3.4 Planung empirischer Studien

Empirie bedeutet Erfahrung oder Erfahrungswissen. Probleme im Umgang mit einem System findet man dann am besten, wenn Nutzer Erfahrungen mit dem System machen können. Auch Fehler werden häufig erst bei der Nutzung entdeckt (man denke an die ständigen Updates von gekaufter Software). Bei dieser ersten Art von empirischen Studien (*explorative Studien*) geht es darum,

Nutzer ein System erleben zu lassen und deren Reaktionen zu erfassen. Dies ist insbesondere in frühen Stadien der Entwicklung wichtig, um das Produkt zu optimieren, bevor es auf den Markt kommt. In späteren Phasen möchte man nachweisen, dass das eigene Produkt entweder anderen Produkten überlegen ist oder dass eine bestimmte Tätigkeit, die sonst ohne dieses Produkt durchgeführt wird, erleichtert wird. Bei dieser zweiten Art empirischer Studien (*experimentelle Studien*) geht es also darum, den Kundennutzen nachzuweisen bzw. einen Wirkungsnachweis zu erbringen. Dafür ist das experimentelle Vorgehen geeignet.

Merke
▶ In explorativen Studien geht es darum, die Nutzerreaktionen im Umgang mit einem Produkt möglichst umfassend zu erheben. Ziel ist es, Fehler und Probleme, aber auch die relevanten positiven Aspekte zu erkennen, um so das Produkt zu optimieren.

Der Schwerpunkt der experimentellen Studien liegt im Nachweis, dass ein bestimmtes Produkt besser ist im Vergleich zu anderen Produkten oder zu der Situation vorher.

Beiden Studientypen gemeinsam ist die sorgfältige Auswahl von Nutzern und die Definition relevanter Situationen, in denen die Nutzung untersucht wird. Sie unterscheiden sich im Vorgehen bei der Datenerhebung und in der Interpretation der Ergebnisse. Wie bei allen empirischen Studien sind folgende Schritte zu beachten:

- Auswahl einer geeigneten Stichprobe von Nutzern
- Definition des Nutzungsszenarios und Untersuchungsplans
- Durchführung der Nutzerstudie
- Auswertung und Darstellung der Ergebnisse
- Interpretation und Diskussion ◄◄

Bei beiden Arten von Studien muss zunächst eine geeignete *Stichprobe* von Nutzern ausgewählt werden. Da diese für die späteren Nutzer repräsentativ sein soll, muss berücksichtigt werden, inwieweit es unterschiedliche Gruppen von Nutzern gibt. Hier ist insbesondere die berufliche gegenüber der privaten Nutzung zu berücksichtigen, Experten und Novizen, unterschiedliche Altersgruppen und das Geschlecht und möglicherweise weitere verschiedene Ziele der Nutzung. Die Größe der Stichprobe hängt einerseits von der Art der Studie ab, andererseits von den Nutzermerkmalen, die zu berücksichtigen sind. Bei explorativen Studien können bereits zehn Nutzer ausreichen, um in einem frühen Entwicklungsstadium die schwerwiegendsten Probleme und Fehler zu finden. Bei einer experimentellen Studie und unterschiedlichen Nutzertypen sind schnell Stichprobengrößen von 100 Nutzern erreicht. Kann man begründete Annahmen über die Verteilung von Messgrößen machen und möchte man ein bestimmtes Ausmaß der Wirkung nachweisen, so lässt sich die dafür benötigte Anzahl an Nutzern je nach Versuchsplan berechnen. Dies ist z. B. mit dem frei verfügbaren Programm G*Power möglich (Faul, Erdfelder, Buchner & Lang, 2009).

Weiter ist der *Nutzungskontext* zu bestimmen. Dazu gehören die Umgebungsbedingungen, die denen der späteren realen Nutzung möglichst gut entsprechen sollten. Geräte, die im Freien nachts bedient werden müssen, sollten nicht tagsüber in einem Gebäude untersucht werden. Weiter sind die Aufgaben festzulegen, die mit Hilfe des Systems durchzuführen sind. Hier kann auf die Ergebnisse der Aufgabenanalyse zurückgegriffen werden, wo die wichtigsten und häufigsten, möglicherweise auch die schwierigsten Aufgaben beschrieben wurden. Die Aufgabe ist für die Nutzer in einer *standardisierten Instruktion* zu beschreiben, wobei auch die Motivation der Nutzer durch entsprechende Informationen erhöht werden sollte (s. Erklärung).

Erklärung
▶ Ganz häufig wird vergessen, wie wichtig die Instruktion über den Zweck der Untersuchung und den Ablauf für die Motivation der Nutzer ist und wie sehr dies die Ergebnisse beeinflussen kann. Sehr schnell kann der Eindruck entstehen, dass man als Nutzer ausgehorcht und ausgenutzt wird und eigentlich kein wirkliches Interesse besteht. Dies kann durch die ganze Untersuchungssituation und das Vorgehen noch bestärkt werden. Der erste Eindruck entsteht bereits bei der Begrüßung und Instruktion, mit der man Interesse wecken und motivieren sollte, wie es das folgende Beispiel zeigt:

»Herzlich willkommen! Wir freuen uns sehr, dass wir Sie als Experten gewinnen konnten, um unser neues Produkt zu testen. Wir wollen zufriedene Kunden – bitte helfen Sie uns, indem Sie auf alles hinweisen, was Sie stört, was unangenehm ist, was Sie ärgert. Dann können wir das ändern. Genauso wichtig ist es natürlich, was Sie besonders toll finden. Das ist dann für uns besonders interessant. Herzlichen Dank für Ihre Teilnahme! Haben Sie noch Fragen?« ◄◄

Bei der explorativen Studie erfolgt im Anschluss an die Instruktion die *Durchführung*, wobei der Umgang der Nutzer mit dem System beobachtet oder gemessen wird. Die entsprechenden Methoden werden in **Kapitel 3.5** dargestellt. Bei einer experimentellen Studie wird außerdem ein Versuchsplan erstellt, der festlegt, wie die verschiedenen Bedingungen verglichen werden. Dabei sind bestimmte Regeln zu beachten, damit ein gefundener Vorteil des neuen Systems auch tatsächlich aussagekräftig ist und interpretiert werden kann (s. Definition). Wichtig ist vor allem die Entscheidung, ob jeder Nutzer verschiedene Varianten direkt vergleichen soll oder unterschiedliche Nutzer jeweils nur ein System erleben. Der direkte Vergleich ist für Nutzer meist einfacher, und Vor- und Nachteile werden schneller deutlich. Außerdem werden auch weniger Nutzer benötigt, diese jedoch für längere Zeit. Allerdings sind die Ergebnisse möglicherweise nicht aussagekräftig für spätere Nutzer, die ja in der Regel nur ein Produkt wirklich kennenlernen. Insbesondere dann, wenn man an einem Produkt eine bestimmte Bedienung erlebt, kann ein Produkt mit einem anderen Bedienkonzept im direkten Vergleich schlechter bewertet werden, während es von Erstnutzern, die keinen Vergleich haben, sehr gut bewertet wird. Allerdings werden bei der Nutzung unterschiedlicher Gruppen deutlich mehr Personen benötigt. Diese Vor- und Nachteile sind im Einzelfall abzuwägen.

Definition
▶ Das Vorgehen beim Experiment ist darauf ausgelegt, einen Wirkungsnachweis zu führen, also zu beweisen, dass ein Unterschied in den Ergebnissen tatsächlich und ausschließlich auf Unterschiede in den Versuchsbedingungen zurückzuführen

ist. Bei der Produktbewertung will man zum Beispiel beweisen, dass mit dem neuen Produkt die Bedienung schneller und mit weniger Fehlern gelingt als mit einem Vergleichsprodukt. Um dies zu erreichen, sind folgende Schritte zu berücksichtigen:

- Vergleich zweier Gruppen, von denen eine das alte, die andere das neue Produkt erhält.
- Sicherstellen, dass diese Gruppen vor Versuchsbeginn vergleichbar sind. Dies wird am besten erreicht, indem man die Nutzer per Zufall auf die beiden Gruppen aufteilt.
- Vergleichbare Bedingungen bei der Untersuchung, sodass sich die Gruppen nur durch das Produkt unterscheiden. Beide Gruppen erhalten dieselbe Aufgabe und werden auf dieselbe Weise betreut und befragt, sodass nur das jeweilige Produkt »wirken« kann.
- Vergleichbare Messung der Wirkung in beiden Gruppen. Im Beispiel könnte man die Dauer bis zur Zielerreichung per Stoppuhr messen und über einen Beobachter Fehler bei der Bedienung zählen lassen.

Findet man dann, dass mit dem neuen Produkt das Ziel schneller und mit weniger Fehlern erreicht wird als mit dem alten, so kann man sicher sein, dass dieser Unterschied nur durch das Produkt zu erklären ist. Schließlich waren die Gruppen vor Versuchsbeginn vergleichbar und wurden auch völlig gleichbehandelt bis auf die Nutzung der unterschiedlichen Produkte.

Diese Idee des Experiments ist die Grundlage für unterschiedliche Versuchspläne, die in einer Vielzahl von Lehrbüchern ausführlich dargestellt werden. ◂◂

Nach der Durchführung der Nutzerstudie erfolgen die *Auswertung* der Ergebnisse und ihre *Darstellung*, *Interpretation* und *Diskussion*. Üblicherweise wird außerdem eine Zusammenfassung in Form einer Präsentation oder eines Berichts erstellt. Ausführliche Darstellungen für diese Aspekte von Nutzerstudien finden sich in einer Vielzahl von Büchern über Forschungsmethodik, sodass hier auf eine detaillierte Darstellung verzichtet wird. Da es bei der Ingenieurpsychologie um den Umgang mit technischen Systemen geht, wurde eine Reihe von Messverfahren speziell für diese Fragestellungen entwickelt. Das folgende Kapitel gibt einen kurzen Überblick.

3.5 Typische Messverfahren

Wann ist ein Produkt ein gutes Produkt? Diese Frage ist der Ausgangspunkt der unterschiedlichen Messverfahren. Dazu gehören ganz unterschiedliche Aspekte:

- *Gebrauchstauglichkeit* (engl. *usability*): Kann man mit dem Produkt seine Ziele einfach, schnell, ohne Fehler und auf angenehme Weise erreichen?
- *Systemverständnis*: Weiß der Nutzer jederzeit, was das System gerade tut und welche eigenen Handlungsmöglichkeiten er hat?
- *Beanspruchung*: Ist es anstrengend, das System zu nutzen, oder vielleicht zu einfach, langweilig und lästig, es zu bedienen?
- *Akzeptanz und Spaß* (engl. *joy-of-use*): Finden die Nutzer das System gut und angenehm zu bedienen, ist es vielleicht sogar besonders anregend zu nutzen?

Diese Aspekte können auf ganz unterschiedliche Weise untersucht und erfasst werden. Die *Methode des Lauten Denkens* wird vor allem in frühen Stadien des Entwicklungsprozesses eingesetzt, um möglichst umfassend und unbeeinflusst durch den Untersucher die Erfahrungen beim ersten Gebrauch eines neuen Produkts zu erfassen. Der Nutzer wird instruiert, bestimmte Aufgaben mit dem Produkt durchzuführen und dabei alle Gedanken, die ihm durch den Kopf gehen, laut zu verbalisieren. Diese Gedankenprotokolle werden aufgezeichnet und später ausgewertet. Dabei ist sehr gut zu erkennen, inwieweit der Nutzer das System versteht, an welchen Stellen Schwierigkeiten auftreten und von welcher Art diese sind. Auch die Beanspruchung und die Akzeptanz sind durch die spontanen Äußerungen zu bewerten. Von der Durchführung her handelt es sich um ein sehr effektives Verfahren. Es hat sich gezeigt, dass bereits mit acht bis zehn möglichst unterschiedlichen Nutzern die meisten Probleme und Schwachstellen von Systemen aufgedeckt werden können. Ein Nachteil ist der relativ hohe Aufwand, der benötigt wird, um die Äußerungen der Nutzer zu kategorisieren und auszuwerten. Das Verfahren ist auch sehr gut im iterativen Designprozess einzusetzen, wo nach jedem Nutzertest die entsprechenden Probleme korrigiert werden und dann mit dem nächsten Nutzertest bereits eine verbesserte Variante geprüft werden kann.

Das wohl wichtigste und umfassendste Konzept bei der Bewertung von Mensch-Maschine-Schnittstellen ist die *Usability* oder *Gebrauchstauglichkeit*. Für die Mensch-Computer-Interaktion liegt eine entsprechende Norm vor (EN ISO 9241–11: Anforderungen an die Gebrauchstauglichkeit). Darin sind drei Anforderungen enthalten: Die *Effektivität* beschreibt, inwieweit der Nutzer seine Ziele genau und vollständig erreichen kann. Ist es mit dem System möglich, das zu machen, was man möchte? Hinzu kommt die *Effizienz*, mit der beschrieben wird, mit welchem Aufwand das Ziel erreicht wird. Kann man schnell, einfach und zuverlässig die Aufgabe erledigen? Schließlich beschreibt die *Zufriedenstellung* oder *Akzeptanz*, inwieweit die Nutzung ohne Beeinträchtigung stattfindet und zu einer positiven Einstellung gegenüber dem Produkt führt. Ist es angenehm, das System zu bedienen?

Häufig werden als weitere Kriterien die *Erlernbarkeit* oder *Intuitivität* und eine *geringe Fehlerrate* genannt. Man sollte das System schnell erlernen können, am besten intuitiv verstehen, was zu tun ist, ohne lange Erklärungen oder Gebrauchsanweisungen zu benötigen. Und bei der Bedienung sollten wenige Fehler auftreten.

Diese Kriterien der Usability können als Leitfaden genutzt werden, um Protokolle des Lauten Denkens zu bewerten. Es gibt eine ganze Reihe von Fragebögen, die von Experten oder Nutzern verwendet werden können, um gezielt diese Usability-Aspekte zu beschreiben. In der Regel werden je nach Produkt und Nutzungskontext eigene Fragen entwickelt, die diese zentralen Aspekte beschreiben. Eine allgemeine »quick-and-dirty«-Skala ist die *System Usability Scale* (*SUS*) von Brooke (1996; s. Beispiel). Verhaltensbeobachtungen eignen sich besonders, um die Aspekte der Effizienz und Effektivität objektiv erfassen. Auch hier hängt es von der jeweiligen Aufgabe ab, welche Maße verwendet werden.

Beispiel
▶ Ein kurzer Fragebogen zur Bewertung der Usability von Software ist der SUS (System Usability Scale; Brooke, 1996). Er besteht aus zehn Fragen, die auf einer fünfstufigen Skala beantwortet werden. **Abbildung 3.4** zeigt eine deutsche Version dieser Skala.

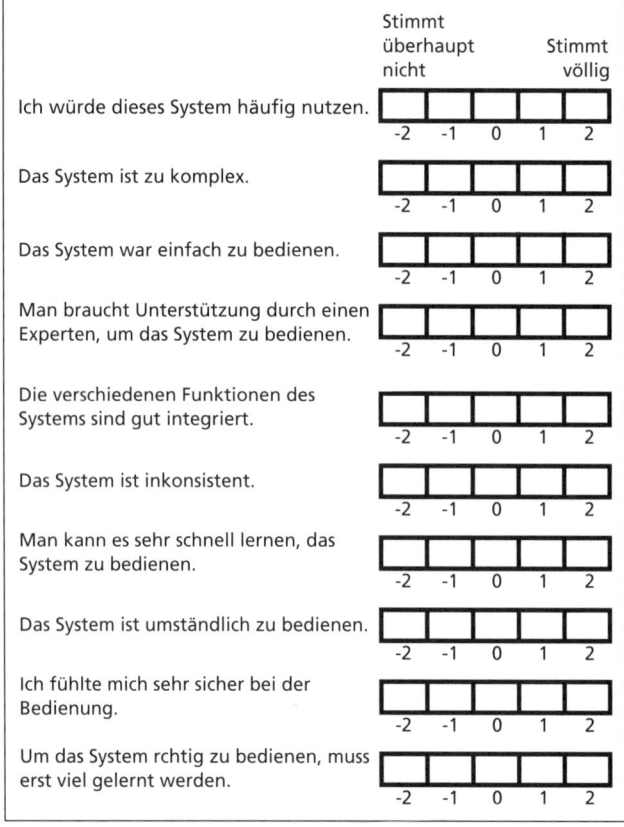

Abb. 3.4: Eine angepasste, vom Autor übersetzte und modifizierte Version der System Usability Scale (SUS)

Diese Skala wird sehr häufig verwendet, um einen Überblick über die verschiedenen Aspekte der Usability zu erhalten und erkennen, in welchen Bereichen Probleme vorlegen. Für die Ableitung von konkreten Verbesserungsvorschlägen genügt dies natürlich nicht. Aber man kann sich davon ausgehend auf die kritischen Aspekte konzentrieren. Kritisch ist zu bemerken, dass die Skala nicht alle Aspekte abfragt, die von der Usability her relevant sind. Es kann daher durchaus sinnvoll sein, für eigene Evaluationen die notwendigen Fragen neu zu überdenken. ◄◄

Für die Erfassung des Systemverständnisses ist eine direkte Befragung möglich oder der indirekte Zugang über Fehler bei der Bedienung. Da es hier um die spezielle Funktionalität des Systems geht, ist es immer notwendig, eigene Fragen oder Verhaltensparameter zu definieren, um genau diese Funktionalität abzudecken.

Die Beanspruchung ist dagegen ein Konzept, das bei ganz unterschiedlichen Systemen relevant ist. Entsprechend dem *Yerkes-Dodson-Gesetz* zum Zusammenhang zwischen Beanspruchung und Leistung ist davon auszugehen, dass ein mittleres Beanspruchungsniveau optimal für gute Leistungen ist. Sowohl Über- als auch Unterforderung sollte daher vermieden werden. Dies sollte bei der Erfassung von Beanspruchung berücksichtigt werden, indem entweder bipolare Skalen verwendet werden (von »zu wenig beanspruchend« bis »zu anstrengend«) oder diese beiden Pole einzeln abgefragt werden (»Wie anstrengend war diese Aufgabe?«, »Wie sehr haben Sie sich dabei gelangweilt?«).

Die Akzeptanz im Sinne einer positiven Einstellung zu dem Produkt nach der Nutzung ist bereits ein zentraler Bestandteil der Usability. Häufig wird noch weitergehend nach der Freude oder dem Spaß bei der Nutzung (*joy-of-use*) gefragt. Die zentrale Idee ist hier, dass neben der Zielerreichung der Umgang mit dem Produkt selbst eine solch positive Qualität hat, dass es die Nutzung fördert. Hier wird das iPhone immer wieder als Beispiel genannt – man sucht nach immer neuen Apps, um damit einen Vorwand zu finden, dieses Gerät häufiger nutzen zu können.

Diese kurze Übersicht beschreibt zentrale Konzepte, die für die Bewertung und Verbesserung von Produkten wichtig sind. Da jedes Produkt eigene, zum Teil neue Funktionen bereitstellt und häufig neue Mensch-Maschine-Schnittstellen verwendet werden, wird es immer notwendig sein, zumindest einen Teil der Messverfahren selbst zu entwickeln oder an das eigene Produkt anzupassen. Eine Orientierung an ähnlichen Produkten und den dort verwendeten Methoden kann dabei hilfreich sein. Im Internet ist eine Vielzahl entsprechender Methoden zu finden (▶ **Kap. 3.8**).

3.6 Zusammenfassung

Die Entwicklung neuer Systeme wird häufig von neuen Technologien und neuen Funktionen getrieben, die durch die neuen Technologien zur Verfügung gestellt werden können. Damit Nutzer mit diesen Systemen umgehen können und sie gerne nutzen, sind menschzentrierte Entwicklungsprozesse notwendig, bei denen der Nutzer möglichst eng in die Systementwicklung eingebunden wird. Bereits in frühen Phasen der Entwicklung wird untersucht, welche Aufgaben in welchem Kontext durchgeführt werden und wie die Nutzer dabei unterstützt werden möchten. Mit den Ergebnissen werden Anforderungsprofile aus Nutzersicht erstellt. Aus dem Zusammenspiel zwischen diesen Nutzerwünschen und technischen Möglichkeiten werden Prototypen entwickelt und iterativ verbessert. Die Beobachtung und Befragung von Nutzern auf unterschiedliche Art und Weise liefern wertvolle Hinweise, wie die Produkte und insbesondere die Mensch-Maschine-Schnittstelle verbessert werden sollten. Abschließende Produktbewertungen oder Produktvergleiche machen deutlich, wo der Nutzen der neuen Produkte liegt und welche Vorteile man dadurch gewinnt.

Diese beiden Aspekte der Anforderungen durch die Nutzer und der Bewertung von Produkten waren das zentrale Thema der Methodendarstellung dieses Kapitels. Diesen entsprechen explorative und experimentelle Methoden, denen der empirische Zugang mit der Beobachtung und Befragung von Nutzern gemeinsam ist. Weiter wurde gezeigt, dass bei der Bewertung der Produkte eine ganze Reihe von Aspekten oder Kriterien zu berücksichtigen ist. Der konkrete Zugang erfolgt weniger über standardisierte Verfahren als vielmehr durch Erfassungsmethoden, die dem Produkt und seiner Nutzung angepasst sind. Methodenkompetenz in diesem Sinne ist damit ein wesentliches Kennzeichen des Ingenieurpsychologen.

Fragen zur Selbstüberprüfung

1. Was ist menschzentriertes Design?
2. Was unterscheidet partizipatives Design von menschzentriertem Design?
3. Welche beiden Arten von Anforderungen an technische Geräte sind zu unterscheiden?
4. Welche Phasen werden im Lebenszyklus eines Produkts unterschieden?
5. In welchen Phasen des Lebenszyklus liegen die wichtigsten Aufgaben des Ingenieurpsychologen?
6. Was ist eine Wizard-of-Oz-Studie? Erklären Sie dies am Beispiel der Entwicklung einer neuen Kaffeemaschine.
7. Welche Rahmenbedingungen sind bei einer Anforderungsanalyse zu bedenken?
8. Erklären Sie eine hierarchische Aufgabenanalyse am Beispiel des Briefschreibens mit einem Textverarbeitungssystem.
9. Was ist GOMS? Beschreiben Sie dies am Beispiel eines Bankautomaten.
10. An welcher Stelle des Entwicklungsprozesses würden Sie eine Fokusgruppe einsetzen? Was würden Sie damit erreichen?
11. Was ist der Unterschied zwischen explorativen und experimentellen Studien? Was ist ihnen gemeinsam?
12. Was sind die Grundprinzipien des Experiments? Was erreichen Sie mit diesem Vorgehen?

13. Beschreiben Sie kurz die vier wichtigsten Aspekte bei der Bewertung von Systemen.
14. Beschreiben Sie die fünf Kriterien der Usability am Beispiel der Radiobedienung im Auto, indem Sie für jedes Kriterium ein negatives Beispiel geben.

3.7 Literaturempfehlungen

Eid, M., Gollwitzer, M. & Schmitt, M. (2013). *Statistik und Forschungsmethoden: Lehrbuch. Mit Online-Materialien*. Weinheim: Beltz.

Reiß, S. & Sarris, V. (2012). *Experimentelle Psychologie*. München: Pearson.

Renner, K.-H., Heydasch, T. & Ströhlein, G. (2012). *Forschungsmethoden der Psychologie. Von der Fragestellung zur Präsentation (Basiswissen Psychologie)*. Wiesbaden: Springer VS.

Richter, M. & Flückiger, M. (2013). *Usability Engineering kompakt. Benutzbare Produkte gezielt entwickeln*. Berlin: Springer.

Sarodnick, F. & Brau, H. (2011). *Methoden der Usability Evaluation: Wissenschaftliche Grundlagen und praktische Anwendung*. Bern: Huber.

Sedlmaier, P. & Renkewitz, F. (2013). *Forschungsmethoden und Statistik für Psychologen und Sozialwissenschaftler*. München: Pearson.

3.8 Hilfreiche Seiten im Internet

G*Power (Stichprobengröße schätzen): www.gpower.hhu.de
R (Statistikprogramm): www.r-project.org
Usability (Tools, Methoden): www.stcsig.org/usability
Usability (Tools, Methoden): www.usabilitynet.org

4 Visuelle Informationen und Anzeigen

Inhalt
Der Mensch nimmt die meisten Informationen über das Sehen auf. Auch bei Mensch-Maschine-Systemen spielt die Informationsvermittlung über den visuellen Kanal eine zentrale Rolle. Das Kapitel vermittelt ein Verständnis der wichtigsten Arten von visuellen Informationen, die bei der Mensch-Maschine-Interaktion vermittelt werden, woraus sich jeweils eigene Anforderungen ergeben. Für die Gestaltung ist ein grundlegendes Verständnis der psychologischen Prozesse der visuellen Wahrnehmung wichtig, aus denen sich eine Reihe von Gestaltungsprinzipien ableiten lassen. Neben diesem Wissen wird ein Bewusstsein für zentrale Problemfelder bei der Darstellung visueller Informationen vermittelt.

Das Sehen ist der wichtigste Sinn des Menschen. Um sich in der Umwelt bewegen zu können, sind visuelle Informationen von zentraler Bedeutung. Objekte und Menschen und ihre Eigenschaften zu erkennen, ist für das Leben und die sozialen Beziehungen wichtig. Kulturelle und wissenschaftliche Informationen werden über gedruckte Texte vermittelt, die gelesen werden. Dieses hoch leistungsfähige visuelle System wird deshalb natürlich auch bei der Mensch-Maschine-Interaktion genutzt.

Visuelle Informationen sind für ganz unterschiedliche Aspekte dieser Interaktion wichtig. Der Nutzer soll den Zustand, die Aktionen, die Systemparameter erkennen und verstehen. Weiter sollen Handlungen ausgelöst oder soll das System bedient werden. Schließlich können technische Systeme wie der Computer oder ein Tablet auch genutzt werden, um Informationen über die Welt darzustellen. Diese unterschiedlichen Arten von Informationen werden in **Kapitel 4.1** dargestellt, um so die unterschiedlichen Anforderungen an die Präsentation der Informationen zu erarbeiten.

Die Aufgabe des Ingenieurpsychologen liegt dann darin, diese Informationen möglichst gut wahrnehmbar und verständlich darzustellen. Dies gelingt nur, wenn die psychologischen Grundlagen der visuellen Wahrnehmung des Menschen berücksichtigt werden, die in **Kapitel 4.2** kurz dargestellt werden, insoweit sie relevant für die Gestaltung visueller Informationen sind. Ein Überblick über daraus folgende Gestaltungsprinzipien stellt **Kapitel 4.3** dar. Anhand eines wichtigen Anwendungsbereichs, der Erstellung wissenschaftlicher Grafiken, werden diese in **Kapitel 4.4** verdeutlicht und zugleich eine Basiskompetenz für Ingenieurpsychologen vermittelt.

Mit diesem Kapitel kann ein zentrales Thema der Ingenieurpsychologie nur angerissen werden. Lösungswege und Ansätze werden kurz dargestellt. Diese Gestaltungsansätze stellen einen sehr wichtigen Anwendungsbereich der Ingenieurpsychologie dar, da eine erfolgreiche Umsetzung ganz wesentlich für eine positive Bewertung und angenehme Nutzung der Systeme ist.

4.1 Arten visueller Informationen

Technische Systeme liefern verschiedene Arten von Informationen, die für den Nutzer aus unterschiedlichen Gründen relevant sind. Sehr häufig wird dazu der visuelle Kanal genutzt, da in diesem Informationen vielseitig dargestellt werden können. Je nach Art der Information entstehen unterschiedliche Anforderungen an die Darstellung der visuellen Informationen. **Tabelle 4.1** gibt einen Überblick über verschiedene *Arten von Informationen*, die über visuelle Anzeigen präsentiert werden.

Die einfachste Art der Information ist die über den Zustand des Systems (*Systemzustand*). Ist es eingeschaltet oder ausgeschaltet, wartet es auf Nutzeraktionen oder bestimmte Situationen, in denen es aktiv werden soll oder ist es tatsächlich aktiv und arbeitet? Versteht man als Nutzer nicht, ob das System an oder aus ist, ist dies meist ärgerlich. Drückt man bei ausgeschaltetem Kaffeeautomaten die Kaffee-Taste, passiert nichts.

4.1 Arten visueller Informationen

Tab. 4.1: Überblick über verschiedene Arten von Informationen, die über visuelle Displays präsentiert werden. Gezeigt wird jeweils die Art der Information, ein Beispiel und die typische Fragestellung, die mit dieser Information beantwortet werden soll. Außerdem wird unterschieden zwischen Informationen über das System und die Welt.

Information	Beispiele	Fragestellung	Inhalt
Zustand	Aus, Standby, An	In welcher Weise ist das System aktiv?	System
Aktionen	Bohnen mahlen, Wasser erhitzen	Was macht das System gerade?	System
Parameter	Espresso, Kaffee	Wie sind die aktuellen Einstellungen?	System
Handlungsaufforderung	Wasser nachfüllen	Was soll der Nutzer tun?	System
Bedienelemente	Einstellung Kaffeemenge	Was kann man wie bedienen?	System
Inhalte	Anzeigen, Text, Icons, Grafiken	Um was geht es?	Welt

Man muss dann erkennen, dass man den Automaten erst einschalten muss. Eine fehlerhafte Information über den Zustand kann auch schlimmere Konsequenzen haben. Wenn man glaubt, dass eine bestimmte Weckzeit aktiv ist, der Wecker aber am nächsten Morgen nicht klingelt, kann man verschlafen oder zu spät zur Arbeit kommen. Wenn sich ein Pilot darauf verlässt, dass der Autopilot die Höhe regelt, dieser aber nicht aktiv ist, kann das zum Absturz des Flugzeugs führen.

Bereits bei dieser ersten Art von Informationen wird deutlich, warum es so wichtig ist, dass diese über das System wahrgenommen und richtig verstanden werden. Der Nutzer benötigt diese, um das Verhalten des Systems zu verstehen und vorherzusagen, um so sein eigenes Verhalten darauf abzustimmen. Etwas anders ist es bei der letzten in **Tabelle 4.1** dargestellten Information, bei der mit Hilfe eines technischen

Systems *Inhalte* vermittelt werden sollen. Dies können Informationen über Prozesse sein, die von dem System und Nutzer gesteuert oder überwacht werden. Im Auto wäre die Geschwindigkeitsanzeige ein Beispiel. Darüber hinaus können es aber auch Inhalte sein, die von dem System völlig unabhängig sind. Ein Beispiel ist die Präsentation von Texten oder Bildern auf einem Computerbildschirm. Hier geht es darum, diese möglichst gut lesen oder erkennen zu können, also zu verstehen, was hier dargestellt ist und um was es dabei geht. Als Autor eines Lehrbuches stellt man zum Beispiel ein wichtiges Ergebnis grafisch dar. Der Leser muss diese Grafik verstehen und die wesentlichen Ergebnisse schnell erkennen können. Entsprechend kann man den Inhalt der ersten Arten von Informationen als »Systeminformation« bezeichnen, den der letzten Art als »Weltinformation«.

Merke
▶ Visuelle Informationen, die von technischen Systemen geliefert werden, dienen entweder dazu, das System zu verstehen und dadurch mit dem System besser interagieren zu können (Systeminformationen). Oder die Informationen sind systemunabhängig und sollen an sich verstanden werden, wobei das technische System nur für die Präsentation genutzt wird (Weltinformationen). ◀◀

Ein zweiter Aspekt von Informationen über das System sind die in **Tabelle 4.1** dargestellten *Systemaktionen*. Man sollte erkennen können, was das System gerade tut. Wenn das System die Umwelt manipuliert, ist dies teilweise direkt sichtbar. Häufig werden aber nur Informationen verarbeitet, oder die Systemaktionen haben keine gut wahrnehmbaren Konsequenzen. Man kann hören, dass der Kaffee gerade gemahlen wird. Dass das Wasser erhitzt wird, ist dagegen nicht direkt sichtbar. Also erscheint es sinnvoll, dies über eine Anzeige zurückzumelden, damit der Nutzer versteht, warum er gerade warten muss. Durch diese Art von Informationen geht es daher einerseits darum, den Nutzer davon abzuhalten, eine Bedienung oder eigene Handlung vorzunehmen, wenn er eigentlich die Systemaktion abwarten sollte. Andererseits muss der Nutzer über Systemaktionen informiert werden, um seine eigenen Handlungen mit denen des Systems zu koordinieren.

Der dritte Aspekt von Systeminformationen sind aktuell gültige *Systemparameter*. Am Beispiel des Kaffeeautomaten könnte dies die Bohnenmenge oder die Wassermenge für einen Kaffee sein. Bei einem Abstandsregelautomaten im Fahrzeug wird eine Wunschgeschwindigkeit eingestellt, die das Fahrzeug einregeln soll. Diese Art von Informationen ist wichtig, um die Folgen des eigenen Umgangs mit dem System richtig einzuschätzen. Entspricht die Aktion, die das System mit den aktuellen Einstellungen ausführt, den Erwartungen des Nutzers oder müssen zunächst die Systemeinstellungen geändert werden? Fehler bei dieser Art von Informationen sind vor allem ärgerlich (wenn der Kaffee zu schwach ist), können aber auch gefährlich werden (wenn das Fahrzeug schneller fährt, als es der Straßenverlauf erlaubt).

Bei der vierten Art von Systeminformationen geht es eigentlich nicht um das System, sondern um den Nutzer. Das System hat erkannt, dass der Nutzer aktiv werden sollte und eine Handlung erwartet wird (*Handlungsaufforderung*). Bei der Kaffeemaschine kann es notwendig sein, das Wasser nachzufüllen. Beim Abstandsregelautomaten muss der Fahrer stark bremsen, da das System in der maximal erreichbaren Verzögerung begrenzt ist. Erkennt der Nutzer diese Handlungsaufforderung durch das System nicht, kann dies schwerwiegende Folgen haben. Hier steht die Auffälligkeit der Informationen ganz stark im Vordergrund. Häufig werden deshalb visuelle mit akustischen Informationen gekoppelt (multimodale Warnungen, ▶ **Kap. 5**).

Während die bisher beschriebenen Arten von Informationen entweder eine adäquate Einschätzung des Systems ermöglichen oder an sich verstanden werden sollen, sind Informationen außerdem auch für *Bedienelemente* relevant. Der Nutzer muss wissen, welche Aktionen ausgeführt werden können, und auf welche Weise dies erreicht wird. Dies wird in **Kapitel 6** ausführlich dargestellt. Vor dem Hintergrund visueller Informationen geht es hier um die Beschriftung oder Kennzeichnung von Bedienelementen, z. B. durch kurze Texte (Labels) oder Symbole (Icons).

Insgesamt sollen mit Hilfe visueller Informationen ganz unterschiedliche Ziele erreicht werden. **Tabelle 4.1** liefert eine Systematik, welche Arten von Informationen bei der Gestaltung berücksichtigt werden sollten. Grundprinzipien dafür, was eine gute Gestaltung ist, sind allerdings weitgehend unabhängig von der Art der Information. Wichtig dafür ist vielmehr ein Verständnis der psychologischen Grundlagen der visuellen Wahrnehmung. Diese werden im folgenden Abschnitt dargestellt.

4.2 Visuelle Wahrnehmung

In diesem Kapitel wird keine detaillierte Einführung in die physiologischen und psychologischen Grundlagen der visuellen Wahrnehmung gegeben, da dies in einer Vielzahl von sehr guten Lehrbüchern nachzulesen ist (▶ **Kap. 4.6**). Es sollen vielmehr wesentliche Eigenschaften der Wahrnehmung kurz erklärt werden, die für die Darstellung visueller Informationen bei der Mensch-Maschine-Interaktion entsprechend **Tabelle 4.1** wichtig sind.

Die Basis der visuellen *Wahrnehmung* sind unterschiedliche Rezeptoren auf der Netzhaut des Auges, die auf Lichtreize bestimmter Wellenlänge reagieren. Die wesentlichen Qualitäten beim Sehen sind Ort, Helligkeit und Farbe von Objekten. Fast trivial ist es, dass der Mensch mit den Augen nur einen Ausschnitt der ihn umgebenden Welt sehen kann, da die Augen im vorderen Bereich des Kopfes liegen. Weniger trivial ist, dass man innerhalb des sichtbaren Bereichs nur in einem zentralen Bereich sehr fein aufgelöst und farbig sieht, während weiter peripher Sehschärfe und Farbwahrnehmung schlechter werden. Dies ist rein physiologisch bedingt durch die Anordnung unterschiedlicher Arten von Rezeptoren in der Netzhaut. Drei Arten von Zapfen mit hoher Dichte im Zentrum sind für das Farbsehen verantwortlich und außerdem so verschaltet, dass eine feine räumliche Auflösung von Lichtreizen ermöglicht wird. In der Peripherie nehmen die Stäbchen zu, die zwar lichtempfindlicher sind, aber nur eine schwarz-weiß-Wahrnehmung ermöglichen mit relativ schwacher räumlicher Auflösung. Eine differenzierte

Objekterkennung ist damit nur im Zentrum möglich, während Objekte in der Peripherie nur hinsichtlich einfacher Eigenschaften verarbeitet werden. Allerdings kann diese Erkennung in der Peripherie verbessert werden, wenn man die Aufmerksamkeit darauf lenkt (auch ohne dort hinzuschauen).

Damit ist die zentrale Rolle der *Aufmerksamkeit* angesprochen. Aufmerksamkeitsprozesse werden dazu eingesetzt, eine möglichst effektive visuelle Informationsaufnahme und -verarbeitung zu ermöglichen (▶ **Kap. 2.2**). Objekte, die relevant erscheinen, oder Orte, an denen sich wichtige Informationen befinden, werden in der Regel mit den Augen fixiert, um so die hohe Auflösung und Farbwahrnehmung für die Erkennung und Aufnahme der Informationen zu nutzen. Damit wird eine gewisse Konzentration auf relevante Reize ermöglicht. Die negative Seite davon ist, dass nur ein kleiner Teil des prinzipiell Sichtbaren tatsächlich auch verarbeitet wird.

Gleichzeitig ist das Aufmerksamkeitssystem offen für auffällige und wichtige visuelle Reize in der Peripherie des Sehens. Erscheint dort z. B. plötzlich ein helles Objekt, so zieht dies unwillkürlich die Aufmerksamkeit auf sich, was dann zu einer Blickverlagerung führt, um dieses möglicherweise relevante Objekt zu identifizieren und zu verarbeiten. Damit wird die visuelle Aufmerksamkeit einerseits willentlich (*top-down*) gesteuert und auf bestimmte Objekte gerichtet. Andererseits können relevante Reize die Aufmerksamkeit auf sich ziehen (*bottom-up*), sodass schnell und flexibel auf Veränderungen der Umwelt reagiert werden kann. Intentionen und das effektive Verfolgen der eigenen Ziele stehen damit in einem Gleichgewicht zu notwendigen Reaktionen, die durch relevante Veränderungen in der Umwelt ausgelöst werden. Oder am Beispiel: Sie lesen auf einer Internetseite einen interessanten Text. Plötzlich erscheint rechts eine blinkende Anzeige. Ganz unwillkürlich schauen Sie dort hin und ärgern sich – »blöde Werbung!«.

Der psychologische Hintergrund der Bedeutung der Aufmerksamkeit ist die Unterscheidung von zwei Stadien bei der visuellen Wahrnehmung. Im ersten Stadium werden für alle visuellen Reize im Sichtfeld basale Eigenschaften identifiziert, z. B. die Ausrichtung von Kanten (senkrecht, schräg, waagerecht) oder die Bewegungsrichtung. Für einen begrenzten Teil des Sichtfeldes, der fixiert wird und/oder auf den die Aufmerksamkeit gerichtet wird, geht es im zweiten Stadium um die Objekterkennung und Bewertung der subjektiven Bedeutung dieser Objekte. Hier ist neben der Aufmerksamkeit vor allem das Arbeits- und Langzeitgedächtnis notwendig. Im Arbeitsgedächtnis werden die aktuellen Eigenschaften von Objekten mit im Langzeitgedächtnis gespeicherten Eigenschaften in Verbindung gebracht, um so die Objekte zu erkennen. Das Arbeitsgedächtnis ist von der Kapazität her begrenzt, sodass diese tiefere Verarbeitung nur für eine begrenzte Anzahl von Objekten im Sichtfeld möglich ist.

Merke
▶ Man unterscheidet zwei Stadien der visuellen Wahrnehmung:

1. Sensorische Vorverarbeitung: Zunächst werden basale Eigenschaften der Reize im Sichtfeld erkannt.
2. Wahrnehmung: Objekte, auf die die Aufmerksamkeit gelenkt wird, werden identifiziert und ihrer Bedeutung erkannt. ◀◀

Objekte müssen deshalb durch Fixation in das Zentrum des Sehens oder der Aufmerksamkeit gebracht werden, um diese zu erkennen. Einerseits lernt man im Lauf des Lebens, wie bestimmte Objekte typischerweise aussehen. Man bildet so mentale Modelle oder Prototypen im Gedächtnis aus. Andererseits wird dieses Vorwissen dazu genutzt, um auch unter sehr schlechten Sichtbedingungen Objekte zu erkennen. Bei der Objektidentifikation werden so nicht einfach die im ersten Schritt wahrgenommenen Einzeleigenschaften (z. B. Kanten, Rundungen, Flächen usw.) zu einem Objekt mental zusammengesetzt, sondern das visuelle System prüft, mit welchem der abgespeicherten Prototypen die wahrgenommenen Einzeleigenschaften am besten zusammenpassen. Je zutreffender damit die Erwartungen sind, was man aktuell sehen müsste, umso eher können Objekte erkannt werden. Diese Erwartungen hängen auch mit dem aktuellen Kontext zusammen. Man weiß zum Beispiel, welche Symbole in einem bestimmten Textverarbeitungssystem typischerweise auftauchen und kann diese daher schnell erkennen. Diese Art von *aktiver Wahrnehmung* ermöglicht es dem Menschen, auch unter sehr schlechten Sichtbedingungen Objekte schnell und sicher zu erkennen.

Erklärung
▸ Die menschliche visuelle Wahrnehmung ist deswegen so leistungsfähig, weil Vorwissen und Erfahrung zentrale Bestandteile der Objekterkennung sind. Menschen konstruieren sich aktiv ihre visuelle Umwelt und können damit gerade unvollständige oder mehrdeutige Reizvorlagen sehr sicher erkennen. ◂◂

Im Bereich der Mensch-Maschine-Interaktion geht es neben diesen Grundfragen der Informationsaufnahme häufig um spezielle Situationen, in denen das Erkennen bestimmter Objekte relevant ist. Eine dieser Situationen ist das Warten über einen längeren Zeitraum darauf, dass etwas passiert, was eine Aktion des Menschen erfordert. Besonders relevant ist dieses Konzept im Bereich der Automation, wo der Nutzer bei höheren Stufen der Automatisierung immer mehr in die Rolle eines Beobachters kommt, der mögliche Systemfehler oder kritische Situationen erkennen soll. Hier ist Daueraufmerksamkeit oder *Vigilanz* gefordert. Diese Art von Aufgabe wird als *Überwachungsaufgabe* (engl. *supervisory control*) bezeichnet (▶ **Kap. 8**). Diese Situation betrifft sehr häufig die in **Tabelle 4.1** in der letzten Zeile dargestellten Inhalte, wo über Anzeigen bestimmte für den Nutzer und/oder das System wichtige Informationen dargestellt werden.

Beispiel
▸ In einer der bekanntesten Studien zur *Vigilanz* wurde diese von Mackworth (1948) wie folgt definiert:
»… psychological readiness to perceive and respond, a process which, unlike attention, need not necessarily be consciously experienced.« (Mackworth, 1948, S. 6).

Er untersuchte dies mit Hilfe einer nach ihm benannten Uhr («Clock Test« oder Mackworth-Uhr), bei der eine Art Uhrzeiger in hundert Schritten eine Runde (wie auf einem Zifferblatt) beschrieb. In sehr seltenen Abständen (12 Mal in 20 Minuten) wurde ein Schritt übersprungen, sodass der Zeiger doppelt so weit sprang. Dies sollten die Versuchspersonen entdecken. Sie führten diese Aufgabe insgesamt 2 Stunden lang durch. **Abbildung 4.1** zeigt die richtig entdeckten Sprünge in den vier halben Stunden des Versuchs. Man erkennt deutlich einen starken Abfall der Entdeckungsrate nach der ersten halben Stunde. Diese Vigilanzminderung bei langen, monotonen Aufgaben konnte immer wieder gezeigt werden. Dabei wurde auch deutlich, dass die Einbrüche der Vigilanz bereits in den ersten 10 Minuten beginnen. In den 84 % erkannter Sprünge in der ersten halben Stunde bei dem Versuch von Mackworth ist daher schon der erste Einbruch der Vigilanz enthalten. Menschen sind für derartige Vigilanzaufgaben nicht allzu gut geeignet.

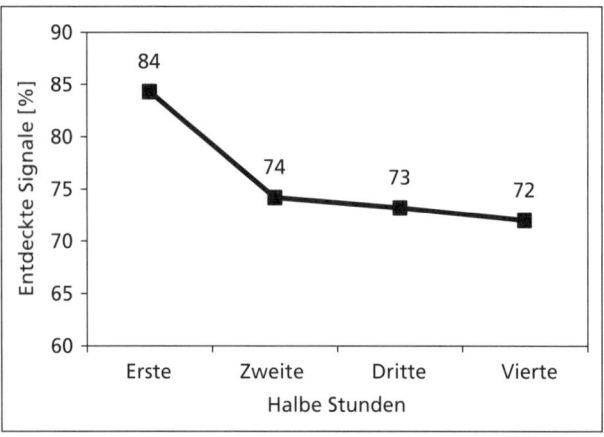

Abb. 4.1: Entdeckungsleistung in der Studie von Mackworth (Daten von Mackworth, 1948, S. 11) in Abhängigkeit von der Time-on-Task (halbe Stunden bei einer Gesamtdauer von zwei Stunden) ◄◄

4.2 Visuelle Wahrnehmung

Untersucht wurde *Vigilanz* zum Beispiel bei Radarbeobachtern, die auf einem Bildschirm feindliche Objekte erkennen sollten. Grundsätzlich geht es in dieser Situation darum, die Umwelt über längere Zeit hinweg zu beobachten und das Auftauchen von in der Regel schlecht erkennbaren kritischen Objekten zu bemerken, um dann schnell zu reagieren. Dies ist in einer Vielzahl von Situationen relevant, z. B. bei der Überwachung industrieller Prozesse, wo kritische Abweichungen zentraler Messgrößen erkannt werden müssen (Überhitzung im Atomkraftwerk), bei der Qualitätskontrolle am Fließband, wo fehlerhafte Teile aussortiert werden, oder bei der Sicherheitskontrolle am Flughafen, wo gefährliche Gegenstände bei der Durchleuchtung gefunden werden sollen. Langjährige Forschung hat gezeigt, dass Menschen relativ schlecht über längere Zeiträume vigilant bleiben können (s. Beispiel). Bereits nach 5 bis 10 Minuten nimmt die Vigilanz ab. Verschiedene Gegenmaßnahmen (z. B. besonders deutliche Darstellung kritischer Objekte, Erhöhung von Ereignisraten, Einführung von Pausen usw.) sind nur begrenzt wirkungsvoll.

Während man früher vermutete, dass die Vigilanzminderung dadurch entsteht, dass in der monotonen, reizarmen Situation die Aktivierung des Beobachters immer mehr sinkt, sodass kritische Reize schlechter erkannt werden, weiß man inzwischen, dass Vigilanzaufgaben eher besonders beanspruchend sind (Warm, Parasuraman & Matthews, 2008). Gerade die Monotonie und Langeweile erfordern es, dass sich die Beobachter besonders stark auf die Aufgabe konzentrieren und anstrengen. Diese Anstrengung kann nur über einen begrenzten Zeitraum gut aufrechterhalten werden. Hier wird eine weitere Eigenschaft der visuellen Wahrnehmung deutlich. Die kognitive Verarbeitung von Informationen und die Ausrichtung von Aufmerksamkeit erfordert Aktivierung, die wiederum gewissen Beschränkungen unterworfen ist.

Ein letztes relevantes Konzept der visuellen Wahrnehmung ist die *visuelle Suche*. In einem bestimmten Bereich des Sichtfeldes muss ein relevantes Objekt gefunden werden. Bei einem unbekannten System werden bestimmte Anzeigen gesucht, in einem Text bestimmte Stichwörter, in der Umwelt Verkehrszeichen. Bei dieser visuellen Suche werden die beiden oben dargestellten Stadien der visuellen Wahrnehmung relevant. In bestimmten Situationen kann die Suche weitgehend auf der ersten Ebene, der Identifikation von Grundeigenschaften geschehen. Da diese Grundeigenschaften für das ganze Sichtfeld parallel und automatisiert wahrgenommen werden, ist diese Art von Suche sehr schnell und unbewusst. **Abbildung 4.2** zeigt ein Beispiel. Wenn man auf die Abbildung schaut, fällt sofort der Kreis ins Auge. Man nennt dies *Pop-Out-Effekt*. Während die anderen beiden Arten von Objekten aus waagerechten oder schrägen geraden Kanten bestehen, fehlen diese beim Kreis. Die Rundung ist dagegen nur bei ihm zu finden. In einem solchen Fall ist keine bewusste Suche des Objektes notwendig.

Abb. 4.2: Beispiel für den Pop-Out-Effekt. Der Kreis unterscheidet sich in Grundeigenschaften von den anderen Objekten und fällt so direkt ins Auge, ohne dass eine visuelle Suche notwendig ist.

Anders ist es dann, wenn für die Erkennung des Objekts die Kombination von mehreren Grundeigenschaften notwendig ist oder sich nur die Ausprägung einer Eigenschaft unterscheidet. Dies ist in **Abbildung 4.3** dargestellt. Der etwas kleinere Kreis ist nur durch eine bewusste visuelle Suche zu finden. Je nach

Suchstrategie und Position des kleineren Kreises (häufig wird ähnlich wie beim Lesen von Texten von oben nach unten jeweils von links nach rechts gesucht) wird er früher oder später gesehen. Zu erklären ist dies durch die Nutzung des zweiten Stadiums der visuellen Wahrnehmung. Für die Unterscheidung muss das Objekt erkannt werden, indem die visuellen Grundeigenschaften integriert werden. Dazu ist die Zuwendung von Aufmerksamkeit notwendig. Dies ist nur punktuell oder für kleine Regionen möglich, sodass die verschiedenen Objekte nacheinander wahrgenommen werden müssen, um das relevante Objekt zu finden.

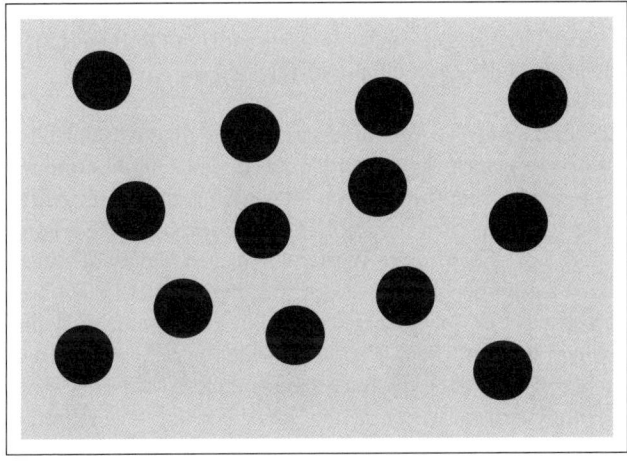

Abb. 4.3: Hier wird ein etwas kleinerer Kreis gesucht. In diesem Fall muss das Bild Kreis für Kreis abgesucht werden, bis er endlich gefunden wird.

Ein Sonderfall des Pop-Out-Effekts ist das plötzliche Erscheinen eines neuen Objekts. Auch wenn dieses den vorhandenen Objekten sehr ähnlich ist, führt einfach die Veränderung im Sehfeld dazu, dass die Aufmerksamkeit auf das neue Objekt gerichtet wird. Damit ist der Pop-Out-Effekt auch für die oben beschriebene Ausrichtung der Aufmerksamkeit wesentlich. Wenn in der Peripherie des Sehens ein Objekt auftaucht, das vorher nicht vorhanden war, oder wenn sich ein Objekt im Sehfeld in Grundeigenschaften von allen anderen Objekten unterscheidet, wird dieses auch ohne Zuwendung von Aufmerksamkeit verarbeitet, als einzigartig oder besonders erkannt und zieht dann die Aufmerksamkeit auf sich. Oder umgekehrt: Der Pop-Out-Effekt verdeutlicht sehr gut, wie der unwillkürliche Teil der Aufmerksamkeitssteuerung funktioniert. Man sieht ganz unwillkürlich auf den Kreis in **Abbildung 4.1**, da dieser in Grundeigenschaften anders ist als alle anderen Objekte.

> **Merke**
> ▶ Um Objekte möglichst schnell zu finden, sollten sich diese in einer Grundeigenschaft von allen anderen Objekten unterscheiden (Nutzung des Pop-Out-Effekts). ◀◀

Ein besonderer Fall der Informationsaufnahme ist schließlich das *Lesen*. Je nach Kultur werden Zeichen in einer bestimmten Weise angeordnet (bei uns von links nach rechts, dann zeilenweise von oben nach unten). Die Zeichen werden linear kombiniert, um so bestimmte Wörter zu ergeben, die wiederum zu Sätzen zusammengestellt werden. Am Beispiel des Lesens lässt sich sehr gut der oben dargestellte aktive Prozess beim Wahrnehmen verdeutlichen. Während Kinder beim Lesenlernen in der Regel Buchstabe für Buchstabe entziffern und diese dann zusammensetzen, wissen geübte Leser bereits, wie bestimmte Worte aussehen. Durch Messungen des Blickverhaltens lässt sich zeigen, dass deshalb nicht mehr die einzelnen Buchstaben fixiert werden müssen, sondern von Wort zu Wort gesprungen wird und sehr gut bekannte Worte (z. B. »der« oder »und«) gar nicht fixiert werden müssen (▶ **Abb. 5.3** in **Kap. 5.4**). Mit Hilfe des vorhandenen Wissens kann so die für die Wahrnehmung nötige Verarbeitungstiefe minimiert werden, sodass sogar die ungenaue periphere Wahrnehmung ausreicht, um sich die Füllwörter eines Satzes zu erschließen. Dies geschieht weitgehend unbewusst. Als Leser hat man den Eindruck, jedes Wort und jeden Buchstaben gelesen zu haben. Dass das nicht stimmt, bemerkt man gerade als Autor eines Textes, wenn die vielen Rechtschreibfehler in den Korrekturen auftauchen.

Damit sind wesentliche Grundlagen der visuellen Wahrnehmung beschrieben, die für die Gestaltung visueller Informationen bei Mensch-Maschine-Systemen wichtig sind. Im nächsten Kapitel werden für die in **Kapitel 4.1** beschriebenen Arten von Informationen ausgehend von diesen Grundlagen wesentliche Gestaltungsprinzipien dargestellt, um diese Informationen möglichst schnell und gut verständlich für den Nutzer darzustellen.

4.3 Gestaltungsprinzipien visueller Informationen

Visuelle Informationen sollen wahrgenommen und verstanden werden. Dieser fast triviale Satz bildet den Hintergrund zur Ableitung von *Gestaltungsprinzipien visueller Informationen* und bezieht sich auf die oben dargestellten zwei Stadien der visuellen Wahrnehmung. Die Informationen müssen überhaupt wahrnehmbar sein, sich also unter den typischen Umgebungsbedingungen deutlich vom Hintergrund abheben. Sie müssen weiter verständlich sein, also zutreffend erkannt und von ihrer Bedeutung her verstanden werden. Dies setzt voraus, dass die Information im ersten Schritt überhaupt wahrgenommen wird. Diese erste Stufe der Wahrnehmung ist aber wiederum keine hinreichende Bedingung für das Verständnis. Ausgehend von den oben dargestellten Grundlagen werden im Folgenden wesentliche Gestaltungsprinzipien dargestellt. Ähnliche Listen finden sich in anderen Lehrbüchern wie z. B. bei Wickens und Hollands (Wickens & Hollands, 2000). In **Tabelle 4.2** sind sie zusammengefasst.

Prinzip 1: Präsentiere Informationen gut erkennbar! Das erste Prinzip, die *Erkennbarkeit*, ist sehr einfach. Dabei müssen die typischen Umgebungsbedingungen, vor allem Beleuchtung bzw. Helligkeit berücksichtigt werden. Eine angemessene Größe, eine ausreichende Helligkeit oder ein guter Kontrast zum Hintergrund, möglicherweise auch durch Nutzung von

Tab. 4.2: Gestaltungsprinzipen und ihre psychologische Grundlage

Prinzip	Grundlage
P1: Sichtbarkeit	Sensitivität der Rezeptoren
P2: Unterscheidbarkeit	Sensitivität der Rezeptoren
P3: Erwartungskonformität	Nutzung Vorwissen bei Objekterkennung
P4: Konsistenz	Kontextabhängigkeit der Erkennung
P5: Redundanz nutzen	Informationsintegration
P6: Nutzung Pop-Out-Effekt	Periphere Aufmerksamkeitssteuerung
P7: Wichtige Informationen zentral	Zentrale Konzentration von Rezeptoren
P8: Gruppieren und integrieren	Selektivität der Wahrnehmung
P9: Realitätsnähe	Nutzung Wissen – mentale Modelle

Farben, sind hier die wichtigsten Aspekte. Diese ergeben sich direkt aus der Empfindlichkeit und dem Auflösungsvermögen der Sehrezeptoren. Bei Texten auf dem Bildschirm sollte bei einer Times-Schrift eine Größe von 12 Punkt nicht unterschritten werden. Dabei ist schwarze Schrift auf weißem Hintergrund am besten erkennbar. Für Präsentationen sollte mindestens eine 16-Punkt-Schriftgröße gewählt werden, wenn diese auch aus größerer Entfernung noch gut lesbar sein soll. Obwohl dieses Prinzip der Erkennbarkeit sehr einfach erscheint, ist es erstaunlich, wie häufig dies nicht beachtet wird. Gerade bei Abbildungen in Texten ist dieses Prinzip häufig verletzt. Dabei ist es so einfach, gute Grafiken zu erstellen (▶ **Kap. 4.4**).

Prinzip 2: Unterscheide verschiedene Informationen deutlich voneinander! Das zweite Prinzip wird immer dann wichtig, wenn mehrere Informationen präsentiert werden, die eine unterschiedliche Bedeutung haben. Neben der reinen Sichtbarkeit kommt dann die *Unterscheidbarkeit* hinzu. Für die Unterscheidbarkeit können unterschiedliche Reizeigenschaften genutzt werden. Bei Texten ist die GROSSSCHREIBUNG ein einfaches Mittel der Unterscheidbarkeit, ebenso wie **fette** oder *kursive* Schrift. Bei Anzeigen können verschiedene Arten von Displays genutzt werden, bei Warnungen unterschiedliche Symbole oder Farben.

Prinzip 3: Gestalte Informationen so, wie es der Nutzer erwartet! Bei allen weiteren Prinzipien steht die Erkennung im Sinne des Verständnisses der Information im Vordergrund. Da für diese Erkennung das im Gedächtnis vorhandene Wissen relevant ist, sollten Objekte möglichst gut mit diesem vorhandenen Wissen übereinstimmen. Dies ist das Prinzip der *Erwartungskonformität*. So hat sich z. B. ein oben unterbrochener Kreis mit einem senkrechten Strich als Symbol für »Einschalten« etabliert. Bei der Vermittlung von Informationen über den Zustand oder Systemaktionen werden häufig gut bekannte Symbole verwendet, da dieses Vorwissen die Erkennung erleichtert. Ähnliches gilt für Handlungsaufforderungen, wo die rote Farbe Gefahr signalisiert. Wenn bestimmte Informationen demnach immer wieder ähnlich dargestellt werden, macht es unter dem Aspekt der Erwartungskonformität wenig Sinn, neue und unbekannte Arten der Darstellung zu wählen.

Prinzip 4: Stelle vergleichbare Informationen in gleicher Weise dar! Dieses vierte Prinzip entspricht eigentlich dem dritten Prinzip, nur angewendet innerhalb eines Systems. Wenn bei einem System mehrere Parameter dargestellt werden und typischerweise große Werte nach rechts und kleine nach links aufgetragen werden, macht es keinen Sinn, diese Anordnung bei einer weiteren Anzeige umzudrehen, da durch den Kontext die Erwartung entsteht, große Werte rechts zu finden. Man spricht dann auch von dem Prinzip der *Konsistenz*, d. h. in einem bestimmten Kontext, bei einem bestimmten System sollten gleiche Darstellungen auch gleiche Bedeutungen haben. Dieses Prinzip gilt nicht nur für die Darstellung, sondern auch für räumliche Aspekte. Wenn ein Menüpunkt je nach Häufigkeit der Nutzung an unterschiedlichen Stellen einer Liste auftaucht, weiß der Nutzer nicht, wo er diesen finden kann, und muss jedesmal neu suchen. Auch dies ist eine Art von Inkonsistenz, die vermieden werden sollte.

Prinzip 5: Fördere die Unterscheidbarkeit durch Redundanz! Um einerseits die Erkennbarkeit einzelner Objekte zu erleichtern, andererseits die Unterscheidbarkeit verschiedener Objekte zu fördern, sollten Redundanzen eingesetzt werden (Prinzip der *Redundanz*). Gemeint ist damit, dass sich Objekte im Hinblick auf verschiedene Eigenschaften unterscheiden sollten. Stellt man in einer Grafik zum Beispiel zwei Bedingungen mit Hilfe von Linien dar, so kann man Linienart (durchgezogen vs. gestrichelt), Farbe (grün vs. rot) und Symbole (Kreuz vs. Kreis) einsetzen, um die beiden Linien besser unterscheiden zu können. Diese setzen sich dann einerseits in der Grafik besser voneinander ab. Andererseits sind sie den Legenden, also den Beschriftungen der Linien besser zuzuordnen. Auch bei Handlungsaufforderungen oder Warnungen werden Redundanzen genutzt, um die schnelle Erkennbarkeit zu erleichtern. So wird z. B. ein Warnhinweis in rot, als großes Symbol und blinkend dargestellt. Ein Warnton verstärkt die Redundanz noch durch die Nutzung einer weiteren Modalität.

Prinzip 6: Nutze den Pop-Out-Effekt für eine schnelle Erkennung! Gerade für Warnungen, aber auch für die bessere Erkennbarkeit zentraler Informationen ist die Nutzung des *Pop-Out-Effekts* (▶ **Abb. 4.2**) wichtig. Wenn die Informationen so gestaltet werden, dass sie sich in grundlegenden Merkmalen gegenüber allen anderen Objekten unterscheiden, werden sie unmittelbar und ohne visuelle Suche auch im peripheren Sichtbereich wahrgenommen. Auch dies ist ein Grund für die Nutzung blinkender und roter Warnsignale, wenn alle anderen Informationen statisch und in neutralen Farben gezeigt werden. Um sicherzustellen, dass sehr wichtige statische Anzeigen auch beachtet und häufig beobachtet werden, können diese bewusst anders als alle anderen gestaltet werden, sodass hier durch den Pop-Out-Effekt die Aufmerksamkeit auf diese Anzeige gelenkt wird.

Prinzip 7: Stelle wichtige Informationen an zentraler Stelle dar! Da Informationen vor allem im zentralen Sehbereich über Fixationen erkannt werden, sollten die wichtigen Informationen *zentral angeordnet* werden. Dies ist zum Beispiel bei der Gestaltung von Anzeigen relevant, die über längere Zeiträume beobachtet werden sollen. Auch bei der Gestaltung von Bedienelementen sollte dies berücksichtigt werden, sodass sich die am häufigsten genutzten Bedienelemente zentral befinden. Umgekehrt macht es keinen Sinn, wichtige Informationen in die Peripherie, den seitlichen Sichtbereich zu verlagern. Dann werden sie mit hoher Wahrscheinlichkeit wenig beachtet werden.

Prinzip 8: Gruppiere und integriere Informationen! Da visuelle Informationen nur in einem eng örtlich begrenzten Bereich tiefer verarbeitet werden und verteilte Informationen durch nacheinander folgende Fixationen aufgenommen werden müssen, macht es Sinn, Informationen wie z. B. Anzeigen zu *gruppieren* oder zu *integrieren*. Die wichtigsten Informationen sollten nicht nur im zentralen Sichtfeld, sondern auch eng benachbart dargestellt werden, sodass sie möglichst schnell aufgenommen werden können. Oder man kann versuchen, mehrere Informationen in eine Anzeige zu integrieren, die dann mit einer Fixation verarbeitet werden kann. Dies macht natürlich nur dann Sinn, wenn die Informationen auch zusammengehören. Wenn es um ganz unterschiedliche Informationen geht, trägt es zum besseren Verständnis durch den Nutzer bei, wenn diese auch örtlich getrennt dargestellt werden.

Prinzip 9: Stelle Informationen realitätsnah dar! Häufig werden Informationen dargestellt, um dem Nutzer bestimmte Informationen über die Umgebung zu vermitteln. Wichtig ist es dabei, dass dieser möglichst einfach den Bezug zwischen der präsentierten Information und der Realität herstellen kann. Hier kann es nützlich sein, die Informationen von der örtlichen Anordnung her den Formen und Farben der Realität anzupassen. Wenn ein Herd zum Beispiel vier Herdplatten in rechteckiger Anordnung hat, wäre es sinnvoll, auch die Bedienelemente rechteckig anzuordnen und nicht linear nebeneinander, wo dann über zusätzliche Symbole und Beschriftungen die Zuordnung hergestellt werden muss. Bei Navigationssystemen werden 3D-Ansichten mit Fahrstreifen und Schildern genutzt, die der tatsächlichen Sicht aus dem Fahrzeug recht ähnlich ist.

Diese Liste ist natürlich nicht vollständig. Nicht in jedem konkreten Fall sind alle Prinzipien relevant oder anwendbar. Es sollte aber deutlich werden, dass sich aus dem Verständnis der menschlichen visuellen Wahrnehmung Konsequenzen für die Gestaltung von visuellen Anzeigen ergeben. Im Einzelfall wird immer zu prüfen sein, ob eine konkrete Anzeige tatsächlich für die typischen Nutzer in den typischen Umgebungsbedingungen gut wahrnehmbar und verständlich ist. Die Prinzipien unterstützen dabei, dieses Ziel möglichst einfach zu erreichen, sind aber keine Gestaltungsanleitung, die ein perfektes Ergebnis garantiert. Vielmehr sollte der Leser dadurch für die möglichen Probleme bei visuellen Darstellungen sensibilisiert werden, um diese schnell zu entdecken und möglichst zu vermeiden.

Merke

▶ Ausgehend von den Grundlagen der visuellen Wahrnehmung lassen sich die hier dargestellten Gestaltungsprinzipien ableiten. Damit lassen sich visuelle Informationen so darstellen, dass sie von der Nutzern gut erkannt und verstanden werden. ◀◀

4.4 Gute Grafiken

Es ist nicht die Kernaufgabe eines Ingenieurpsychologen, gute Grafiken zu erstellen. Wenn aber die Ergebnisse von wissenschaftlichen Untersuchungen oder Evaluationen Lesern oder einem Publikum präsentiert werden sollen, kann die Kenntnis der Gestaltungsprinzipien für visuelle Informationen genutzt werden, um gute und verständliche Grafiken zu erstellen. **Abbildung 4.4** zeigt ein Beispiel für eine gute Grafik.

Kurz zur Erklärung der Daten: In einer Studie von Maciej und Vollrath (Maciej & Vollrath, 2009) wurden während der Fahrt in einem Fahrsimulator verschiedene Nebentätigkeiten durchgeführt. Dabei gab es auch die Auswahl eines Musiktitels und die Eingabe eines neuen Fahrtziels auf einem Navigationsgerät. Diese Aufgaben wurden einmal mit der Hand durchgeführt, außerdem mit Hilfe eines Sprachdialogs. Gemessen wurde die Abweichung von einer Ideallinie, der die Probanden

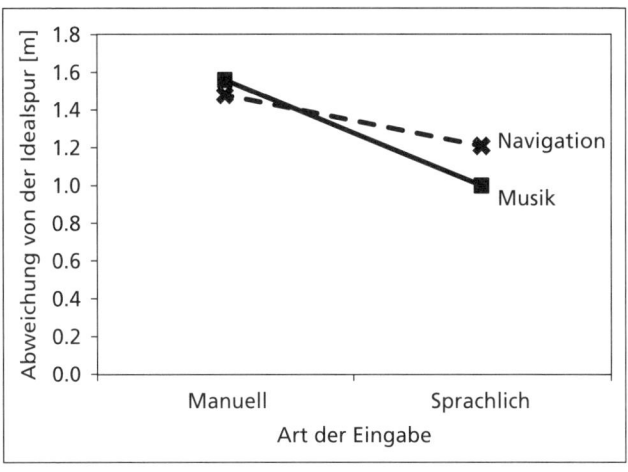

Abb. 4.4: Beispiel für eine gute Grafik. Dargestellt sind die Ergebnisse der Studie von Maciej und Vollrath (2009). Zur weiteren Erklärung, s. Text.

möglichst gut folgen sollten. Wie man in der **Abbildung 4.5** erkennt, verringert die Spracheingabe im Vergleich zur manuellen Eingabe diese Abweichung von der Idealspur. Man erkennt weiter, dass bei manueller Eingabe Musikwahl und Navigation ähnlich stark ablenken, während bei sprachlicher Eingabe die Musikwahl weniger stark ablenkt als die Wahl eines neuen Fahrtziels.

Warum handelt es sich hier um eine gute Grafik? Sie ist darauf optimiert, möglichst klar und einfach verständlich alle relevanten Informationen zu liefern (s. Merke). Die Datenpunkte selbst sind so groß markiert, dass sie gut erkennbar sind (P1). Die beiden unterschiedlichen Bedingungen (Musikauswahl und Zieleingabe bei der Navigation) sind durch unterschiedliche Linienarten und Symbole der Datenpunkte klar unterschieden (P2). Wenn man andere Messgrößen darstellen würde (z. B. benötigte Zeit für die Bedienung), würde man diese Bedingungen mit denselben Arten von Linien und Symbolen darstellen, um so den Erwartungen der Leser zu entsprechen

(P3). Umgekehrt werden die beiden Datenpunkte, die der Musikauswahl entsprechen, gleich dargestellt und über die Linie noch verbunden, um so die Zusammengehörigkeit noch zu verstärken (P4). Bei der Unterscheidung der beiden Aufgaben wurde Redundanz genutzt (P5), da sowohl Linienart als auch die gewählten Symbole für die beiden Aufgaben unterschiedlich sind. Die Symbole wurden so gewählt, dass sie sehr einfach zu unterscheiden sind (Pop-Out-Effekt, P6). Schließlich stehen die Datenpunkte im Zentrum und sind so schnell zu erkennen, wobei auf Gitternetzlinien und Hintergrundfarben verzichtet wurde, um nicht davon abzulenken (P7). Die Verbindung durch Linien macht deutlich, welche Punkte zusammengehören, sodass man die Veränderung auf einen Blick erkennt (P8). Nur das neunte Prinzip, die Realitätsnähe, wird nicht direkt verwendet, da die Daten eher abstrakte Informationen darstellen und nicht direkt eine visuelle Entsprechung in der Realität haben.

Merke
▶ Folgende Punkte sind zu beachten, um gute Grafiken zu erstellen:
1. Schriftgröße mindestens 8 Punkt
2. Beide Achsen beschriften, y-Achse in der Regel mit den entsprechenden Zahlen, x-Achse meist mit Kategorien
3. Als Achsentitel Messgröße und Einheit darstellen (z. B. »Körpergröße [cm]«)
4. Auf Gitternetzlinien und Hintergrund verzichten, da dies die Erkennung der Datenpunkte erschwert
5. Datenpunkte durch gut erkennbare Symbole darstellen, Linien hinreichend dick
6. Unterschiedliche Datensätze redundant unterscheidbar machen, dabei Verwendung von unterschiedlichen Symbolen, unterschiedlichen Füllungen und unterschiedlichen Arten von Linien, möglicherweise auch farbig
7. Legende für die Datensätze verwenden, wenn möglich, nahe an den entsprechenden Datensätzen
8. Darstellungsart so wählen, dass der relevante Vergleich erleichtert wird ◄◄

Neben der klaren und einfachen Gestaltung der Grafik sollte weiter die Art der Darstellung bewusst gewählt werden, wobei Linien- oder Balkengrafiken insgesamt am besten zur Darstellung von Effekten geeignet sind. Dies wird in **Abbildung 4.5** recht deutlich, die dieselben Daten als Balkendiagramm zeigt. Was bei dieser Darstellung sofort erkennbar wird, ist der Vergleich zwischen den schwarzen und hellen Balken, da diese direkt nebeneinander stehen und unwillkürlich verglichen werden. Man erkennt hier sehr gut, dass es keinen einheitlichen Effekt der Art der Aufgabe gibt, da bei manueller Eingabe die Abweichung bei der Navigation etwas kleiner ist, bei der sprachlichen Ausgabe dagegen etwas größer. Der eigentlich interessante und einheitliche Effekt der Sprachbedienung ist dagegen relativ schwer zu erkennen, da man die linke Balkengruppe mit der rechten vergleichen muss. Um diesen Effekt zu zeigen, müsste man auf der x-Achse statt der Art der Eingabe die beiden Aufgaben darstellen (▶ **Abb. 4.6**). Hier erkennt man sofort, dass bei beiden Aufgaben die Spracheingabe zu geringeren Abweichungen von der Ideallinie führt. Balkendarstellungen

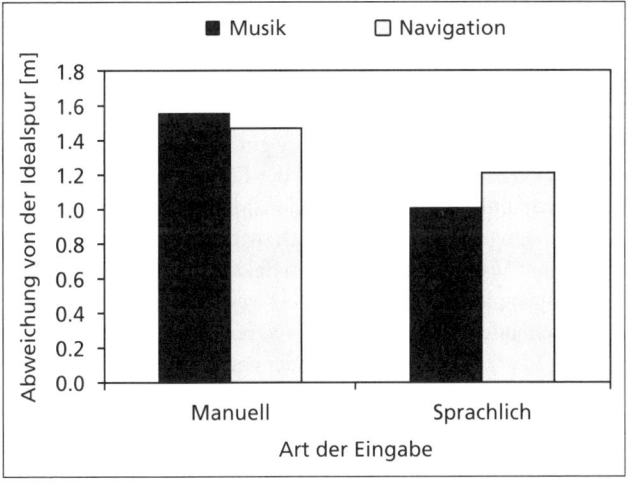

Abb. 4.5: Darstellung derselben Ergebnisse als Balkengrafik. Zur weiteren Erklärung, s. Text.

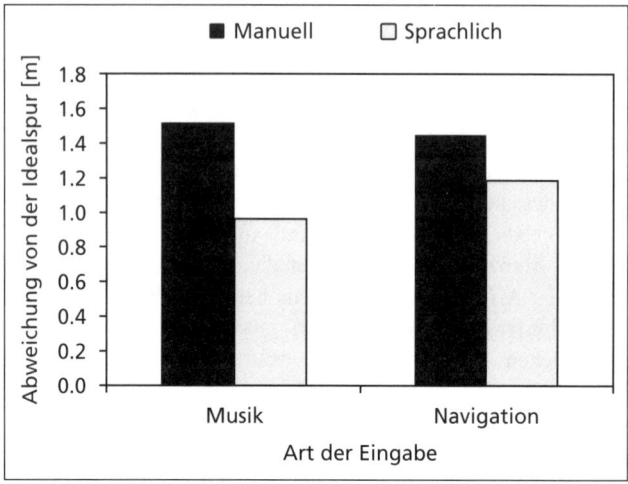

Abb. 4.6: Darstellung derselben Ergebnisse, wobei hier die x-Achse verändert wurde, um den Effekt der Spracheingabe deutlicher zu zeigen.

sind also immer dann geeignet, wenn lokale Vergleiche (zwei Balken direkt nebeneinander) durchgeführt werden sollen und hier der Effekt liegt, der interessant ist.

Im Vergleich dazu ist die Liniengrafik flexibler und ermöglicht es besser, beide Effekte relativ gut zu erkennen. In **Abbildung 4.4** erkennt man den Effekt der Eingabe darin, dass beide Linien von links nach rechts abfallen. Man sieht weiter, dass die Art der Eingabe nicht einheitlich wirkt, da sich die Linien schneiden. Wenn es einen Haupteffekt gäbe, dass die Navigationseingabe immer zu größeren Abweichungen führt, läge die entsprechende Linie über der anderen, was wiederum sehr einfach zu erkennen wäre. Besonders gut sind Linien natürlich dazu geeignet, um Verläufe über die Zeit hinweg darzustellen. Manche Wissenschaftler vermeiden allerdings Liniendarstellungen in Fällen wie dem Beispiel, da die Linie suggerieren könnte, dass zwischen den beiden Abstufungen ein Kontinuum von weiteren Abstufungen liegt, also in **Abbildung 4.4** zum Beispiel eine gemischt manuell-sprachliche Eingabe. Allerdings scheint mir der Vorteil der unmittelbaren Verständlichkeit der Zusammengehörigkeit, die durch die Linien erreicht wird, größer als der mögliche Nachteil einer solchen Fehlinterpretation.

Diese Anwendung der Gestaltungsprinzipien visueller Informationen verdeutlicht einerseits diese Prinzipien. Andererseits lassen sich bei Beachtung dieser wenigen Regeln gut verständliche, effektive Grafiken erstellen. Weitere Anregungen finden sich in einem sehr lesenswerten Artikel von Wainer (1984).

4.5 Zusammenfassung

Die Möglichkeiten zur Darstellung visueller Informationen werden in den nächsten Jahren weiter zunehmen. Gedruckte Texte auf Papier werden ergänzt durch E-Books. Datenbrillen und Augmented Reality liefern im Alltag zusätzliche visuelle Informationen. Durch die immer breitere Verfügbarkeit des Internets nimmt die Menge visueller Informationen immer weiter zu, was bei bestimmten Tätigkeiten (Auto fahren, Rad fahren, zu Fuß gehen) durchaus problematisch werden kann. In diesem Kapitel lag der Schwerpunkt auf der Gestaltung visueller Informationen. Diese Fragestellungen werden sicherlich auch bei neuen Medien und neuen Arten von Informationen eine zentrale Rolle spielen. Es werden aber auch neue Fragestellungen entstehen oder dringlicher werden. Welche Informationen braucht der Nutzer wirklich? Wann sollten diese präsentiert werden? Wie kann man dabei Privatsphäre und Sicherheit gewährleisten? Haben zu viele Informationen möglicherweise negative längerfristige Konsequenzen (soziale Isolation, Reizüberflutung usw.)?

Im Bereich des Fahrzeugs im Verkehr geraten diese Fragen immer mehr in den Vordergrund. Die Intelligenz der Fahrzeuge nimmt zu und damit auch die Anzahl der Assistenz- und Warnsysteme, die den Fahrer durch Informationen unterstützen wollen. Kann man diese als Normalfahrer überhaupt noch verstehen? Lenkt das nicht vom eigentlichen Fahren ab? Außerdem werden die Informations- und Kommunikationstechnologien immer mehr im Fahrzeug genutzt. Telefon mit

Freisprechanlage ist selbstverständlich, Kommunikation von Texten, Bildern und Videos über verschiedene Apps nimmt von der Häufigkeit her zu, und das mobile Internet liefert eine Vielzahl visueller Informationen auch während der Fahrt. Kann man den Fahrer beim Informationsmanagement unterstützen? Muss man die Informationen begrenzen?

Diese Fragen können im Rahmen dieses Lehrbuches natürlich nicht beantwortet werden. Der Schwerpunkt der Darstellung ist die Präsentation und Gestaltung von Informationen. Das bleibt sicherlich die zentrale Aufgabe der Ingenieurpsychologie. Man sollte sich aber bewusst sein, dass hier auch ein weiter neuer Bereich durch die zukünftigen technischen Entwicklungen entsteht.

Fragen zur Selbstüberprüfung

1. Welche Arten von Informationen über technische Systeme lassen sich unterscheiden?
2. Geben Sie jeweils ein Beispiel für diese Arten von Informationen, beschreiben Sie eine mögliche Lösung und begründen Sie, warum diese gut geeignet ist.
3. Was ist eine weitere Art von Informationen, die von technischen Systemen geliefert wird? Geben Sie hier drei Beispiele.
4. Was sind die wesentlichen Qualitäten beim Sehen?
5. Erklären Sie die Unterscheidung des zentralen und peripheren Sichtfelds und dessen Basis.
6. Wie unterscheiden sich zentrale und periphere Aufmerksamkeit von der Steuerung her? Wie spielen diese beiden Komponenten zusammen?
7. Welche beiden Stadien der visuellen Wahrnehmung werden unterschieden? Beschreiben Sie kurz deren Rolle.
8. Welche kognitiven Prozesse sind für die visuelle Wahrnehmung wichtig? Welchen Vorteil bietet dies?
9. Was ist Vigilanz? Beschreiben Sie eine typische Versuchsanordnung und geben Sie ein Beispiel aus dem Alltag.

10. Was ist das typische Muster der Vigilanzminderung? Wie erklärt man diese?
11. Was ist der Pop-Out-Effekt? Auf welcher Stufe der menschlichen Wahrnehmung ist dieser zu erklären?
12. Wie nimmt ein geübter Leser die Informationen beim Lesen auf?
13. Beschreiben Sie kurz die neun wichtigsten Gestaltungsprinzipien für visuelle Informationen und erklären Sie die psychologischen Grundlagen für jedes Prinzip.
14. Erstellen Sie eine gute Grafik und erläutern Sie daran kurz die wesentlichen Eigenschaften, die dazu beitragen.

4.6 Literaturempfehlungen

Anderson, J. A. (2013). *Kognitive Psychologie*. Heidelberg: Springer.
Hagendorf, H., Krummenacher, J. & Müller, H.-J. (2011). *Wahrnehmung und Aufmerksamkeit: Allgemeine Psychologie für Bachelor*. Berlin: Springer.
Goldstein, E. B. (2011). *Wahrnehmungspsychologie: Der Grundkurs*. Berlin: Spektrum.
Müsseler, J. (2008). *Allgemeine Psychologie*. Berlin: Springer.
Wainer, H. (1984). How to display data badly. *American Statistician, 38* (2), 137–147.
Wickens, C. D. & Hollands, J. G. (2000). *Engineering Psychology and Human Performance (3rd ed.)*. Upper Saddle River, NJ: Prentice-Hall.

5 Akustische, verbale und textliche Informationen

Inhalt
Hören ist neben dem Sehen der wichtigste Sinn des Menschen. Ein zentraler Bereich ist die Sprache, also die Möglichkeit, komplexe Informationen (Gedanken) zu vermitteln und zu verstehen. Da visuelle Informationen bei vielen Tätigkeiten eine zentrale Rolle spielen, bieten akustische Signale außerdem eine sehr gute Möglichkeit, den Nutzer zu warnen und seine Aufmerksamkeit zu wecken, auch wenn er visuell stark beansprucht ist. Das Kapitel beschreibt zunächst das akustische Signal und vermittelt Wissen darüber, was einen guten akustischen Alarm ausmacht. Weiter geht es um Möglichkeiten, aber auch Grenzen von Sprachdialogsystemen, also die sprachliche Interaktion von Nutzern mit Systemen. Schließlich werden grundlegende Regeln beschrieben, die zur Verständlichkeit von Texten beitragen, wobei deutlich wird, dass diese Regeln nicht hinreichend sind, sondern Nutzerstudien ganz entscheidend zur Verbesserung der Verständlichkeit beitragen.

Das Hören hat einen großen Vorteil: Man muss nicht hinschauen. Auch wenn dies etwas trivial klingt, ist das der wichtigste Grund, akustische Signale zu verwenden. Auch wenn der Nutzer abgelenkt ist, sich auf andere Informationen konzentriert oder vielleicht sogar die Augen geschlossen hat, kann ein akustisches Signal wahrgenommen werden. Selbst wenn das Signal für sich keine Bedeutung hat, führt es dazu, dass man visuell nach Informationen sucht, warum dieses Signal ausgelöst wurde. Akustische Signale und speziell die Sprache können natürlich auch selbst relevante Informationen vermitteln, auf die der Nutzer direkt reagieren kann. Ein

»Stopp!« während des Autofahrens kann eine Bremsreaktion auslösen, was mancher Beifahrer schon genutzt hat, um einen Unfall zu vermeiden.

Sprache ist außerdem ideal geeignet, komplexe Informationen effektiv zu übermitteln. Unser bewusstes Denken (Nachdenken über etwas) findet sprachlich statt. Es liegt daher nahe, auch bei der Mensch-Maschine-Interaktion Sprache für den Informationsaustausch zu nutzen. Sprachein- und -ausgabe haben jeweils für sich Möglichkeiten und eigene Probleme. Wie angenehm wäre ein System, das man einfach steuert, indem man mit ihm spricht! »Ich hätte gerne eine Latte Macchiato!« Aber die Spracherkennung bei unterschiedlichen Sprechern (z. B. Dialekt, Nuscheln, unterschiedliche Sprechgeschwindigkeit) und ein begrenzter Wortschatz der Systeme sind nur zwei der Probleme, mit denen die Technologie zu kämpfen hat. Sprachausgaben sind inzwischen relativ einfach zu realisieren, wirken aber oft noch künstlich und von der Qualität her unbefriedigend. Und bei echten Dialogen, bei denen gegenseitig Informationen ausgetauscht werden, entstehen ganz eigene Probleme. Man weiß ja aus eigenen Gesprächen, wie leicht Missverständnisse entstehen können. Und diese führen schnell zu starken negativen Emotionen. Verständlichkeit und Sprechstil sind deshalb wichtige Themen für sprachliche Mensch-Maschine-Interaktionen.

Sprache tritt schließlich auch in schriftlicher Form als Text auf und wird zum Thema der Ingenieurpsychologie, wenn Texte verwendet werden, um Nutzern technischer Systeme Informationen zu vermitteln. In der einfachsten Form geht es um die Beschriftung von Anzeigen oder Bedienelementen. Besonders wichtig werden längere Texte bei Anleitungen, die die Benutzung von Systemen erklären. Eigentlich wäre es ja das Ziel eines guten Designs, dass Systeme sofort intuitiv verstanden werden und nicht erklärt werden müssen. Die Erfahrung zeigt, dass dies häufig nicht gelingt und zusätzliche Erklärungen nötig sind. Aber wie findet man diese? Und sind die Erklärungen auch zu verstehen? Um diese Fragen geht es am Schluss dieses Kapitels.

5.1 Das akustische Signal

Das akustische Signal besteht aus *Schallwellen*, die von einem Lautsprecher, Instrumenten oder den menschlichen Sprachorganen produziert werden oder durch Ereignisse in der Umwelt entstehen. **Abbildung 5.1** zeigt als Beispiel das akustische Signal des Wortes »Ingenieurpsychologie«.

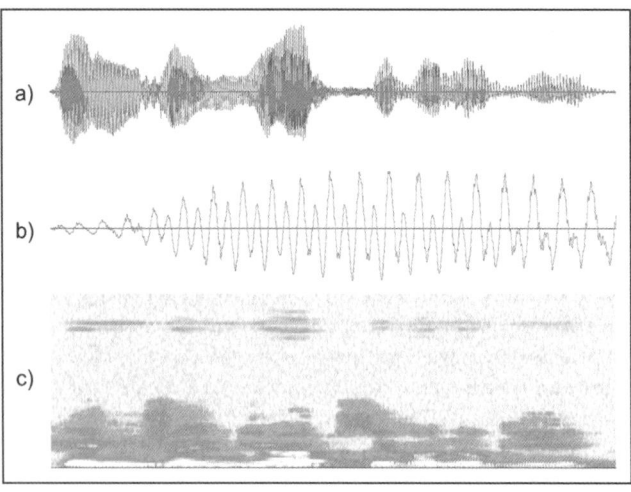

Abb. 5.1: Das akustische Signal für das Wort »Ingenieurpsychologie«. Dargestellt ist oben (a) die Schallenergie über die Zeit. Darunter (b) wird der Beginn des Worts sehr fein aufgelöst gezeigt. Ganz unten (c) erkennt man das Spektrogramm des Signals.

Dargestellt ist in **Abbildung 5.1a** der Schalldruck über die Zeit. Vergrößert man für einen Teil des Wortes die Darstellung (▶ **Abb. 5.1b**), so wird der schwingungsartige Charakter des Signals deutlich. Das Signal breitet sich wellenförmig in der Luft aus. Wie Schallwellen entstehen, lässt sich an großen Lautsprechern sehr gut beobachten. Spielt man dort tiefe Töne relativ laut vor, so sieht man, wie sich die Membran einwärts und auswärts bewegt, also schwingt. Dadurch wird die umgebende Luft in Schwingungen versetzt, die sich dort wellenförmig ausbreiten. Für die Tonhöhe ist die *Frequenz* (Anzahl der Schwingungen pro Sekunde) verantwortlich. Je schneller ein Signal schwingt (hohe Frequenz), umso höher ist der wahrgenommene Ton. Die Lautstärke ergibt sich aus der *Amplitude* (größte Auslenkung aus der Ruhelage). Tonhöhe und Lautstärke schwanken bei dem in der Abbildung dargestellten Signal. In **Abbildung 5.1b** nimmt die Amplitude des Gesamtsignals von links nach rechts zu und bleibt dann etwa konstant. Weiter wechseln sich Schwingungen mit kleiner und großer Amplitude ab oder überlagern sich.

Wie die **Abbildung 5.1a und b** zeigen, schwanken bei einem Sprachsignal sowohl Frequenz als auch Lautstärke beträchtlich. Außerdem treten meist verschiedene Frequenzen gleichzeitig auf. Nur reine Sinustöne, die künstlich erzeugt werden, weisen genau eine Frequenz auf. Von den Instrumenten kommt eine Flöte den »reinen« Tönen am nächsten. Bei allen natürlichen Tönen liegt stets eine Mischung verschiedener Frequenzen vor, die zudem über die Zeit stark variiert. Dies ist in **Abbildung 5.1c** dargestellt. Hier ist über die Zeit abgetragen, wie viel Energie in verschiedenen Frequenzbereichen (auf der y-Achse) vorliegt. Diese Art von Darstellung nennt man Spektrogramm. Je dunkler die Färbung, desto mehr Energie ist vorhanden. Man erkennt hier mehrere waagerechte Streifen im unteren Bereich. Dies entspricht der Tonlage der Stimme, der sogenannten Grundfrequenz. Je nach dem Laut, der gesprochen wird, wird diese Grundfrequenz von verschiedenen anderen Frequenzen überlagert.

Merke
▸ Akustische Signale haben folgende grundlegende Eigenschaften:

1. Amplitude: Die Signale sind unterschiedlich stark. Dies entspricht der Lautstärke.
2. Frequenz: Die Signale sind unterschiedlich schnell. Dies entspricht der Tonhöhe. Hohe Frequenzen entsprechen hohen Tönen.
3. Lokalisation: Die Signale kommen aus unterschiedlichen Orten im Raum. Sehr gut kann links von rechts unter-

schieden werden. Vorne und hinten, oben und unten ist dagegen erst bei Kopfbewegungen gut zu erkennen. ◄◄

Die Lautstärke wird physikalisch in *Dezibel* (*dB*) gemessen. Die Hörschwelle liegt bei 0 dB, die Schmerzschwelle bei 140 dB. Eine normale Unterhaltung hat ungefähr 60 dB. Beim Flüstern werden 20 dB erreicht. Dieser objektiv messbare Schalldruck entspricht nicht linear der empfundenen Lautheit. Bei leisen Tönen können schon kleine Veränderungen der Lautstärke gut bemerkt werden, während bei lauten Tönen größere Veränderungen notwendig sind. Um dies zu beschreiben, wird häufig ein umgerechneter Schalldruckpegel als db (A) angegeben, der der menschlichen Wahrnehmung besser entspricht. Dieser berücksichtigt auch, dass unterschiedliche Frequenzen unterschiedlich gut wahrgenommen werden. Sehr tiefe und sehr hohe Töne werden schlechter wahrgenommen als physikalisch gleich laute Töne in einem Frequenzbereich zwischen 1000 und 5000 Hz. Hier hat das menschliche Gehör die größte Empfindlichkeit. Interessant ist, dass in diesem Bereich auch die wichtigsten Sprachfrequenzen liegen.

Der Mensch kann also Töne unterschiedlicher Lautstärke und Tonhöhe sehr gut unterscheiden. Die Sprachwahrnehmung zeigt, dass zusätzlich die Sensitivität für zeitlich sehr schnell wechselnde, komplexe Frequenzmischungen sehr hoch ist. Töne und Geräusch können außerdem recht gut lokalisiert werden. Hier spielen kleine zeitliche Unterschiede in den Signalen der beiden Ohren eine große Rolle. Dieser Laufzeitunterschied ist maximal, wenn Signale entweder von rechts oder von links kommen. Zur Unterscheidung von Tönen, die von vorne oder hinten kommen, trägt die unterschiedliche Brechung des Schalls durch die Ohrmuscheln bei. Eine sichere Unterscheidung wird allerdings erst bei Bewegung des Kopfes möglich, wodurch dann wieder Zeitunterschiede entstehen, die sehr gut wahrgenommen werden. Gleiches gilt für Signale von oben und unten.

Auch bei akustischen Signalen spielt Aufmerksamkeit eine bestimmte Rolle. Man kann störende Geräusche recht gut ausblenden, wie man bei Gesprächen mit seinem Sitznachbarn in lauten Restaurants an sich selbst beobachten kann. Entsprechende

Studien zeigen aber auch, dass dennoch die anderen Geräusche und Gespräche auf einer unbewussten Ebene aufgenommen werden. Dies wird sehr deutlich, wenn am Nebentisch der eigene Name fällt und man plötzlich darauf aufmerksam wird, obwohl man eigentlich ganz auf seinen Gesprächspartner konzentriert war (*Cocktailparty-Effekt*). Auch andere auffällige Töne oder Geräusche durchbrechen die Konzentration und lenken die Aufmerksamkeit auf sich. Diese zentrale Eigenschaft von akustischen Signalen, die Aufmerksamkeit auszurichten und die Konzentration zu durchbrechen, wird insbesondere für Warnungen genutzt.

5.2 Akustische Warnungen

Akustische Warnungen werden für dringende Systemmeldungen verwendet, die eine schnelle Reaktion der Nutzer erfordern, egal ob diese konzentriert oder abgelenkt sind. Die akustischen Signale sind sehr effektiv, um die Aufmerksamkeit auf kritische Ereignisse zu lenken. Gleichzeitig können sie die Aktivierung des Nutzers erhöhen, was zu einer schnelleren Reaktion beitragen kann. Dies kann sich aber auch negativ auswirken, wie das Beispiel zeigt.

Beispiel
▶ Patterson (1990) beschreibt in einem Artikel über Warnsignale im Arbeitskontext sehr eindrücklich die möglichen negativen Effekte von akustischen Signalen. Er zitiert den Bericht eines Flugzeugpiloten über eine kritische Situation, der die möglichen Probleme sehr drastisch beschreibt:
»I was flying in a Jetstream at night when my peaceful reverie was shattered by the stall audio warning, the stick shaker, and several warning lights. The effect was exactly what was NOT intended; I was frightened numb for several seconds and drawn off instruments trying to work out how to cancel the audio/visual assault rather than taking what should be instinctive actions. The combined assault is so loud and bright that it is impossible to talk to the other crew member, and action is invariably taken to cancel the cacophony before getting on with the actual problem.« (S. 485)

In diesem Beispiel sind die akustischen Warnungen, kombiniert mit haptischen und visuellen Rückmeldungen, so dominant und erschreckend, dass zunächst ein Schreckreflex ausgelöst wird und dann zunächst versucht wird, den Alarm abzustellen, bevor man sich um das eigentliche Problem kümmert. Diese Art von Warnstrategie ist kontraproduktiv. Akustische Warnungen müssen gezielt so gestaltet werden, dass sie zwar die Aufmerksamkeit auf sich lenken, aber den Nutzer nicht in seiner Fähigkeit beeinträchtigen, die aktuelle Situation zu bewältigen. ◄◄

Beim Design akustischer Warnsignale muss daher ein Optimum gefunden werden zwischen den beiden negativen Extremen eines zu leisen Signals (das überhört werden könnte) und eines zu lauten Signals (das zu Schreckreaktionen führen könnte). Das Signal sollte innerhalb dieses Bereichs umso lauter sein, je wichtiger es ist, den Nutzer zu aktivieren und zu einer bestimmten Reaktion aufzufordern.

Oben wurde dargestellt, dass die Hörschwelle bei 0 db liegt. Es wurde auch darauf hingewiesen, dass dies nicht für alle Frequenzbereiche, also nicht für alle Tonhöhen gilt. Welche Frequenz wäre dann optimal? Die größte Sensitivität hat das menschliche Gehör zwischen 1 und 5 kHz. Von daher wäre es sinnvoll, den Alarmton mit dieser Tonhöhe zu wählen. Allerdings liegt in diesem Frequenzbereich ein großer Teil der menschlichen Sprache. Ertönt ein Alarm, während sich der Nutzer unterhält, wird einerseits das Gespräch unterbrochen, andererseits konkurriert der Alarmton mit dem Sprechen. Dieses Beispiel zeigt, dass die absolute Hörschwelle als Kriterium für das Design eines Warntons nicht ausreicht. Vielmehr ist es wichtig, die akustische Umgebung zu berücksichtigen, in der die Warnung wirksam werden soll. Bei einem Wecker genügt es, das Alarmsignal mit relativ geringer Lautstärke einzustellen, zumindest wenn man in ruhiger Umgebung schläft. In einem Auto, das mit 150 km/h auf der Autobahn fährt, kann schon das Grundgeräusch recht laut sein, sodass auch der Alarmton laut sein muss.

Damit setzt auch das Design eines Warntons eine *Analyse der Anforderungen* (▶ **Kap. 3.3**) voraus. Das bedeutet hier, dass die Hintergrundgeräusche, die typischerweise vorliegen, wenn der Warnton erzeugt wird, gemessen und analysiert werden sollten. Dabei ist festzustellen, welche Lautstärke in welchen Frequenzbereichen typischerweise auftritt. Der Warnton ist dann so zu gestalten, dass seine Frequenzen lauter als das entsprechende Hintergrundgeräusch sind. Als Daumenregel kann man davon ausgehen, dass akustische Signale, die 20 dB lauter als der Hintergrund sind, gut gehört werden. Alarme, die auch aktivieren und Dringlichkeit vermitteln sollen, sollten etwa 40 dB lauter sein als das Hintergrundgeräusch.

Hier spielt dann die zweite Rahmenbedingung eine Rolle. In sehr lauten Umgebungen könnte der erste Gesichtspunkt dazu führen, dass ein *Warnsignal* z. B. 140 dB haben sollte. Dies liegt aber deutlich über der Schmerzschwelle. Bereits Lautstärken von über 100 dB können zu Schreckreaktionen und Überforderungen führen, wie es im Beispiel oben beschrieben wurde. Wirkungsvolle akustische Warnsignale sind damit nur in Umgebungen sinnvoll, in denen das Hintergrundgeräusch 60 dB nicht überschreitet, das Warnsignal also auch noch bei normalen Gesprächen funktioniert. Und in lauteren Umgebungen? Teilweise findet man auch in diesen Frequenzbereiche, in denen das Hintergrundgeräusch nicht zu laut ist, sodass man über die Gestaltung der Tonhöhe des Warnsignals eine gute Hörbarkeit erreichen kann. In sehr lauten Umgebungen werden beim Arbeiten auch Kopfhörer getragen – dann kann es möglich sein, in diese Warnsignale einzuspielen, die dann wieder leiser sein können. Ansonsten geraten akustische Signale hier tatsächlich an ihre Grenzen, und Warnungen müssen visuell oder haptisch vermittelt werden.

Abbildung 5.2 zeigt als Beispiel das Hintergrundgeräusch bei einer Autofahrt. Man erkennt, dass insbesondere tiefe Warntöne schlecht gehört werden würden bzw. lauter sein müssten, während Warntöne im Bereich zwischen 4 und 6 kHz mit etwa 60 dB ausreichend laut wären.

Merke
▶ Warnsignale (»akustische Alarme«) sollten:

- Deutlich lauter sein als der Hintergrundschallpegel
- Etwa 20 dB lauter sein, um gut gehört zu werden
- Etwa 40 dB lauter sein, um als Alarm zu wirken
- Etwa 100 dB nicht überschreiten, um keine Schreckreaktionen auszulösen

Warnsignale können daher nur dann wirkungsvoll gestaltet werden, wenn der typische Schalldruckpegel des Hintergrundgeräuschs in den Frequenzbereichen des Alarmsignals erfasst wird (Anforderungsanalyse). ◂◂

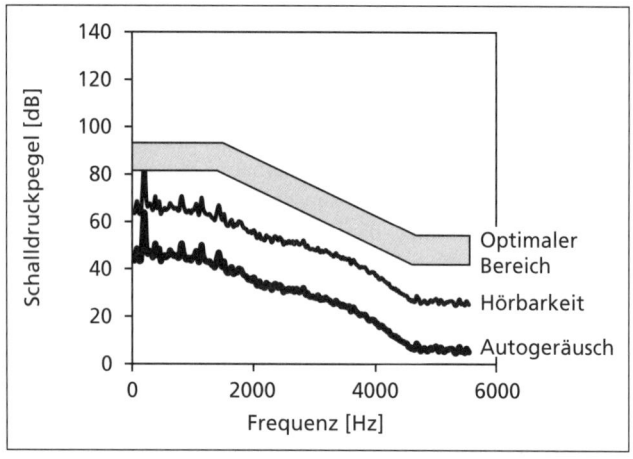

Abb. 5.2: Anforderungsanalyse für ein Warnsignal im Auto. Die untere Linie zeigt den Schalldruckpegel in einem Pkw über die verschiedenen Frequenzen. Etwa 20 dB lauter sind Signale gut hörbar. Warnsignale sollten etwa 40 dB lauter sein.

Damit sind zwei grundlegende Aspekte bei der Gestaltung akustischer Signale dargestellt worden: *Wie laut* soll das Signal sein und *welche Frequenzen* sollte es enthalten? Die Antwort auf diese Fragen spannt nur den Designraum der möglichen Signale auf, liefert aber nicht die Antwort auf die Frage, wie das Signal weiter gestaltet sein sollte. Wie viele unterschiedliche Frequenzen soll das Signal enthalten? Sollte es ganz einfach sein oder etwas komplexer? Wie sieht der Zeitverlauf aus? Sollen sich Frequenz und Lautstärke über die Zeit verändern? Hier ergibt sich eine Fülle von Möglichkeiten für die Gestaltung guter Signale. Beschränkt wird dies durch zwei weitere Rahmenbedingungen, die allerdings nicht ganz so fundamental wie die bisher beschriebenen Grenzen sind.

(1) Neben der Hörbarkeit sollte auch berücksichtigt werden, dass das Warnsignal nicht andere wichtige akustische Informationen stört oder übertönt. Auch hierfür ist eine Analyse von Frequenz und Lautstärke dieser zusätzlichen Informationen notwendig. Diese Rahmenbedingung entfällt natürlich, wenn das Warnsignal alle anderen Informationen überlagern soll (also wichtiger ist und auf jeden Fall zuerst bearbeitet werden muss) oder keine solchen akustischen Informationen vorliegen.

(2) Um ein Erschrecken zu vermeiden, sollte das Signal nicht sofort mit voller Lautstärke gegeben werden, sondern die Lautstärke sollte allmählich anwachsen. Dieses allmähliche Anwachsen kann auch relativ schnell geschehen (unter einer halben Sekunde), wenn schnell Reaktionen notwendig sind, ist dann aber dennoch effektiv. Diese Rahmenbedingung führt also zu einer kleinen Modifikation des Zeitverlaufs der akustischen Warnung.

Schließlich ist auch zu berücksichtigen, ob und wie das Warnsignal längerfristig wirken soll. Wenn z. B. ein Fußgänger plötzlich auf die Straße tritt, ist die akustische Warnung möglichst zeitnah zu geben, kann dann aber auch wieder verschwinden, wenn die kritische Situation beendet ist. Gerät in einer Fabrik dagegen ein Produktionsprozess außer Kontrolle, so sollte das Signal solange aktiv bleiben, bis es entweder von einem Nutzer abgeschaltet wird oder wieder der Normalzustand hergestellt wurde. Bei diesen *längerfristigen Alarmen* macht es wenig Sinn, ein Signal durchgehend darzustellen. Einerseits kann dies für den Bediener sehr störend sein (s. das Beispiel oben im Flugzeugcockpit), andererseits kann die Alarmwirkung durch Gewöhnung verloren gehen. Hier ist es sinnvoll, anfänglich ein relativ lautes, gut wahrnehmbares Signal zu geben, das dann in der Lautstärke zurückgeht, aber weiter besteht, um zu signalisieren, dass die Störung noch nicht behoben wurde. Nach einer bestimmten Zeit könnte es dann wieder lauter werden, um erneut Aufmerksamkeit zu wecken, wenn es nötig ist. Auch für diesen Aspekt des Designs ist eine Anforderungsanalyse hilfreich: Wann taucht die Störung auf, wie lange dauert sie, wie schnell kann sie typischerweise bearbeitet werden? Den Antworten entsprechend kann dann das akustische Signal angepasst werden.

Merke
▶ Bei der Gestaltung akustischer Alarme müssen folgende Rahmenbedingungen berücksichtigt werden:

- Frequenzabhängig optimale Lautstärke wählen (s. o.)
- Andere akustische Signale nicht stören
- Allmähliches Anwachsen des Signals, um Erschrecken zu vermeiden
- Den Zeitverlauf der kritischen Situation anpassen

Diese Rahmenbedingungen eröffnen den Gestaltungsrahmen, in dem Tonhöhe, Lautstärke und Zeitverlauf des Signals gestaltet werden können. ◀◀

Auch wenn diese Rahmenbedingungen berücksichtigt werden, bleiben viele Möglichkeiten, akustische Signale zu gestalten. Deshalb ist eine weitere wichtige Frage, was mit dem Signal erreicht werden soll: ob die Aufmerksamkeit des Nutzers auf eine kritische Situation gerichtet werden oder ob das Signal selbst bereits Informationen vermitteln soll, sodass der Nutzer direkt auf das Signal reagieren kann. Bei dem oben erwähnten Beispiel einer Fußgängerwarnung im Auto könnte es sehr sinnvoll sein, wenn der Autofahrer nicht erst in der Verkehrsumgebung umherschaut und dann (zu spät) merkt, dass es um einen Fußgänger geht, sondern wenn diese Information direkt im Warnton enthalten wäre. In solchen Fällen kann man mit

Auditory Earcons, Auditory Icons oder Sprachwarnungen arbeiten (s. Erklärung).

Erklärung
▶ *Earcons* sind unverwechselbare, künstliche Geräusche, deren Bedeutung man erlernen muss, die dann aber gut erkannt werden können.

Audicons oder *Auditory Icons* sind alltägliche Geräusche, die nicht gelernt werden müssen, sondern eine klare Bedeutung für den Nutzer haben.

Sprachwarnungen nutzen das Sprachverständnis, um gleichzeitig zu warnen und zu einer Handlung aufzufordern. ◀◀

Der Vorteil von Audicons ist, dass sie nicht gelernt werden müssen. Die Schritte eines Fußgängers, das Geräusch einer Fahrradklingel weckt sofort die richtige Assoziation, sodass man dies gut als Warnsignal im Auto verwenden könnte. Sie können deshalb gut als intuitiv verständliche Warnungen genutzt werden. Earcons müssen gelernt werden und werden daher eher für Signale und Hinweise genutzt. Die typischen Windows-Systemklänge geben dem geübten Nutzer eine gute Rückmeldung, was gerade vor sich geht (z. B. Abmelden vom System). Wenn sie gut gestaltet sind, werden sie schnell erlernt und bleiben jahrelang im Gedächtnis (erinnern Sie sich noch an das Geräusch des Kommunikators bei Captain Kirk in Raumschiff Enterprise?). Wenn in einer Situation zu viele dieser Audicons oder Earcons auftauchen, kann das den Nutzer allerdings auch überfordern, sodass er nicht mehr versteht, was das aktuelle Signal gerade bedeutet. Diese Möglichkeiten sollten daher gut überlegt und in reduzierter Anzahl genutzt werden.

Einen Schritt weiter gehen *Sprachwarnungen*, die ganz unterschiedliche Informationen vermitteln können, von Handlungsanweisungen (»Achtung!«, »Aufpassen!«, »Stopp!«) bis zu Erklärungen (»Fußgänger!«, »Radfahrer!«, »Selbstzerstörung in 10 Sekunden!«). Dieser höhere Informationsgehalt stellt jedoch auch höhere Anforderungen an die Hörbarkeit und Verständlichkeit des Signals und ist deshalb nicht in allen Situationen geeignet. In einer Umgebung, in der häufig Gespräche stattfinden, kann eine Sprachwarnung z. B. im Hintergrundgespräch untergehen. Prinzipiell sind diese drei speziellen Arten von akustischen Signalen aber eine gute Möglichkeit, nicht nur die Aufmerksamkeit auszurichten und zu warnen, sondern auch Informationen zu vermitteln.

Die hier vorgestellten Rahmenbedingungen liefern den notwendigen Hintergrund, vor dem der Ingenieurpsychologe arbeitet. Neben der Gestaltung der konkreten Signale geht es vor allem darum, deren Wirksamkeit, Verständlichkeit und Akzeptanz durch den Nutzer zu bewerten. Ganz wesentlich ist dafür die Durchführung von Nutzerstudien, in denen die akustischen Warnsignale unter realistischen Randbedingungen getestet werden, entsprechend der Methodik, die in **Kapitel 3** dargestellt ist. Dabei müssen sowohl subjektive Aspekte (subjektive Lautstärke, Hörbarkeit, Bewertung des Signals) als auch Verhaltensaspekte (Schnelligkeit und Korrektheit von Reaktionen auf die Signale) erfasst werden. Die Leistung besteht nicht nur darin, ein gutes Signal zu gestalten, sondern auch nachzuweisen, dass und wie gut es ist.

5.3 Sprachdialogsysteme

Bei den akustischen Warnungen ging es darum, dass ein technisches System dem Nutzer bestimmte Informationen übermittelt. Umgekehrt kann aber auch der Nutzer Sprache verwenden, um damit Geräte oder Systeme zu bedienen. Wenn die Geräte dann wiederum mit Sprachausgaben antworten, handelt es sich um *Sprachdialogsysteme*, also eine *sprachliche Mensch-Maschine-Interaktion*. Aktuell werden diese häufig im Bereich von Service-Hotlines verwendet. Man ruft an, das System teilt sprachlich eine Reihe von Optionen mit (»Wenn Sie einen Servicemitarbeiter sprechen wollen, sagen sie ›Eins!‹«) und man kann sprachlich antworten (»Eins!«). Von der technischen Seite her verbergen sich hinter einem solchen Dialog drei getrennte Problemkreise: Sprachausgabe, Spracherkennung und Dialogmanagement.

5.3 Sprachdialogsysteme

Merke
▶ Bei Sprachdialogsystemen unterscheidet man zwischen *Sprachausgabe* und *Spracherkennung*. Hinzu kommt das *Dialogmanagement*, d. h. wie der Ablauf von Systemausgaben und Nutzereingaben geregelt wird. ◀◀

Die einfachste, aber am wenigsten flexible Art der *Sprachausgabe* ist es, Sprachausgaben realer Sprecher aufzuzeichnen und dann wieder abzuspielen. Man kann auch einzelne Wörter aufzeichnen und diese dann kombinieren, allerdings geht dabei die typische Intonation verloren, sodass sich dies sehr künstlich anhört. Bei Ansagen an Bahnhöfen werden Satzteile häufig mit Uhrzeiten kombiniert, wobei man sofort merkt, dass hier etwas im Satzrhythmus nicht stimmt. Diese Möglichkeit ist nur für Dialoge geeignet, in denen die Sprachausgaben auf relativ wenige, standardisierte Sätze beschränkt sind. Bereits bei Navigationssystemen würde dies dazu führen, dass alle möglichen Städte- und Straßennamen aufgezeichnet werden müssten, was einerseits erheblichen Aufwand bedeutet, andererseits großen Speicherplatz für die Sound-Dateien benötigt. Die Alternative sind Text-to-Speech-Systeme, die elektronisch vorliegende Texte mit Hilfe eines Produktionssystems in Sprache umwandeln (im Internet findet sich eine Vielzahl von Online-Beispielen dazu). Dabei können eine ganze Reihe von Sprechermerkmalen variiert werden, z. B. männliche und weibliche Stimmen oder die Sprechgeschwindigkeit. Dies ist wesentlich flexibler, setzt aber nach wie vor voraus, dass der entsprechende Text vorliegt. Allerdings ist dieser wesentlich platzsparender zu speichern, und häufig liegen Informationen sowieso in textlicher Form vor (z. B. im Navigationssystem). Prinzipiell gibt es auch die Möglichkeit, den Text je nach Situation erst zu generieren. Allerdings muss dazu die Grammatik bekannt und in ein Sprachproduktionssystem integriert sein, was eine entsprechende Rechenleistung und Intelligenz voraussetzt.

Bei der *Spracherkennung* liegen die wichtigsten Probleme bei der Variabilität der menschlichen Sprache und dem Umfang des Vokabulars. Je nach Zustand und Situation spricht ein einzelner Sprecher ganz unterschiedlich (müde, schnell, hektisch, undeutlich usw.) und die Unterschiede zwischen verschiedenen Sprechern können sehr groß sein (Dialekt, Grundfrequenz der Stimme, Wortschatz). Bei vielen Spracherkennungsprogrammen wird daher zunächst ein Training eingeführt, in dem das Programm die Eigenheiten des Sprechers kennenlernt. Dies ist für viele Nutzer allerdings inakzeptabel, vor allem, wenn die Leistung auch nach dem Training unbefriedigend bleibt. Dieses Problem hängt teilweise mit dem Vokabular zusammen. Soll das System nur zwischen zwei deutlich unterschiedlichen Worten wie »Eins« und »Fünf« differenzieren, wird die Erkennungsleistung auch ohne Training und für unterschiedliche Sprecher sehr gut sein. Müssen alle Orte Deutschlands und alle Straßennamen erkannt werden, sinkt die Erkennungsleistung so stark ab, dass in der Regel nach der Erkennung verschiedene Möglichkeiten angeboten werden, die der Sprecher gemeint haben könnte. Man ist als Mensch zwar daran gewöhnt, dass andere Menschen einen manchmal nicht verstehen, aber die Leistung vieler Spracherkennungssysteme liegt leider immer noch deutlich unter dem, was man von der Kommunikation mit anderen Menschen gewöhnt ist.

Hinzu kommt das *Dialogmanagement*. Die Dialoge sind häufig sehr starr und unflexibel und entsprechen nicht den Eigenschaften menschlicher Dialoge (s. Beispiel). Das führt zu Fehlern und Fehlerkennungen im Umgang mit dem System. Ein zentraler Fehler ist das *Zu-früh-Sprechen* (*talking-to-early*). Um Fehlerkennungen zu vermeiden, wird der Spracherkenner nur zu bestimmten Zeiten aktiv geschaltet. Deshalb muss z. B. der Fahrer im Beispiel auch am Anfang einen Knopf drücken, damit das System dann aufnahmebereit ist. Häufig wird dies vergessen und schon vorher geredet, weil Menschen von ihren Dialogpartnern gewohnt sind, dass diese auf das Gesprochene reagieren und eben auch aus dem akustischen Gedächtnis noch den Satzanfang abrufen können. Auch während des Dialogs ist das System erst dann wieder aufnahmebereit, wenn die eigene Sprachäußerung beendet ist. Wenn Nutzer dann zu früh antworten (was man in Gesprächen ganz häufig tut und den anderen unterbricht), kann das System

5.3 Sprachdialogsysteme

die Äußerung nicht erkennen, da es nur einen Teil davon aufnimmt.

Beispiel

▶ Wenn Sie in ein Taxi steigen und dem Fahrer das Ziel ansagen, geht das recht schnell: »Guten Tag! Ich möchte in die Gaußstraße 23«. »Das ist bei der Uni, oder?« »Ja, genau, beim Eusebia!«

Wenn Sie mit Ihrem Navigationssystem den entsprechenden Dialog führen, könnte das dagegen wie folgt ablaufen:

Sie drücken den »Push-to-Talk«-Knopf am Lenkrad.

System (S): »Navigationsmenü. Bitte sprechen Sie Ihren Befehl.«

Fahrer (F): »Routenplanung«

S: »Ich habe Sie nicht verstanden. Möchten Sie eine Route planen?«

F: »Ja«

S: »Sagen Sie ›Ja‹ oder ›Nein‹«

F: »Ich habe doch schon ja gesagt!«

S: »Ich habe Sie nicht verstanden. Möchten Sie eine Route planen?«

F: -

S: »Sagen Sie ›Ja‹ oder ›Nein‹«

F: »Ja«

S: »Routenplanung. In welche Stadt möchten Sie?«

F: »Braunschweig«

S: »Meinen Sie: Braunschweig?«

F: »Ja«

S: »Sagen Sie ›Ja‹ oder ›Nein‹.«

F: »Ja«

…

Ohne dieses Beispiel bis zum Ende zu führen, wird hier sehr deutlich, wie unnatürlich die Dialoggestaltung ist. Diese vereinfacht die Spracherkennung für das System, erfordert aber vom Fahrer viel Geduld und einen entsprechenden Lernprozess, um sich auf das System einzustellen. Der Nutzen eines solchen Systems, komplexe Informationen auf eine natürliche

Weise einzugeben und dabei nicht vom Fahren abzulenken, wird auf diese Weise häufig nicht erreicht. ◄◄

Eine fehlerhafte Erkennung von Nutzereingaben führt zu einem weiteren, ganz typischen Fehler von Sprachdialogsystemen. Das System fordert den Nutzer auf, die Eingabe zu wiederholen. Dieser tut das und versucht, besonders langsam und deutlich zu reden – so, wie man es auch bei einem menschlichen Partner tun würde, der einen nicht versteht. Dies wird als *Hyperartikulation* bezeichnet. Die Systeme sind aber für normale Sprache optimiert, und die Erkennungsleistung ist für diese besonders deutlich gesprochene Sprache schlechter. Das führt zu dem für den Nutzer sehr frustrierenden Teufelskreis, dass das System ihn umso schlechter versteht, je deutlicher er spricht.

Erklärung
► »*Zu-früh-Sprechen*« oder *talking-to-early* bezeichnet den Fehler, dass Nutzer schon sprechen, bevor das Spracherkennungssystem aufnimmt. Auf diese Weise kann das System die Sprachäußerung nicht erkennen.

Hyperartikulation bedeutet, dass die Nutzer nach einer Fehlerkennung besonders deutlich, laut und langsam sprechen, was für ein auf normale Sprache trainiertes System die Chance für eine Fehlerkennung erhöht. ◄◄

Bei diesen beiden Aspekten der Sprachausgabe und der Spracherkennung sind demnach ganz wesentliche technische Weiterentwicklungen notwendig, um diese zu optimieren. Der Ingenieurpsychologe kann vor diesem Hintergrund vor allem im Bereich der Dialoggestaltung versuchen, den sprachlichen Mensch-Maschine-Dialog zu optimieren. Der im Beispiel dargestellte Ablauf zeigt, wie wenig so ein typischer Dialog menschlichen Dialogen ähnelt und wie viel effektiver man sich mit einem menschlichen Gesprächspartner verständigen kann. Hier liegt noch großes Potenzial, die Grundprinzipien menschlicher Kommunikation auf Sprachdialogsysteme zu übertragen.

Insgesamt bieten Sprachdialogsysteme prinzipiell dennoch eine ganze Reihe von Vorteilen: Auch komplexe Informationen können gut verständlich und effektiv vermittelt werden. Informationsausgabe und Bedienung können innerhalb eines Mediums (Sprache) durchgeführt werden. Der visuelle Kanal, der für viele Aufgaben und Tätigkeiten benötigt wird, wird entlastet, sodass diese Systeme z. B. beim Autofahren oder beim Fliegen die Sicherheit erhöhen könnten. Das Beispiel der Service-Hotlines zeigt, dass man auf diese Weise auch menschliche Ressourcen sparen kann. Demgegenüber stehen die konkreten, aktuellen Nachteile einer mangelhaften Spracherkennung, unflexiblen Sprachausgabe und umständlichen Dialoggestaltung. Und insgesamt ist die sprachliche Information im Vergleich zu visueller Information flüchtig – wenn man etwas überhört hat, ist die Information verschwunden. Natürlich kann man nachfragen, aber dann muss man zumindest gemerkt haben, dass es eine Information gab. Mit der verbesserten Sprachtechnologie ergibt sich hier aber sicherlich in Zukunft ein sehr spannendes Gebiet für Ingenieurpsychologen.

5.4 Lesen und Textgestaltung

Wie fängt man eigentlich an, zu lesen? Bei den eigenen Kindern kann man das gut beobachten: Sie lernen in der Regel einzelne Buchstaben, erkennen diese nacheinander und versuchen dann, diese zu einem Wort zusammenzusetzen. Geübte Leser müssen nicht mehr jeden Buchstaben einzeln lesen, sondern nehmen ganze Worte oder Wortteile auf. Dabei gilt, dass nur im Zentrum unseres Gesichtsfeldes scharf und mit hoher Auflösung gesehen wird, während in der Peripherie des Sehens die Auflösung abnimmt. Dies ist etwas vereinfacht in **Abbildung 5.3** dargestellt. Man gleitet dann mit den Augen nicht über den Text, sondern fixiert ein Wort, nimmt die entsprechende Information auf, und springt dann mit den Augen zum nächsten Wortx, sodass sich eine Abfolge wie in **Abbildung 5.3** dargestellt ergibt. Die Fixationen dauern typischerweise etwa 250 ms, während die Sprünge meist kürzer als 30 ms sind.

Informationen werden praktisch nur während der Fixationen aufgenommen. Beim Lesen eines Texts sind die Sprünge im Schnitt acht bis neun Buchstaben weit. Damit nimmt man eigentlich, so wie in **Abbildung 5.3** dargestellt, nur Teile des Texts wirklich differenziert auf. Dies reicht für einen geübten Leser aber völlig aus, da er eben nicht mehr Buchstabe für Buchstabe seine Wörter zusammensetzt, sondern nur noch erkennen muss, um welches Wort (von vielen, ihm bekannten Wörtern) es sich handelt. Das ist auch der Grund dafür, warum man beim normalen Lesen eines Textes Tippfehler, bei denen z. B. ein Buchstabe falsch isl, oft übersieht (im letzten Satz ist absichtlich ein Tippfehler enthalten, um dies zu demonstrieren). Weiter ist unsere Sprache sehr redundant, d. h. man muss nicht unbedingt jedes einzelne Wort erkennen, um zu verstehen, was mit dem ganzen Satz gemeint ist. Auch das ist in **Abbildung 5.3** dargestellt, wo einige Worte übersprungen werden.

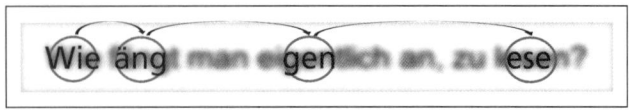

Abb. 5.3: Fixationen beim Lesen eines einfachen Texts durch einen geübten Leser. Die scharf dargestellten Kreise entsprechen dem Ort des schärfsten Sehens.

Diese Art der Informationsaufnahme beim Lesen führt zu ganz typischen Strategien, welche Worte fixiert werden und welche eher nicht. Inhaltswörter wie Adjektive und Hauptwörter werden eher fixiert als Funktionswörter wie Artikel (z. B. der, die, das). Häufig vorkommende und damit gut bekannte Wörter werden kürzer fixiert als unbekannte. Je besser ein Wort aus dem Kontext vorherzusagen ist, desto weniger wird es fixiert. Insgesamt gilt damit: Je schwieriger ein Text ist, desto mehr und längere Fixationen werden beim Lesen benötigt.

Dies hat Konsequenzen für die Gestaltung von *textlichen Warnungen*: Je schneller darauf reagiert werden muss, umso einfacher und bekannter sollten die Warntexte sein. Um

5.4 Lesen und Textgestaltung

sicherzustellen, dass einzelne Worte auch beachtet werden, kann es Sinn machen, diese HERVORZUHEBEN, da ungewohnt aussehende Wörter mit hoher Wahrscheinlichkeit fixiert werden. Abkürzungen machen nur dann Sinn, wenn diese gut bekannt und dem ursprünglichen Wort möglichst ähnlich sind (z. B. für »Herausgeber« ist »Hrsg.« sinnvoller als »Hg«).

Soll der Nutzer aus *Listen* die richtigen Alternativen auswählen, müssen die einzelnen Listenelemente so unterschiedlich gestaltet werden, dass die relevanten Unterschiede gut erkennbar sind (s. Beispiel).

Beispiel
▶ Bei vielen Tätigkeiten werden Checklisten genutzt, bei denen die einzelnen Schritte der Reihe nach abgehakt werden müssen, also z. B. soll der Zustand verschiedener Schalter geprüft werden. Im Folgenden ist eine Checkliste gezeigt, bei der ein Fehler sehr wahrscheinlich ist:

- Schalter A ist angeschaltet
- Schalter B ist angeschaltet
- Schalter C ist angeschaltet
- Schalter D ist ausgeschaltet
- Schalter E ist angeschaltet

Der Unterschied bei Schalter D ist wegen der hohen Redundanz der umgebenden Listenelemente kaum zu erkennen. Sehr effektiv wäre es, hier den Unterschied hervorzuheben:

- Schalter A an
- Schalter B an
- Schalter C an
- SCHALTER D AUS
- Schalter E an

Diese Beispiel stammt modifiziert aus dem Lehrbuch von Wickens (nach Wickens et al., 2004, S. 187). ◄◄

Das schnelle und richtige Erkennen von Worten ist damit eine grundlegende Voraussetzung bei der Verwendung von Texten. Mindestens ebenso wichtig ist die *Verständlichkeit*, denn Texte werden ja gerade dann verwendet, wenn der Nutzer nicht nur alarmiert werden soll, sondern wenn Informationen vermittelt werden sollen. Kann der Nutzer diese schnell und richtig verstehen? Diese Frage ist zentral bei der Beschriftung von Bedienelementen oder Optionen, aus denen der Nutzer auswählen soll. Welchen Knopf muss man für eine bestimmte Kaffeesorte drücken? Bei welcher Option kann ich am Fahrkartenautomaten eine Fahrradkarte lösen? Unter welchem Menü verbirgt sich das Speichern des Dokuments? Aus eigener Erfahrung lassen sich schnell viele Beispiele finden, bei denen man als Nutzer nicht sofort weiß, was eigentlich mit den Beschriftungen gemeint ist. Hier ist es allerdings auch wesentlich schwieriger, allgemeine Regeln für gute und verständliche Beschriftungen zu geben. Vielmehr sind Nutzerstudien notwendig, um entweder gute Textlabels zu finden (»Wie würden Sie das Menü nennen, in dem das Speichern von Texten enthalten ist?«) oder zu prüfen, inwieweit Lösungen tatsächlich verständlich sind. Dies gilt natürlich nicht nur für Texte, sondern auch für Sprachausgaben von Systemen.

Schließlich ist die Verständlichkeit in einem weiteren Sinn wichtig, wenn es um Erklärungen oder Anleitungen geht. Hier sind nicht nur einzelne Worte wichtig, sondern der Text als Ganzes. Bailey (1989) formulierte einige grundsätzliche Hinweise, die zur Verständlichkeit von Texten beitragen (s. Merke). Neben diesen allgemeinen Prinzipien sind auch hier Nutzerstudien notwendig, wobei diese wiederum für die Gestaltung genutzt werden können (»Erkläre jemandem, der noch nie Kaffee gekocht hat, wie die Maschine funktioniert!«) oder zur Evaluation, also zur Prüfung, inwieweit die erstellten Texte verständlich sind.

Merke
▶ Für einen verständlichen Text ist zu beachten (nach Bailey, 1989):

- Sage es möglichst einfach und kurz ohne überflüssige Worte
- Benutze bekannte Worte
- Nenne jede Information explizit

- Nummeriere und trenne wichtige Punkte
- Hebe die *wichtigsten* Punkte hervor ◂◂

5.5 Zusammenfassung

Akustische Signale haben den großen Vorteil, dass sie auch bei Unaufmerksamkeit, Konzentration auf eine Hauptaufgabe und Ablenkung die Aufmerksamkeit des Nutzers ausrichten können. Sie werden deshalb gerne als Alarmsignale verwendet. Damit diese effektiv sind, ist eine Analyse der typischen Rahmenbedingungen wichtig, in denen der Alarm wirkungsvoll sein soll. Damit ist sicherzustellen, dass er hörbar und so laut ist, dass er einerseits die Aufmerksamkeit des Nutzers weckt und ihn aktiviert, andererseits aber nicht so laut ist, dass Schreckreaktionen auftreten. Davon ausgehend ergeben sich für die weitere Gestaltung des Signals (Kombination von verschiedenen Frequenzen, zeitlicher Verlauf) vielfältige Möglichkeiten. Will man über die Alarmierung des Nutzers hinaus Informationen vermitteln, sind Earcons, Audicons oder sprachliche Warnungen sinnvoll. Dabei kommt allerdings die Verständlichkeit als neue Fragestellung hinzu, die in Nutzerstudien bestätigt werden muss.

Der zweite wesentliche Vorteil von akustischen Signalen liegt in der Fähigkeit, auch komplexe Informationen verständlich zu vermitteln und dies für die Mensch-Maschine-Interaktion zu nutzen. Sprachdialogsysteme können mit Hilfe von aufgezeichneten Äußerungen oder Text-to-Speech-Systemen Inhalte sprachlich vermitteln, wobei letztere sehr flexible Möglichkeiten bieten, ganz unterschiedliche Texte vorzulesen. Problematisch erscheint momentan die Spracherkennung, die die Flexibilität und damit den Einsatz von Sprachdialogsystemen stark begrenzt. Dies wird sich aber in den nächsten Jahren durch entsprechende technische Entwicklungen verbessern. Für den Ingenieurpsychologen besonders interessant ist das Dialogmanagement. Aktuell sind viele Sprachdialoge vom Ablauf sehr einfach und unnatürlich. Prinzipien menschlicher Dialoge bei der Gestaltung sprachlicher Mensch-Maschine-Interaktion zu berücksichtigen ist eine spannende Aufgabe.

Verständlichkeit ist das zentrale Kriterium bei der Gestaltung von Texten. Kurze Texte können als Beschriftungen sehr effektiv die Bedienmöglichkeiten erklären, wenn die richtigen Worte gewählt werden, die für den Nutzer natürlich und verständlich sind. Dies ist durch entsprechende Studien prinzipiell relativ einfach zu untersuchen und für die Gestaltung zu nutzen. Es ist erstaunlich, wie viele Beispiele für eine schlechte Gestaltung man vor diesem Hintergrund in der eigenen Umwelt findet. Gleiches gilt für längere Texte, mit denen zum Beispiel die Bedienung technischer Systeme erklärt wird. Zwar ist die Verwendung der richtigen, alltäglichen und verständlichen Begriffe wesentlich. Doch auch hier müssen die Bedürfnisse der Nutzer berücksichtigt werden. Was sind die wichtigsten Ziele, die mit dem System erreicht werden? Wie würde man jemandem die Bedienung erklären, der das Gerät noch nicht kennt? Die Methodenkompetenz der Ingenieurpsychologen sollte es ermöglichen, verständliche Texte zu gestalten.

Fragen zur Selbstüberprüfung

1. Was ist der wesentliche Vorteil von akustischen gegenüber visuellen Warnungen?
2. Welche drei grundlegenden Eigenschaften haben akustische Signale?
3. Beschreiben Sie eine Situation, die für akustische Warnungen besonders geeignet ist.
4. Was ist bei der Auswahl von Frequenz und Lautstärke eines Warnsignals zu beachten?
5. Wie laut sollte ein Warnsignal sein?
6. Welche weiteren Punkte sind bei der Gestaltung akustischer Warnungen zu beachten?
7. Was unterscheidet Earcons von Audicons? Was ist der Vorteil sprachlicher Warnungen?
8. Welche drei Aspekte sind bei Sprachdialogsystemen zu unterscheiden?
9. Beschreiben Sie kurz zwei typische Probleme bei der Spracherkennung.

10. Wie wird die Information beim Lesen aufgenommen?
11. Welche Regeln sind zu beachten, um einen Text verständlich zu gestalten?
12. Wie würden Sie vorgehen, um eine gute Bedienungsanleitung für eine Kaffeemaschine zu gestalten?

5.6 Literaturempfehlungen

Anderson, J. A. (2013). *Kognitive Psychologie.* Heidelberg: Springer.
Goldstein, E. B. (2011). *Wahrnehmungspsychologie: Der Grundkurs.* Berlin: Spektrum.

6 Bedienung

Inhalt
Menschen handeln, um damit bestimmte Ziele zu erreichen. Dies gilt auch für die Mensch-Maschine-Interaktion, bei der ein technisches System dazu genutzt wird, um etwas zu bewirken. Bedient wird meistens mit Hilfe der Hände. Deshalb wird zunächst ein Verständnis der manuellen Kontrolle vermittelt, also der Mechanismen, mit denen Menschen ihre Bewegungen steuern und kontrollieren. Für die Bedienung werden unterschiedliche Stellteile genutzt, wobei es darum geht, welche Art von Stellteilen bei welcher Art von Bedienaufgaben sinnvoll ist. Weiter wird dargestellt, wie Stellteile genutzt werden können und welche Prinzipien bei der Gestaltung zu beachten sind, um eine möglichst gute Bedienbarkeit zu ermöglichen. Damit werden Grundregeln vermittelt, die bei der Gestaltung oder Auswahl von Bedienelementen hilfreich sind.

Technische Systeme liefern dem Nutzer auf unterschiedliche Art und Weise Informationen, wobei visuelle (▶ Kap. 4) und akustische bzw. sprachliche Informationen (▶ Kap. 5) sicherlich die wichtigsten Arten von Informationen sind. Diese Informationen sind der eine Teil der Mensch-Maschine-Schnittstelle, die die Basis für die Handlungen des Nutzers darstellt. Der zweite Teil ist die Bedienung von Systemen. Auf welche Weise kann der Nutzer das System dazu bewegen, bestimmte Aktionen auszuführen? Wie kann er mit dem System bestimmte Ziele erreichen?

Es gibt ganz unterschiedliche Arten, Systeme zu kontrollieren. Die wichtigste ist die manuelle Kontrolle, also die Bedienung mit den Händen. Diese steht im Zentrum der

Darstellung dieses Kapitels. In bestimmten Bereichen wie zum Beispiel beim Autofahren werden aber auch andere Körperteile, vor allem die Füße, genutzt. Sprache ist im mitmenschlichen Bereich die häufigste Möglichkeit, um Gesprächspartnern die eigenen Wünsche mitzuteilen. Sprachliche Mensch-Maschine-Interaktion ist dagegen immer noch aufwändig, wird in bestimmten Bereichen aber immer wichtiger (▶ Kap. 5.3). Schließlich sind aktuelle Forschungsthemen, wie sich andere Arten der Bedienung gestalten lassen, z. B. mit Gesten, durch Blicke oder mit Hilfe von Gedanken (*Brain-Computer-Interfaces*).

Erklärung
▶ Bei einem Brain-Computer-Interface werden Hirnwellen des Nutzers gemessen, um daraus seine gewünschten Bedienhandlungen abzuleiten. Dies erfordert sowohl auf Seiten des Nutzers als auch des Computers Lernprozesse. Der Nutzer lernt, auf eine bestimmte Weise zu denken, die ein bestimmtes Muster in den eigenen Hirnwellen erzeugt. Der Computer lernt, wesentliche Eigenschaften dieses Musters zuverlässig zu erkennen. Damit eröffnen sich z. B. für Querschnittsgelähmte ohne Kontrolle über ihre Gliedmaßen neue Handlungsfelder. ◀◀

Der aus psychologischer Sicht wichtigste Aspekt der Bedienung ist, dass Menschen durch Bedienung bestimmte *Ziele* erreichen wollen. Wenn sie ein Gerät bedienen, dann deshalb, weil etwas passieren soll. Der Becher soll mit Kaffee gefüllt werden, wenn der Knopf der Kaffeemaschine gedrückt wird. Ein Fahrschein soll gedruckt werden, wenn im Automaten das Fahrtziel ausgewählt wurde. Der Geldautomat soll Geld ausgeben, die Zugtür sich öffnen, die Datei gespeichert werden – die Liste der Beispiele ist endlos. Aus dieser *Zielorientierung* menschlichen Handelns ergibt sich direkt eine scheinbar triviale Konsequenz für die menschzentrierte Gestaltung von Systemen: Wenn ein Nutzer etwas tut, muss dies eine unmittelbare Konsequenz haben. Der Nutzer muss also erleben, dass er mit seiner Bedienhandlung das erreicht, was er angestrebt hat. Ideal ist es, wenn das System unmittelbar das tut, was gewollt ist. Man drückt den Knopf, der Kaffee beginnt zu fließen.

Oft muss das System die Eingaben aber erst verarbeiten, oder es sind Zwischenschritte notwendig, bevor das Ziel erreicht ist. Die Kaffeebohnen müssen erst gemahlen und das Wasser muss aufgeheizt werden. Wenn der Nutzer das nicht weiß oder nichts davon merkt (weil am Anfang beim Heizen des Wassers keine Geräusche zu hören sind), kann der Eindruck entstehen, dass die Bedienung nicht funktioniert hat. In solchen Fällen muss das Gerät irgendeine Art von Rückmeldung geben, was es gerade tut. Beim Mahlen der Kaffeebohnen kann das Geräusch ausreichend sein, beim Kochen des Wassers muss vielleicht eine Anzeige genutzt werden, um die entsprechende Information auszugeben. Drückt man im Zug einen Knopf, und die Zugtür öffnet sich nicht gleich, sollte sich zumindest der Knopf eindrücken lassen, sodass der Nutzer auf diese Weise merkt, dass die Handlung zu Konsequenzen führt.

Merke
▶ Ein zentraler Punkt bei der Bedienung ist das Prinzip der *Rückmeldung*. Jede Handlung des Nutzers muss zu unmittelbaren, verständlichen und möglichst genau den gewünschten Konsequenzen führen. Wenn die gewünschte Konsequenz nicht unmittelbar folgen kann, braucht der Nutzer eine andere Art von Rückmeldung (*Feedback*) – ein gut verständliches visuelles, akustisches oder haptisches Signal. ◀◀

Dieses Prinzip der Rückmeldung ergibt sich also aus der Art, wie Menschen handeln. Die wesentlichen Arten und Gesetzmäßigkeiten der manuellen Kontrolle werden deshalb in **Kapitel 6.1** dargestellt. Davon ausgehend werden typische Bedienelemente und Bedienmöglichkeiten in **Kapitel 6.2** präsentiert. Auf dieser Grundlage werden dann wichtige Prinzipien für die Gestaltung von Bedienung in **Kapitel 6.3** erläutert.

6.1 Manuelle Kontrolle

Bei einer Bedienung sind zwei Bewegungskomponenten zu unterscheiden. Zunächst muss das Bedienelement erreicht werden, dann damit eine bestimmte Aktion ausgeführt werden. Um einen Knopf zu drücken, wird zunächst der Finger zum Knopf geführt, dann dieser gedrückt. Um auf dem Bildschirm eine Datei zu öffnen, wird der Mauszeiger zur Datei geführt, dann dort ein Doppelklick ausgeführt. Die erste Komponente ist eine Ziel- oder Greifbewegung, die zweite eine Manipulationsbewegung. Für eine gute Bedienung ergeben sich damit zwei Fragen:

- Wie schnell kann das Bedienteil erreicht werden?
- Wie gut kann damit die Bedienung ausgeführt werden?

Die erste Frage ist dann besonders wichtig, wenn zwischen verschiedenen Bedienelementen gewechselt werden muss. Bei der zweiten Frage geht es bei vielen Stellteilen nur darum, eine Aktion auszulösen (z. B. bei einem Knopf). Bei anderen wird mit dem Stellteil etwas reguliert (z. B. die Menge des Wassers, die aus dem Wasserhahn austritt, aber auch die Position auf der Fahrspur mit dem Lenkrad des Fahrzeugs). Diese Unterscheidung ist für die verschiedenen Arten von Stellteilen wichtig (▶ **Kap. 6.2**) und muss bei den Grundprinzipien der Gestaltung berücksichtigt werden (▶ **Kap. 6.3**). Grundlage dafür ist das Wissen darüber, wie diese Arten von Bewegungen ausgeführt werden.

Die Geschwindigkeit, mit der ein Bedienelement erreicht werden kann, hängt vor allem von dem Weg ab, der zurückgelegt werden muss, und von der Größe des Bedienelements. Die notwendige Bewegungszeit lässt sich nach dem *Gesetz von Fitts* (1954) für konkrete Umstände direkt aus diesen beiden Größen berechnen. Dieses Gesetz lässt sich sehr einfach an folgendem Versuchsaufbau nachweisen. Die Aufgabe des Probanden soll sein, auf dem Bildschirm ein Quadrat mit der Maus zu berühren. Sobald er mit dem Mauszeiger auf dem Quadrat zur Ruhe gekommen ist, verschwindet dieses und ein neues erscheint. Man variiert nun die Größe der Quadrate und den Abstand zwischen diesen. **Abbildung 6.1** zeigt ein typisches Ergebnis, das vom Autor produziert wurde.

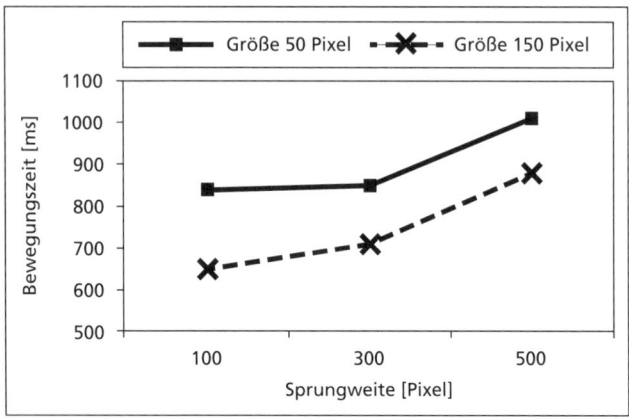

Abb. 6.1: Demonstration des Fitts'schen Gesetzes. Dargestellt sind die Mittelwerte einer Person, die mit der Maus Quadrate auf dem Bildschirm berühren sollte, die unterschiedlich groß waren (50 oder 150 Pixel) und unterschiedlich weit entfernt waren (Sprungweite 100, 300 oder 500 Pixel).

In dem Versuch wurden drei Abstände von 100, 300 und 500 Pixeln verwendet. Außerdem wurden ein kleines Quadrat (50 Pixel) und ein großes Quadrat (150 Pixel) untersucht. Man erkennt, dass die Zielbewegung beim kleinen Quadrat ungefähr 200 ms länger dauert als beim großen Quadrat. Weiter nimmt die Bewegungszeit von dem kurzen zum langen Weg ebenfalls um etwa 200 ms zu. Entsprechend diesem Ergebnis entwickelte Fitts seine Formel zur Vorhersage der Bewegungszeit (BZ):

$$BZ = a + b \left[\log_2 \left(\frac{2 * WL}{B} \right) \right]$$

Neben den Konstanten a und b, die für jede Versuchsanordnung bestimmt werden müssen, hängt die Bewegungszeit von der Weglänge (WL) und der Breite des Ziels (B) ab. Hat man die Konstanten a und b in der Formel einmal bestimmt

6.1 Manuelle Kontrolle

(z. B. für einen bestimmten Bildschirmarbeitsplatz), lässt sich damit ohne aufwändige Versuche errechnen, wie sich die Bedienzeiten bei verschiedenen Aufgaben verändern, wenn die Anordnung der entsprechenden Bedienelemente auf dem Bildschirm angepasst wird. Wenn man also durch eine Aufgabenanalyse (▶ **Kap. 3**) weiß, welche typischen Aufgaben ein Nutzer an diesem Arbeitsplatz durchführt, kann man mit Hilfe der Formel dann die Anordnung der Elemente auf dem Bildschirm so wählen, dass die Bedienzeit minimiert und damit die Effizienz der Bedienung optimiert wird.

Wie werden diese Arten von Bewegungen vom Menschen gesteuert? Man unterscheidet *einfache* Bewegungen, die vorgeplant und automatisch durchgeführte werden von *komplexen* Bewegungen, die bei der Ausführung ständig überwacht und verändert werden müssen. Da bei den Letzteren eine ständige Kontrolle und Überwachung notwendig ist, bezeichnet man diese auch als »Closed-Loop-Kontrolle« im Gegensatz zu der »Open-Loop-Kontrolle«. Dabei ist mit *Closed-Loop*, also der geschlossenen Schleife, der Regelkreis gemeint, bei dem der Mensch etwas tut, dann beobachtet, ob er dabei das gewünschte Ziel erreicht hat, je nach Abweichung eine Korrektur durchführt und diesen Regelkreis so oft durchläuft, bis das Ziel tatsächlich erreicht ist. Bei *Open-Loop* muss die Bewegung nur angestoßen, aber nicht überwacht werden, weil die Vorausplanung so gut ist, dass eine Kontrolle nicht notwendig ist. Das Erreichen eines Lichtschalters und das Anschalten des Lichts steht dementsprechend eher unter einer Open-Loop-Kontrolle. Die ständige Ausregelung von Abweichungen beim Autofahren durch Lenkbewegungen ist ein Beispiel für eine Closed-Loop-Kontrolle.

Diese beiden Aspekte der Vorausplanung und ständigen Kontrolle finden sich auch im Fitts'schen Gesetz wieder. Die Konstante a entspricht der *Planungszeit* für die spezielle Art der Bewegung, also der Zeit, in der ein bestimmtes motorisches Programm (z. B. eine Mausbewegung) aufgerufen wird. Die Konstante b entspricht der *Anpassungszeit*, die für Änderungen benötigt wird. Je komplexer die Bewegung ist und je mehr sie damit überwacht und verändert werden muss, umso größer ist b, sodass bereits kleine Veränderungen des Abstands oder der

Größe des Ziels zu großen Veränderungen der Bewegungszeit führen. Insgesamt spielt aber bei der ersten Komponente der Bedienung, dem Erreichen der Bedienteile, vor allem die Open-Loop-Kontrolle die wesentliche Rolle.

Wenn es bei der zweiten Komponente der Bedienung, der *Ausführung von Bedienhandlungen*, nur um das einfache Auslösen einer Aktion geht, ist auch hier die Open-Loop-Kontrolle wesentlich. Das Drücken eines Knopfes oder das Klicken mit der Maus sind derartige einfache Bedienungen. Bei diesen Handlungen spielt die Optimierung der Bedienzeit kaum eine Rolle, da diese bereits extrem kurz sind. Wichtiger ist hier das bereits in der Einführung erwähnte Prinzip der Rückmeldung. Entsprechend der Open-Loop-Kontrolle wird der Nutzer nicht überwachen, ob der Klick richtig ausgeführt wird, aber er wird erwarten, dass der Klick zu einer bestimmten Konsequenz führt. Dies wird in **Kapitel 6.3** ausführlich dargestellt. Häufig wird aber das Bedienteil auch genutzt, um damit eine bestimmte Aktion zu steuern. Dabei handelt es sich in der Regel um eine Closed-Loop-Kontrolle, bei der der Nutzer den Erfolg seiner Tätigkeit ständig überwacht. Dies kann nur gut funktionieren, wenn er eine ständige Rückmeldung über die Konsequenzen seiner Bedienungen hat, da er nur dann Fehler oder Ungenauigkeiten schnell erkennen und korrigieren kann. Auch hier ist demnach die Rückmeldung wichtig. Sie sollte kontinuierlich und möglichst genau sein, um eine entsprechende Korrektur zu ermöglichen.

Erklärung

▶ Bei Bedienaufgaben ist von der motorischen Kontrolle her zu unterscheiden zwischen dem *Erreichen eines Bedienelements* und dem *Ausführen einer Bedienung* mit Hilfe dieses Elements. Der erste Aspekt ist vor allem dann wichtig, wenn bei einer Aufgabe verschiedene Bedienelemente genutzt werden. Das Fitt'sche Gesetz ermöglicht es für diese Art von Bedienung, typische Bedienzeiten vorherzusagen und damit zu optimieren. Beim zweiten Aspekt, der *Ausführung von Handlungen mit Hilfe eines Bedienelements* ist zwischen Open-Loop- und Closed-Loop-Kontrolle zu unterscheiden. Bei der Open-Loop-Kontrolle handelt es sich um automatische, gut gelernte Handlungen, die ohne kontinuierliche Überwachung ausgeführt werden. Diese erfordern in der Regel einfache Bedienelemente wie z. B. Knöpfe oder Schalter. Bei Aufgaben mit Closed-Loop-Kontrolle handelt es sich um kontrollierte Handlungen, bei denen eine schnelle und genaue Rückmeldung über den aktuellen Erfolg der Handlung wesentlich ist (z. B. Drehknöpfe oder Schieber). ◂◂

Das grundsätzliche Prinzip dieser kontinuierlichen Überwachung und Regelung lässt sich am Beispiel des *Tracking* gut darstellen. Bei dieser Art von Aufgaben muss der Nutzer bestimmte Veränderungen in der Umwelt nachverfolgen. Beim Autofahren muss der Fahrer zum Beispiel einer kurvigen Straße folgen und dabei möglichst in der Mitte des Fahrstreifens bleiben. Dabei erfordern zwei Arten von Änderungen eine Regelung durch den Fahrer. Einerseits können sich die Vorgaben ändern. Es taucht zum Beispiel eine Rechtskurve auf, sodass er erst allmählich, dann stärker nach rechts lenken muss. Andererseits gibt es Störungen, die die Position des Fahrzeugs verändern (z. B. durch Straßenunebenheiten), die korrigiert werden müssen. Der Fahrer wird daher ständig die Umwelt überwachen, wobei er einerseits auf den Straßenverlauf, andererseits auf die aktuelle Position auf dem Fahrstreifen achtet. Wenn er Abweichungen feststellt, wird er entsprechende Korrekturbewegungen mit dem Lenkrad einleiten und dann wiederum beobachten, ob dies den gewünschten Erfolg hatte. Dieser Ablauf lässt sich als Regelkreis darstellen (▸ **Abb. 6.2**).

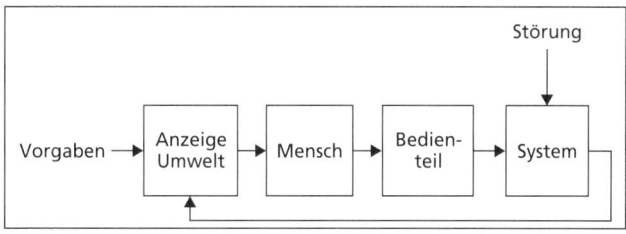

Abb. 6.2: Regelkreis beim Tracking als Beispiel für Closed-Loop-Kontrolle

Wie **Abbildung 6.2** zeigt, beobachtet der Mensch die Umwelt und Anzeigen, um damit einerseits veränderte Vorgaben (z. B. Kurven) zu bemerken, andererseits um auf durch Störungen ausgelöste Veränderungen des Systems zu reagieren. Er nutzt dann ein Bedienteil, um das System so zu beeinflussen, dass der Idealzustand wieder erreicht wird. Den Erfolg seines Eingriffs beobachtet er wiederum in der Umwelt oder über Anzeigen. Diese Schleife wird ständig durchlaufen, bis die Aufgabe beendet ist, der Fahrer im Beispiel also an seinem Ziel angelangt ist.

Je nachdem, wie der Fahrer die Informationen über Umwelt und System erhält, unterscheidet man zwei Arten von Tracking-Aufgaben:

Beim *Folgetracking* (engl. *pursuit tracking*) sieht der Nutzer sowohl das eigene System als auch die Veränderungen in der Umwelt, denen er sich anpassen muss.

Beim *kompensatorischen Tracking* (engl. *compensatory tracking*) sieht man zu jedem Zeitpunkt die aktuelle Abweichung von dem Idealzustand.

Beim Beispiel des Fahrers auf der kurvigen Straße handelt es sich um ein Folgetracking. Der Fahrer sieht die unterschiedlichen Kurven und die Position des Fahrzeugs auf der Spur. Er kann damit schon vorausschauend planen und durch entsprechende Lenkbewegungen dafür sorgen, dass das Fahrzeug gar nicht von der idealen Position in der Mitte des Fahrstreifens abweicht. Die Aufgabe enthält aber auch ein kompensatorisches Tracking, wenn z. B. durch Seitenwind plötzlich Abweichungen von der Idealspur entstehen. Der Fahrer erkennt diese Abweichung und lenkt dann dagegen. In diesem Fall kann er allerdings nicht vorausschauend handeln, sondern nur die Fehler, die plötzlich entstehen, kompensieren.

Damit unterscheidet sich auch die Regelung des Menschen je nach Aufgabentyp. Bei der ersten Aufgabe wird die Umwelt beobachtet, um frühzeitig Abweichungen vorauszusehen (zu antizipieren). Durch entsprechende Eingriffe kann man dann vermeiden, dass überhaupt Abweichungen vom Soll- oder

Idealwert entstehen. Beim kompensatorischen Tracking muss ständig beobachtet werden, ob eine Abweichung entsteht, und dann entsprechend gegengeregelt werden.

Bei diesen beiden Arten von Aufgaben ist damit zwangsläufig die Bedienung unterschiedlich, weil die entsprechenden Bewegungen unterschiedlich geplant werden – vorausschauend vs. kompensatorisch. Andere Stellteile oder Bedienelemente ergeben sich damit nicht unbedingt, aber man kann die Aufgaben durch unterschiedliche Arten von Displays unterstützen. Bei der Aufgabe, die Geschwindigkeit an die Geschwindigkeitsbegrenzungen anzupassen, kann man den Fahrer dadurch unterstützen, dass man ihm die aktuell gültige Geschwindigkeitsbegrenzung frühzeitig in einem Display anzeigt. Dann handelt es sich um ein Folgetracking, da die Veränderungen der Umwelt (Geschwindigkeitsbegrenzungen) und der Zustand des Systems (die aktuelle Geschwindigkeit des Fahrzeugs im Tacho) getrennt angezeigt werden. Man könnte aber auch ein Warnsystem entwickeln, das eine zu hohe Geschwindigkeit als Differenz in roter Farbe mit einem Warnton anzeigt. Dieses Beispiel zeigt, dass eine kompensatorische Rückmeldung durchaus Vorteile für den Nutzer haben kann, da hier Abweichungen vom Idealwert besser deutlich werden und die Handlungsaufforderung für den Nutzer besser ersichtlich ist als bei einer getrennten Darstellung von Ist- und Soll-Wert, die der Nutzer erst selbst bewerten und daraus eine Handlung ableiten muss.

Zusammenfassend wurden damit grundlegende Aspekte der motorischen Kontrolle bei der Mensch-Maschine-Interaktion dargestellt. Darauf aufbauend werden im nächsten Kapitel verschiedene Arten von Stellteilen dargestellt und im Hinblick auf diese verschiedenen Aspekte bewertet.

6.2 Anforderungen an Bedienelemente

Als Menschen benutzen wir ständig Werkzeuge, um uns das Leben zu erleichtern. Mit der Gabel befördert man das Essen zum Mund, mit dem Spaten bearbeitet man den Garten. Auch bei der Bedienung nutzen wir Geräte, aber hier liegt der Unterschied: Man bedient Systeme, die dann ihrerseits in Aktion treten. Wie bereits beschrieben, kann man entweder Aktionen von Systemen auslösen (auf Knopfdruck Kaffee kochen) oder mit Hilfe von Systemen handeln (mit dem Auto fahren, den Rasen mähen, mit dem Computer einen Text schreiben). Auf welche Art werden diese Systeme bedient und wie beeinflusst dies die Gestaltung der Bedienelemente?

Man kann für die Bedienung zunächst unterschiedliche Teile des Körpers nutzen. Die Bedienung mit Finger und Hand ist sicherlich die häufigste Art der Bedienung, gefolgt von der Fußbedienung. Mit den Füßen drückt oder schiebt man Bedienelemente. Mit den Händen und Fingern sind wesentlich flexiblere Arten der Bedienung üblich. Hier werden *translatorische Bewegungen* wie Ziehen, Schieben oder Drücken unterschieden von *rotatorischen Bewegungen* wie Schwenken und Drehen. Beide sind prinzipiell geeignet für analoge und digitale Einstellungen. Bei digitalen Einstellungen sind nur bestimmte Zustände möglich, z. B. bei einem Lichtschalter »Ein« oder »Aus«, bei einem Bedienhebel der Automatikschaltung »Parken«, »Rückwärts fahren«, »Leerlauf« und »Fahren«. Bei analogen Einstellungen kann fein dosiert werden, z. B. beim Wasserhahn oder dem Dampfknopf einer Kaffeemaschine.

Je nach Bedienaufgabe sind unterschiedliche *Bedienelemente* sinnvoll. Wenn nur wenige, abgrenzbare Zustände erreicht werden sollen, bieten sich digitale Bedienelemente an, die meist translatorisch zu bedienen sind. Bei einem Zustand (»Tür öffnen«) erscheint ein Knopf sinnvoll, bei zwei Zuständen ein Schalter (»Licht ein oder aus«). Wenige Zustände können linear angeordnet sein und sind damit translatorisch zu bedienen. Dies bietet sich auch dann an, wenn die Zustände in eine Ordnung zu bringen sind und diese dann entsprechend aufsteigend oder absteigend als Stufen angeordnet werden können (z. B. drei Geschwindigkeitsstufen einer Maschine). Bei einer größeren Menge von Zuständen werden gerne rotatorische Elemente wie Drehsteller verwendet, da dann die Zustände um den Drehsteller herum angeordnet werden können. Man kann mit Drehstellern auch Menüs bedienen, wobei man die Möglichkeit ausnutzt, immer weiter zu drehen und damit beliebig lange Menülisten durchzugehen.

Merke
▶ Die häufigsten Bedienelemente sind für Hände und Finger zu finden, gefolgt von Bein und Fuß. Man unterscheidet *translatorische* (z. B. schieben, drücken) und *rotatorische* (z. B. drehen) Bewegungen. Bei *analogen* Bedienungen sind feine, stufenlose Auswahlen möglich, während bei *digitalen* Bedienungen nur bestimmte Zustände erreicht werden können. ◀◀

Je nach Aufgabe ergeben sich weitere Anforderungen an die Stellteile. Wenn größere Kräfte aufgebracht werden sollen, sind wegen der größeren Stärke die Beine und Füße besser geeignet als die Hände. Manchmal ist die Auswahl aber auch historisch entstanden. So braucht man für das Bremsen in Zeiten von Bremskraftverstärkern und elektronischen Bremsen heutzutage keine große Kraft mehr, bleibt aber dennoch bei Fußbremsen in Fahrzeugen. Und auch wenn man für das Gas geben noch nie viel Kraft brauchte, machte es doch Sinn, das Gaspedal in die Nähe der Bremse zu legen, um so einen schnellen Wechsel zwischen den beiden Bedienelementen (Fitts'sches Gesetz) zu ermöglichen.

In anderen Situationen sind besonders feine, genaue Einstellungen notwendig. Hier eignen sich die Hände und Finger besonders gut. Ein Beispiel ist die Bedienung des Computers mit der Maus, die sowohl einen schnellen Wechsel zwischen verschiedenen Elementen des Bildschirms ermöglicht als auch die feine Auswahl, z. B. beim Zeichnen von grafischen Elementen. Diese Überlegenheit der Maus gegenüber anderen Arten der Computerbedienung konnte auch beim Vergleich verschiedener Stellteile und der Modellierung über das Fitts'sche

Gesetz bestätigt werden (Card, English & Burr, 1978; Wright & Lee, 2013).

Bei diesem Beispiel wurde bereits ein weiterer wichtiger Aspekt genannt. In bestimmten Situationen ist es wichtig, möglichst schnell Eingaben vorzunehmen. Dazu gehört zunächst die optimale Anordnung der dabei benötigten Bedienelemente, was bereits oben bei dem Fitts'schen Gesetz diskutiert worden war. Hinzu kommt die Bedienung selbst. Die *Computertastatur* ist hier ein Beispiel, bei dem die Elemente (Buchstaben) nah beieinander liegen, sodass sie vom geübten Zehn-Finger-Schreiber schnell betätigt werden können. Außerdem sind die einzelnen Tasten so gestaltet, dass sie mit geringem Krafteinsatz schnell gedrückt werden können. Allerdings ist die typische deutsche Tastatur nicht völlig optimiert. Sinnvoll wäre es nach dem Fitts'schen Gesetz, wenn häufig verwendete Buchstaben direkt nebeneinander liegen würden, um so die Bewegungszeiten zu minimieren. Entsprechende Tastaturen wurden für verschiedene Sprachen entwickelt, haben sich aber nicht durchgesetzt – ein weiteres Beispiel für historisch gewachsene Bedienelemente. Und wenn Nutzer einmal an bestimmte Anordnungen gewöhnt sind, können sie damit auch sehr effektiv umgehen (s. Beispiel Zifferneingaben).

Beispiel
▶ In bestimmten Berufen ist es sehr häufig notwendig, mit der Tastatur des Computers Zahlen einzugeben. Im Alltag gibt jeder Nutzer eines Telefons häufig Nummern ein. Ist Ihnen schon aufgefallen, dass die Zahlen auf dem Handy anders angeordnet sind als auf der Tastatur eines PCs (▶ **Abb. 6.3**)? Welche der Anordnungen ist eigentlich besser geeignet, um Zahlen einzugeben? Dieser Frage gingen Armand et al. (2014) in einer Studie nach. Dort mussten 10-stellige Zahlen entweder über eine PC-Tastatur oder mit der Anordnung wie auf dem Telefon eingegeben werden (▶ **Abb. 6.3**).

6.2 Anforderungen an Bedienelemente

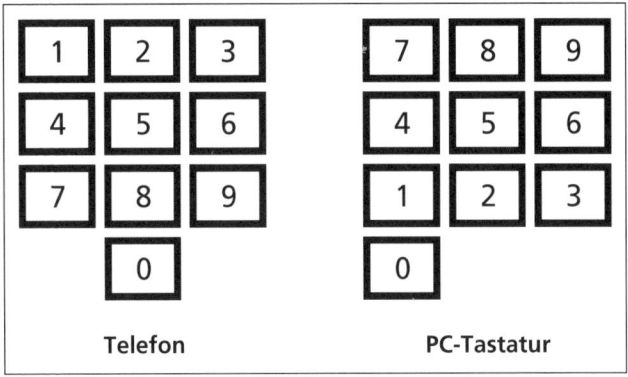

Abb. 6.3: Anordnungen der Ziffern auf dem Telefon und einer PC-Tastatur

Die Zahlen waren außerdem im Zahlenformat dargestellt (1,234,567,890) oder als Telefonnummer ((123) 456-7890). Gemessen wurden die Eingabezeiten. Wie **Abbildung 6.4** zeigt,

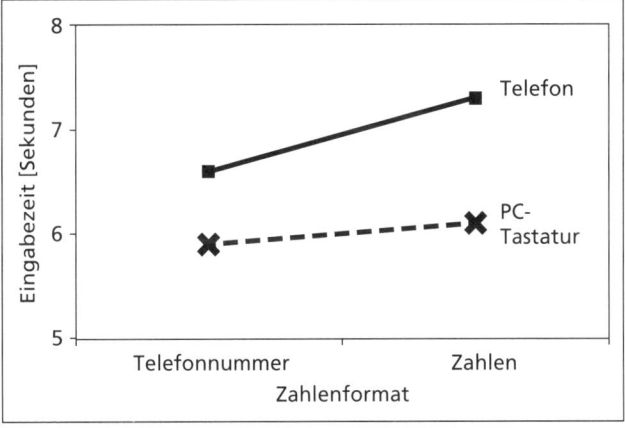

Abb. 6.4: Eingabezeiten für die verschiedenen Bedingungen (Telefontastatur vs. PC-Tastatur; Eingabe von gruppierten Telefonnummern vs. Zahlenreihen). Dargestellt sind die Mittelwerte der Reaktionszeiten (nach Armand et al., 2013).

geht die Eingabe mit der PC-Tastatur deutlich schneller. Außerdem können Zahlen im Telefonnummernformat schneller eingegeben werden. Besonders langsam ist die Eingabe umgekehrt dann, wenn Zahlen im Zahlenformat mit der Telefontastatur eingegeben werden müssen.

Für dieses Ergebnis spielt wohl die Erfahrung eine wesentliche Rolle. Die Nutzer sind an die Anordnung der Zahlen auf der Tastatur gewöhnt, sodass sie hier schnellere Eingaben tätigen können. Allerdings sind sie bei Telefonnummern eher darin geübt, diese über die Telefontastatur einzugeben, sodass dies mit der Tastaturanordnung langsamer geht. Es wäre sicherlich interessant, diese Untersuchung zu wiederholen und dabei beide Arten von Anordnungen auf einer Telefontastatur zu realisieren. Dann müssten sich die Ergebnisse eigentlich umkehren, wenn die Überlegung stimmt, dass die Übung hier ein wesentlicher Faktor ist. ◄◄

Häufig ist es außerdem vorteilhaft, wenn die Bedienung ohne visuelle Kontrolle erfolgen kann. Der geübte Maschinenschreiber schaut nicht auf seine Finger, sondern kann blind nach Diktat schreiben oder den Text auf dem Bildschirm verfolgen. Im Fahrzeug ist es sinnvoll, möglichst wenig auf die Bedienelemente zu blicken, damit die Konzentration weiterhin auf der Straße und Umwelt liegen kann. Deshalb sind Stellteile mit haptischen Rückmeldungen wie z. B. Schalter, die in bestimmten Stellungen einrasten, hier besonders gut geeignet.

Ein wichtiger Anwendungsfall ist die Bedienung von Computern. Mit der Entwicklung von *Touchscreens* findet aktuell der Wechsel von indirekten Eingaben mit Tastatur und Maus zu direkten Eingaben mit Hilfe der Finger auf dem Bildschirm statt. Der aus ingenieurpsychologischer Sicht zentrale Vorteil der direkten Eingabe ist die unmittelbare Kopplung von Handlung und Aktion – man berührt einfach das Element auf dem Bildschirm, das man bedienen möchte, genauso, wie man es aus der realen Welt gewohnt ist, wenn man dort etwas manipulieren möchte. Gerade für Computereinsteiger ist es am Anfang sehr schwer, mit Hilfe der Maus Elemente auf dem Bildschirm auszuwählen und dann über unterschiedliche Klicktechniken verschiedene Aktionen auszulösen. Das ist bei der direkten Bedienung wesentlich einfacher, da man sich hier an den gut gelernten Interaktionen mit der physikalischen Umwelt orientiert. Die Bedienung ist schnell und außerdem platzsparend, da keine Tastatur und keine Maus benötigt werden.

Nachteile der direkten Bedienung sind die Ungenauigkeit, die durch die Dicke der Finger bedingt ist, außerdem die Verschmutzung des Bildschirms und die teilweise Verdeckung des Bildschirms durch Arm und Hand. Hinzu kommt die fehlende Rückmeldung: Man spürt nicht das Nachgeben einer Taste oder andere Bewegungen des Bedienelements. Teilweise wird versucht, dies über Vibrationen oder akustische Rückmeldungen zu kompensieren. Wenn die Berührung allerdings zu einer Aktion führt (z. B. das Öffnen eines Programms), hat man auf diese Weise eine Rückmeldung der Bedienung. Diese erfordert jedoch visuelle Kontrolle. Das führt dazu, dass zum Beispiel das Schreiben von Texten mit dem Touchscreen deutlich schwieriger ist als mit einer externen Tastatur, bei der die einzelnen Tasten zu fühlen sind und so blind geschrieben werden kann. Diese Nachteile sind aber aufgabenabhängig: Nur bei bestimmten Aufgaben werden präzise, feine Eingaben benötigt. Eine blinde Bedienung ohne visuelle Kontrolle ist nicht immer notwendig. Von da her sind gerade Tablets, die relativ viel Platz bieten und dadurch weniger präzise Eingaben erfordern, ein sehr gutes Eingabemedium für direkte Bedienungen eines Computers. Dies wurde von der Industrie erkannt, sodass neue Betriebssysteme die direkte Bedienung durch die Einführung von großflächigen Bedienelementen noch weiter fördern.

Merke
▶ Wesentliche *Anforderungen für Stellteile* ergeben sich aus den Aufgaben, die damit bewältigt werden sollen. Wichtig sind folgende Aspekte:

- Die Kraft, die übertragen werden soll
- Die Genauigkeit oder Feineinstellung
- Die Schnelligkeit der Bedienung

- Die visuelle Kontrolle
- Die Rückmeldung der Bedienung ◂◂

Bei den meisten der bislang dargestellten Bedienelemente stehen digitale Eingaben und die Auslösung von bestimmten Aktionen (Open-Loop-Kontrolle) im Vordergrund. Dies ist sicherlich ein wichtiges Anwendungsgebiet, wie in **Kapitel 6.1** gezeigt wurde. Für kontinuierliche Bedienaufgaben mit Closed-Loop-Kontrolle werden je nach Anwendungskontext unterschiedliche Bedienelemente entwickelt. Im Fahrzeug sind dies im privaten Kontext (Pkw) das Lenkrad, das Gaspedal und die Bremse. Bei Flugzeugen, mobilen Arbeitsmaschinen oder z. B. der Fernsteuerung von Operationswerkzeugen spielt dagegen der Joystick eine wesentlich größere Rolle, da dieser Bedienmöglichkeiten in verschiedenen Dimensionen bietet. Auch für das Auto wäre ein Joystick prinzipiell wahrscheinlich das bessere Bedienelement, da man damit Geschwindigkeit und Position auf der Fahrbahn mit einem Stellteil regulieren könnte (s. Beispiel). Der Joystick ist gut geeignet, um analoge, feine Einstellungen in mehrere Richtungen vorzunehmen.

Eine sehr interessante Option ist die Verwendung *aktiver Stellteile*. Damit ist gemeint, dass die Stellteile Rückmeldungen an den Nutzer geben können. Ein Lenkrad könnte Widerstand leisten, wenn der Fahrer die Spur wechseln will, obwohl ein Fahrzeug neben ihm fährt. Ein Joystick im Flugzeug könnte den Hebel nach hinten drücken, um so dem Piloten klar zu machen, dass er steigen sollte. Damit ergibt sich eine ganz neue Dimension der Mensch-Maschine-Interaktion, bei der die Maschine Informationen nicht über Displays vermittelt, sondern direkt dort, wo die Handlung stattfindet. Der Nutzer muss nicht die visuellen Informationen wahrnehmen, verstehen und daraus die Konsequenzen ableiten, sondern erfährt direkt, dass seine Handlung »auf Widerstand stößt«. Erste Untersuchungen zeigen ein hohes Potenzial entsprechender Ansätze (s. Beispiel).

Beispiel

▶ Die Arbeitsgruppe von Frank Flemisch verwendete einen aktiven Joystick, um damit die Interaktion zwischen Fahrer und

Fahrzeug einmal ganz anders zu gestalten (Flemisch, Schomerus, Kelsch & Schmuntzsch, 2005). Der Ansatz ging von einem hoch automatisierten Fahrzeug aus, das in vielen Situationen selbst fahren könnte. Man möchte den Fahrer aber nicht völlig aus der Fahraufgabe nehmen, damit er einerseits noch eingreifen kann, wenn die Automation nicht mehr gut funktioniert, andererseits die Fahraufgabe selbst nicht zu langweilig für den Fahrer wird. Um diese Art von System besser verständlich zu gestalten, wurde die »H-Metapher«, die »Horse-Metapher« oder »Pferde-Metapher« entwickelt. Man soll sich das Fahrzeug wie ein Pferd vorstellen, das sich selbst sicher in der Umwelt bewegen kann. Der Reiter (Fahrer) gibt den Weg vor, und das Pferd bewegt sich dort. Der Reiter kann eingreifen, das Pferd z. B. antreiben oder korrigieren. Er kann das Pferd aber auch laufen lassen und sich entspannen. Dies ist möglich, weil er ständig in Kontakt mit dem Pferd ist und spürt, wie das Pferd auf seine Kommandos reagiert. Diese Rückmeldung wurde in dem Ansatz der Arbeitsgruppe mit Hilfe eines aktiven Joysticks realisiert. Der Fahrer kann damit dem Fahrzeug (Pferd) mitteilen, wie schnell und wo es fahren soll. Das Fahrzeug kann durch Widerstände oder aktive Bewegungen des Joysticks den »eigenen Willen« mitteilen. Auf diese Weise kann eine sehr direkte, gut verständliche Interaktion zwischen dem hochautomatisierten Fahrzeug und dem Fahrer erreicht werden. ◄◄

6.3 Gestaltungsprinzipien

Das vorige Kapitel machte deutlich, dass verschiedene Bedienelemente je nach Anforderung der Bedienaufgabe unterschiedlich gut geeignet sein können. Daraus folgt, dass bei der Gestaltung von Bedienelementen eine Aufgabenanalyse der notwendige erste Schritt ist. Dabei sind die in **Kapitel 3** dargestellten Aspekte zu berücksichtigen: Wer soll das System bedienen? Unter welchen Umständen? Welche Aktionen sollen damit ausgelöst werden? In welcher Reihenfolge, in welcher Häufigkeit? Je nach Aufgabe können dann die dafür optimalen

Bedienelemente und ihre Anordnung gewählt werden. Dies muss dann mit Hilfe von Nutzertest überprüft werden, wobei die verschiedenen Aspekte der Usability wichtige Bewertungskriterien sind. Hier sind je nach Bedienaufgabe individuelle Lösungen zu suchen, sodass eine weitere Beschreibung über die Methoden hinaus (▶ **Kap. 3**) nicht sinnvoll erscheint.

Unabhängig von der speziellen Aufgabe ist es aber hilfreich, bestimmte allgemeine Prinzipien zu beachten, um die Bedienung besser und angenehmer zu gestalten.

Das erste Prinzip, die *Rückmeldung*, war bereits in **Kapitel 6.1** bei den Grundlagen genannt worden. Da mit der Bedienung bestimmte Ziele erreicht werden sollen und Menschen ständig den Erfolg ihrer Aktionen überwachen, muss eine Bedienung zu unmittelbaren, für den Nutzer merkbaren und verständlichen Konsequenzen führen. Jede Verzögerung führt dazu, dass der Nutzer entweder seine Bedienung wiederholt oder diese korrigiert. Selbst wenn der Nutzer sich mit der Zeit an die Verzögerungen gewöhnt, wird dies als unangenehm und lästig erlebt. Die *Rückmeldung* kann direkt an den Stellteilen erfolgen, sodass Aktion und haptische Rückmeldung eng gekoppelt sind. Ein Knopf oder Schalter gibt nach und rastet ein – diese Art von Reaktion entspricht genau dem, was Menschen bei ihren Handlungen gewohnt sind. Bereits eine visuelle Rückmeldung am Stellteil ist problematisch, da gerade bei einfachen Stellteilen das Erreichen dieser Teile häufig nicht visuell kontrolliert werden muss. Wenn ein Knopf zur Türöffnung also nicht nachgibt, sondern gelb blinkt, ist dies als Rückmeldung nicht so effektiv wie ein Nachgeben des Knopfs. Gleiches gilt für akustische Rückmeldungen, wobei diese allerdings den Vorteil haben, auch ohne bewusste Aufmerksamkeitszuwendung wahrgenommen zu werden.

Fast noch wichtiger ist die Rückmeldung bei der Kontrolle von Aktionen mit Hilfe von Systemen. Die Bedienelemente werden dabei betätigt und lösen Aktionen des Systems in der Umwelt aus, was vom Nutzer wahrgenommen werden muss, damit dieser die Effektivität seiner Kontrolle überprüfen kann. Hier werden motorische Aktionen ausgeführt, die meist visuell kontrolliert werden. Die Bedienung des Computers mit Hilfe

6.3 Gestaltungsprinzipien

der Maus macht dies deutlich. Man bewegt die Maus auf der Tischplatte und beobachtet, wie sich der Cursor auf dem Bildschirm bewegt. Neue Nutzer müssen erst erlernen, wie die Bewegungen der Maus in Bewegungen auf dem Bildschirm transformiert werden. Diese Schwierigkeiten kann man selbst erfahren, wenn man die Empfindlichkeit der Maus verändert. Hier ist die Umsetzung von Bewegungen in Aktionen besonders wichtig, bietet aber auch sehr gute Möglichkeiten. Wenn sehr präzise, feine Aktionen notwendig sind, kann die Übertragungsfunktion so gewählt werden, dass dazu große, weite Bewegungen notwendig sind, um so die Präzision zu verbessern. Dies wird zum Beispiel in der Chirurgie genutzt. Die Rückmeldung kann weiter erleichtert werden, wenn man aktive Stellteile verwendet, die dann zusätzliche Informationen direkt am Bedienelement geben. Man könnte sich zum Beispiel eine aktive Maus vorstellen, die dem Nutzer beim Klicken Widerstand bietet, wenn »gefährliche« Aktionen wie das Löschen eines Objekts durchgeführt werden. Man würde damit vermeiden, dass Warnmeldungen ausgegeben werden müssen, die der Nutzer erst verstehen und quittieren muss.

Das Beispiel der Warnmeldungen führt zu einem zweiten zentralen Prinzip der Gestaltung von Bedienung, der *Intuitivität*. Der Nutzer muss möglichst gut verstehen, was er überhaupt tun muss, um eine Aktion auszulösen. Bei bestimmten Bedienelementen weiß man, was man damit tun kann. Ein Knopf will gedrückt werden, ebenso ein Schalter. Ein Schieberegler kann nach oben oder unten bewegt werden. In der Psychologie wird dies als »*Aufforderungscharakter*« (engl. *affordance*) bezeichnet. Dieses scheinbar einfache Prinzip wird auch bei simplen Bedienelementen häufig verletzt. Denken Sie zurück an das Bedienelement des Herds in **Kapitel 1** (▶ **Abb. 1.1**). Was musste man hier tun, um die Herdplatte einzuschalten? Drehen? Drücken? Muss man bei einer Tür ziehen oder drücken, um sie zu öffnen? Ideal wäre es, den Griff wie bei der Tür in **Abbildung 6.5** so zu gestalten, dass man unmittelbar weiß, was man tun muss.

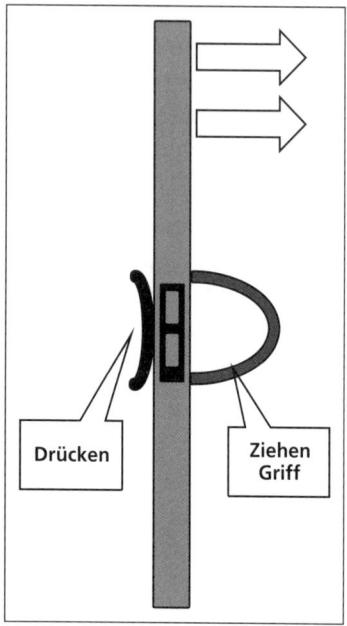

Abb. 6.5: Beispiel zweier unterschiedlicher Griffe an einer Tür – von links muss man drücken, von rechts ziehen. Die Form der Griffe legt bereits nahe, was zu tun ist (Aufforderungscharakter).

Dies gilt insbesondere dann, wenn es nicht nur darum geht, überhaupt eine Aktion auszulösen, sondern eine ganz bestimmte Aktion. Welcher Knopf erzeugt Espresso, welcher Latte Macchiato? Könnte man den Knopf so gestalten, dass man das unmittelbar sieht? Eine Möglichkeit wäre ein kleiner schwarzer Knopf für Espresso und ein größerer, der braun/weiß gefärbt ist, für Latte Macchiato. Der meist verwendete Ausweg ist die Verwendung von Symbolen oder Labels. Man erklärt mit Hilfe von Bildern oder Texten, was mit den entsprechenden Bedienelementen erreicht werden kann. Allerdings müssen Symbole auch verstanden werden, sodass man hier das Problem nur verlagert (was bedeutet dieses Symbol?). Gleiches gilt für Texte, die gelesen und für Labels, die verständlich formuliert werden müssen. Mit diesen Maßnahmen will man eine intuitive Bedienung ermöglichen.

Bei diesem Punkt spielt das *Lernen* eine zentrale Rolle. Im Laufe der menschlichen Entwicklung lernt man, wie man mit Objekten der Umwelt umgeht. Je mehr ein Bedienelement gut gelernten Objekten in der Umwelt ähnelt, umso einfacher ist dies für einen Nutzer zu verstehen. Deshalb werden Metaphern gerne verwendet, um die Nutzung zu vereinfachen. Der Computer wurde mit der Einführung der *Desktop-Metapher* für die breite Bevölkerung einfach verwendbar: »Stelle dir den Computer vor wie einen Schreibtisch, auf dem Dokumente und Ordner liegen und nutze die Maus statt der Hand, um diese anzufassen, aufzumachen usw.« Bei Computern mit Touchscreen wurde das »Auseinanderziehen« als Bediengeste eingeführt: »So wie man ein Tuch spreizt, einen Luftballon dehnt, so bediene auch eine Karte und vergrößere sie damit.« Man sieht zwar hier nicht unmittelbar auf dem Bildschirm, dass man auf diese Weise bedienen kann, aber wenn man dies weiß, ist diese Art von Geste sofort verständlich, da sie sich an gut gelernte Aktionen anlehnt.

Aus den Darstellungen zur Usability in **Kapitel 3** folgen zwei weitere Prinzipien für die Gestaltung von Bedienelementen. Man sollte damit effektiv und effizient handeln können. Die *Effektivität* bedeutet im Hinblick auf Bedienelemente, dass man überhaupt erkennt, auf welche Weise man bestimmte Aktionen ausführt. Dies hängt eng mit der gerade beschriebenen Intuitivität zusammen. Fast trivial erscheint, dass auch tatsächlich für Aktionen, die der Nutzer ausführen möchte, Bedienelemente vorhanden sein müssen. Nicht so trivial ist dies in komplexen Systemen, in denen es darum geht, die entsprechenden Bedienelemente zu finden. Dies lässt sich sehr einfach am Beispiel moderner Textverarbeitungssysteme verdeutlichen – unter welchem Menü findet man z. B. die Funktion zum Erstellen eines Inhaltsverzeichnisses?

Die *Effizienz* war bereits im Zusammenhang mit dem Gesetz von Fitts und bei der Darstellung verschiedener Bedienelemente erwähnt worden. Wie kann man möglichst schnell und sicher bestimmte Aktionen auslösen? Wie kann man zusammen mit dem System bestimmte Handlungen schnell und genau kontrollieren? Die Optimierung der Anordnung von Bedienelementen, aber auch die Gestaltung der Stellteile spielt hier eine wesentliche Rolle. Wenn man mit der Maus auf dem Bildschirm immer wieder zwischen verschiedenen Elementen wechseln will, würde es Sinn machen, eine hohe Übersetzung zu wählen, sodass kleine Bewegungen der Maus zu großen Veränderungen der Cursorposition führen. Will man dagegen Grafiken zeichnen oder kleine Elemente auswählen, wäre eine kleine Übersetzung sinnvoller. Auch in Hinblick auf dieses Prinzip ist demnach eine Aufgabenanalyse wesentlich, um die der Aufgabe am besten angemessenen Bedienelemente zu wählen und zu gestalten.

Das letzte Kriterium der Usability ist die *Fehlervermeidung*. Elemente sollten so gestaltet werden, dass nicht die falschen Bedienelemente verwendet werden. Dies hängt eng mit der Intuitivität zusammen. Bei komplexen Bedientafeln kann es weiter sinnvoll sein, die Elemente nicht nur nach der schnellen Erreichbarkeit anzuordnen, sondern auch inhaltliche Aspekte zu berücksichtigen, also Elemente, die z. B. zu einem Subsystem gehören, auch benachbart anzuordnen. Schließlich sollte bei Aktionen, die harte oder gefährliche Konsequenzen nach sich ziehen, eine zufällige oder versehentliche Aktivierung erschwert werden. Bei dieser Art von Elementen kann es auch sinnvoll sein, bewusst keine effiziente oder effektive Bedienung zu ermöglichen, sondern eine bewusste Suche und Auswahl zu verlangen. Auch Nutzerdialoge mit Nachfragen (»Möchten Sie wirklich die Festplatte löschen?«) können hier sinnvoll sein.

Das Kapitel hatte mit der Aufforderung begonnen, zu Beginn der Gestaltung von Bedienelementen eine Aufgabenanalyse durchzuführen, um damit die Anforderungen an Bedienelemente abzuleiten. Die hier beschriebenen Gestaltungsprinzipien geben Leitlinien, die bei der Gestaltung hilfreich sein können, um der Aufgabe möglichst angemessene Bedienelemente zu finden. Nutzertests mit Prototypen in verschiedenen Stadien der Entwicklung sind notwendig, um sicherzustellen, dass die Überlegungen der Entwickler tatsächlich auch von den Nutzern richtig verstanden und akzeptiert werden. Die Orientierung an den Grundprinzipien sollte diesen Prozess beschleunigen und verbessern, kann aber Nutzertests nicht ersetzen.

Merke
▶ Folgende wesentliche Grundprinzipien leiten die Entwicklung von Bedienteilen:

1. *Rückmeldung der Aktion:* Jede Bedienhandlung des Nutzers muss zu möglichst unmittelbaren und verständlichen Konsequenzen führen. Direkte haptische Rückmeldungen sind besser als akustische Rückmeldungen, die wiederum besser als visuelle sind.
2. *Angemessene Übertragungsfunktion:* Wenn unterstützt durch ein System bestimmte Aufgaben gelöst werden, muss die Übertragung der Bewegung in Aktionen den Anforderungen der Aufgabe entsprechen.
3. *Intuitive Bedienung – Aufforderungscharakter:* Der Nutzer muss möglichst unmittelbar wissen, was er wie zu bedienen hat, um eine bestimmte Aktion auszulösen. Aufwändige Lernprozesse sind zu vermeiden.
4. *Effektive Bedienelemente:* Für alle gewünschten Aktionen müssen Bedienelemente vorhanden und einfach als solche zu finden bzw. zu erkennen sein.
5. *Effiziente Bedienung:* Müssen verschiedene Bedienelemente immer wieder betätigt werden, müssen deren Anordnung und Abstand im Hinblick auf die Geschwindigkeit optimiert werden.
6. *Fehlervermeidung:* Bedienelemente müssen so gestaltet und angeordnet sein, dass Fehler möglichst vermieden werden. ◂◂

6.4 Zusammenfassung

Nutzer bedienen Systeme, um damit bestimmte Aktionen auszulösen oder diese mit Hilfe von Systemen zu steuern und zu kontrollieren. Für diese beiden Arten der Bedienung waren zunächst die psychologischen Grundlagen dargestellt worden. Es geht darum, verschiedene Bedienelemente möglichst schnell und treffsicher zu erreichen. In diesem Kontext ist das Fitts'sche

Gesetz besonders relevant, das die Abhängigkeit der Bewegungszeit von dem zurückzulegenden Weg und der Größe der Bedienelemente beschreibt. Neben einfachen Bewegungen, die vom Nutzer angestoßen werden und weitgehend automatisch durchgeführt werden (Open-Loop-Kontrolle), war für die Kontrolle von Aktionen mit Systemen die kontinuierliche Bewegungssteuerung mit Rückmeldung (Closed-Loop-Kontrolle) dargestellt worden. Die Prinzipien dieser Kontrolle lassen sich am Beispiel von Tracking-Aufgaben gut verstehen. Diese grundlegende Beschreibung machte deutlich, dass je nach Anforderungen der Bedienaufgabe ganz unterschiedliche Bedienelemente sinnvoll sind.

Der zweite Teil des Kapitels gab einen Überblick über grundlegende Arten von Bedienelementen und wesentlichen Anforderungen, die für die Auswahl wichtig sind. Für die einfache Auslösung von Aktionen war die Unterscheidung zwischen analogen und digitalen Zuständen wichtig. Für die Kontrolle von Aktionen mit Hilfe von Systemen waren wichtige Aspekte das Ausmaß der aufzubringenden Kräfte, die Genauigkeit, die Schnelligkeit und die notwendige visuelle Kontrolle. Die Rückmeldung der Nutzeraktionen ist wiederum ein ganz zentraler Punkt bei allen Arten von Bedienungen.

Die Beispiele der direkten Eingabe mit Hilfe eines Touchscreens oder die Bedienung mit einem aktiven Joystick zeigten, dass die Entwicklung alternativer Bedienelemente ganz neue Möglichkeiten der Mensch-Maschine-Interaktion erschließt. In **Kapitel 5.3** war kurz die sprachliche Mensch-Maschine-Interaktion dargestellt worden, bei der sozialpsychologische Phänomene in die Interaktion integriert werden. Die Erkennung von Gesten und Körperbewegungen wäre eine weitere Möglichkeit. In Spielekonsolen sind Körperbewegungen die Eingabemöglichkeit für Sportspiele. Dies könnte auch für den Arbeitskontext eine interessante Möglichkeit der Mensch-Maschine-Interaktion darstellen. Erste Ansätze sieht man bei der Konstruktion von Maschinen, an denen Nutzer in einer 3D-Simulation z. B. eine Maschine über Gesten zusammenfügen oder untersuchen können. Selbst die Überlegung, direkt die Hirnaktivität zu erfassen, um damit Systeme zu steuern, ist keine

Science-Fiction mehr. Inzwischen ist die Sensorik zur Erfassung der Hirnaktivität so weit entwickelt, dass gelähmte Personen mit Hirnwellen Werkzeuge steuern können. Auch hirngesteuerte Fahrten im Auto sind zumindest auf dem Testgelände schon möglich. Damit ergeben sich in Zukunft ganz neue Herausforderungen für Ingenieurpsychologen bei der Gestaltung von Bedienelementen.

Kapitel 6.3 hatte Grundprinzipien für die Gestaltung von Bedienelementen beschrieben. Ganz zentral ist die Rückmeldung – sowohl bei einfachem Auslösen von Aktionen als auch bei der kontinuierlichen Kontrolle mit Hilfe von Systemen. Ideal wäre es, Bedienelemente so zu gestalten, dass Nutzer sofort wissen, was sie dabei zu tun haben. Eine unmittelbar verständliche, einfache, effektive und effiziente Bedienung, die Fehler möglichst vermeidet und gegenüber unvermeidlichen Fehlern tolerant ist – so wäre die Idealvorstellung einer guten Bedienung. In diesem Kapitel wurden wesentliche Grundlagen dargestellt, wie dies zu erreichen ist.

Fragen zur Selbstüberprüfung

1. Warum ist Rückmeldung so ein wichtiges Prinzip für die Gestaltung von Bedienelementen?
2. Welche zwei Arten von Bedienungen unterscheidet man und welche Fragen ergeben sich hieraus für den Entwickler?
3. Was sagt das Gesetz von Fitts aus? Beschreiben Sie dies an einem Beispiel. Welche Konsequenz hat dies für die Anordnung von Elementen auf einem Bildschirmarbeitsplatz?
4. Was unterscheidet Closed-Loop- von Open-Loop-Kontrolle? Beschreiben Sie dies an einem Beispiel.
5. Was ist Tracking? Welche beiden Arten werden hier unterschieden? Welche Informationen erhält jeweils der Nutzer?
6. Zeichnen Sie den Regelkreis bei einer Open-Loop-Kontrolle für ein Beispiel auf und erklären Sie die einzelnen Elemente.

7. Was sind translatorische und rotatorische Bewegungen? Für welche Arten von Bedienung sind diese sinnvoll?
8. Wann sind analoge, wann digitale Bedienelemente sinnvoll?
9. Beschreiben Sie Vor- und Nachteile von direkter und indirekter Bedienung im Vergleich.
10. Welche fünf Aspekte müssen berücksichtigt werden, wenn es um Anforderungen an Bedienelemente geht?
11. Welche Rolle spielen folgende Gestaltungsprinzipien für Bedienelemente? Erläutern Sie dies jeweils an einem Beispiel:
    a) Rückmeldung der Aktion
    b) Angemessene Übertragungsfunktion
    c) Intuitive Bedienung
    d) Effektivität
    e) Effizienz
    f) Fehlervermeidung

6.5 Literaturempfehlungen

Hommel, B. & Nattkemper, D. (2011). *Handlungspsychologie. Planung und Kontrolle intentionalen Handelns.* Heidelberg: Springer.
Jeannerod, M. (2006). *Motor Cognition: What Actions Tell the Self.* Oxford: Oxford University Press.
Norman, D. (2014). *The Design of Everyday Things.* New York: Basic Books.
Norman, D. (2007). *The Design of Future Things.* New York: Basic Books.
Schmidt, R. A. & Lee, T. D. (2014). *Motor Learning and Performance: From Principles to Application.* Champaign: Human Kinetics.

7 Mensch-Computer-Interaktion

Inhalt
Das Kapitel vermittelt einen Überblick darüber, inwiefern die Mensch-Computer-Interaktion sich von der Mensch-Maschine-Interaktion allgemein unterscheidet. Es wird zunächst ein Verständnis der wesentlichen Elemente der Mensch-Computer-Interaktion vermittelt und der Begriff des »Dialogs« eingeführt, mit dem sich dies gut beschreiben lässt. Die Aufgabe des Ingenieurpsychologen liegt in der Unterstützung eines guten Dialogdesigns, mit dem der Nutzer den Computer gut und angenehm bedienen kann. Entsprechend wird Wissen über Grundsätze und Regeln vermittelt, die dies ermöglichen. Außerdem werden typische Evaluationsmethoden präsentiert, mit deren Hilfe konkrete Verbesserungsmöglichkeiten abgeleitet werden können.

Computer sind in unterschiedlicher Form ein fester Bestandteil unseres Lebens geworden. Beim Schreiben dieses Textes sitze ich in einem ICE auf dem Weg von Frankfurt nach Braunschweig und schreibe auf meinem Ultrabook diesen Text. Am Nebentisch schaut jemand auf seinem Tablet einen Film, der Nachbar liest auf seinem elektronischen Lesegerät. Mehrere Leute sind mit ihrem Handy beschäftigt, wobei dies natürlich nicht nur zum Telefonieren, sondern zum Spielen, Surfen, Lesen, Chatten usw. genutzt wird. Egal, wie diese Geräte genau aussehen, wie leistungsfähig sie sind und wozu sie genutzt werden, in jedem Fall werden Eingaben gemacht und es erfolgen Systemausgaben. Beides wird unter dem Begriff der »Mensch-Maschine-Schnittstelle« zusammengefasst. Bestimmte Aspekte der Präsentation von Informationen (»Ausgaben«) sind in **Kapitel 4** und **5** schon beschrieben worden, Aspekte der

Bedienung (»Eingaben«) in **Kapitel 6**. Computer sind natürlich auch Maschinen – was macht also die Besonderheit der Mensch-Computer-Interaktion aus, die ein eigenes Kapitel rechtfertigt?

Zum einen geht es nicht darum, Geräte zu bedienen, die dann etwas in der Umgebung des Geräts verändern, wie es bei einem Auto, einer Maschine in der Fabrik, oder auch einem Kaffeeautomaten der Fall ist. Die Bedienung führt zu allererst zu Veränderungen im Gerät, im Computer selbst: Es wird ein Film gezeigt, man kann Text auf ein »Blatt« im Bildschirm eingeben, man kann sich Informationen im Internet anzeigen lassen. Das letzte Beispiel setzt natürlich eine Interaktion mit der (virtuellen) Umwelt voraus, aber das Ergebnis wird wieder im Gerät selbst angezeigt. Letztlich bietet ein Computer die Möglichkeiten, Informationen aufzunehmen, zu bearbeiten, zu speichern und wiederzugeben, und diese sind für Menschen faszinierend.

Die Ausgabe von Informationen ist der andere Aspekt, der die Mensch-Computer-Interaktion so besonders macht. Nicht nur das textuelle Wissen ist interessant, sondern die visuellen und grafischen Möglichkeiten bis hin zum Eintauchen in virtuelle Welten machen den Computer so faszinierend. Die Möglichkeiten, die sich dadurch ergeben, sind längst nicht ausgeschöpft. Im Rahmen dieses Buches können deshalb auch nur grundlegende Eigenschaften der Mensch-Computer-Interaktion dargestellt werden.

Erklärung

▶ Die *Mensch-Computer-Interaktion* (MCI) kann abstrakt als eine Abfolge von Informationseingaben und Informationsausgaben verstanden werden. Im Gegensatz zur Bedienung von anderen technischen Geräten soll nicht ein Effekt in der Umwelt erreicht werden (z. B. ein Kaffee gekocht werden), sondern eine bestimmte Information soll im Computer angezeigt werden (ein Text, ein Bild, ein Film, die Nachricht einer anderen Person usw.). Jede Software ist im Grunde so aufgebaut: (1) Lese Benutzereingaben, (2) verarbeite Informationen und (3) stelle sie auf eine bestimmte Weise dar. ◀◀

Die Mensch-Computer-Interaktion wird durch Programme, durch Software, durch Apps gesteuert. Deren Grundstruktur ist einfach. Auf der einen Seite geht es darum, mögliche Nutzereingaben zu erkennen bzw. zu ermöglichen. Auf der anderen Seite wird je nach Nutzereingabe Information auf unterschiedliche Art und Weise dargestellt – als Text, als Bild, als Ton, als Sprache usw. In der Verknüpfung aus Eingabe und Ausgabe stecken die Intelligenz und die Funktionen des Programms. Wie dies geschieht und wo Fragestellungen und Ansatzpunkte für den Ingenieurpsychologen liegen, wird in **Kapitel 7.1** dargestellt. Dieser Ablauf lässt sich ähnlich wie bei menschlichen Gesprächen als Dialog verstehen. Sprecher A sagt etwas, vermittelt also Informationen, auf die Sprecher B reagiert und andere Informationen liefert. Als Menschen haben wir im Laufe unserer Entwicklung gelernt, wie man solche Dialoge angenehm und effektiv führt und erwarten dies auch von Computer-Dialogen. Dies wurde bereits in **Kapitel 5.3** für Sprachdialogsysteme diskutiert. Auch für die Dialoge mit Computern wurde eine Vielzahl von Regeln und Grundsätzen etabliert, die in **Kapitel 7.2** im Überblick dargestellt werden. Diese bilden die notwendigen Grundlagen für die Gestaltung entsprechender Software. Die Programmierung selbst wird in der Regel von Ingenieuren oder Informatikern übernommen, wobei sich diese vor allem um die Informationsverarbeitung kümmern, die durch die Programme geschieht, also z. B. die Berechnungen, um ein bestimmtes Ergebnis anzeigen zu können, die Komprimierung und De-Komprimierung von Filmdaten oder die Umsetzung von Spielregeln und die Generierung der Handlungen virtueller Akteure in Computerspielen. Die Schnittstelle selbst, der Dialog mit dem Nutzer, wird häufig vernachlässigt. Wie der Erfolg von Systemen zeigt, bei denen die Interaktion in den Vordergrund gestellt wird (z. B. iPhone oder iPad), ist dies ein Fehler. Hier liegt der Ansatzpunkt für Ingenieurpsychologen, sich gerade auf diese Mensch-Computer-Interaktion, den Dialog, zu konzentrieren. Dazu ist es besonders wichtig, mögliche Lösungen im Nutzertest so zu evaluieren, dass daraus Verbesserungsvorschläge abgeleitet werden können. Dies ist das Thema von **Kapitel 7.3**.

7.1 Was ist eine Schnittstelle?

In **Kapitel 1** wurde bereits die Mensch-Maschine-Schnittstelle (MMS) bzw. das Human-Machine-Interface (HMI) definiert und als das zentrale Thema der Ingenieurpsychologie bestimmt. Ganz allgemein geht es dabei um die Teile einer Maschine oder eines Computerprogramms, mit denen Informationen an den Nutzer vermittelt werden und dieser die Maschine oder das Programm bedienen kann. Im Folgenden soll dies speziell für die Mensch-Computer-Interaktion genauer untersucht werden.

Das Interface der frühen Computer bestand aus *Tastatur* und (Text-)Bildschirm. Der Nutzer gab seine Befehle (»Format C:«) auf der Tastatur ein und konnte diesen Text auf dem Bildschirm lesen. Nachdem er den Befehl durch Drücken der <Enter>-Taste losgeschickt hatte, wurde auf dem Bildschirm ebenfalls als Text die Reaktion des Computers dargestellt (»Formatiere 10 % …«). Dieses einfache Interface ist auch in heutigen Windows-Versionen noch verfügbar, wenn man bei »Zubehör« die »Eingabeaufforderung« startet (Sie sollten dort allerdings *nicht* »format C:« eingeben! »dir« oder »help« könnten interessanter sein). Diese Art von Interface setzt allerdings voraus, dass man das entsprechende Vokabular kennt und auch die Ausgaben des Computers interpretieren kann.

Für die weite Verbreitung des Computers war die Weiterentwicklung dieses Interfaces ein wesentlicher Faktor. Dieses Beispiel zeigt sehr gut die Bedeutung der MMS für die Akzeptanz technischer Systeme. Das WIMP-Interface (s. Merke) mit seiner *Desktop-Metapher* (▶ **Abb. 7.1**) ermöglichte diesen Durchbruch. Auf dem Bildschirm wird eine Fläche mit Symbolen und Ordnern dargestellt, was ähnlich wie ein Schreibtisch aussieht und die entsprechenden Assoziationen weckt, Dinge auszuwählen und zu nehmen (ein Programm zu starten, indem man auf ein Icon klickt) oder auf Informationen zuzugreifen (indem man einen Ordner auswählt und die darin enthaltenen Dateien ansieht). Die geniale Idee dabei war, eine grafische Ähnlichkeit herzustellen, bei der die Nutzer weitgehend ohne Anleitung intuitiv verstehen, was ihre Handlungsmöglichkeiten sind. Durch die neuen Touchscreens wird diese Idee noch weiter verfolgt, da man nicht mehr über ein Zeigegerät wie die Maus einen Zeiger (Pointer) verwenden muss, sondern die Icons direkt durch Berührung auswählen kann. Allerdings wird man auch in Zukunft weitere Eingabehilfen wie die Tastatur, die Maus oder Zeichenstifte verwenden, da bei bestimmten Arten von Informationseingaben (z. B. Texte schreiben, Grafiken zeichnen) eine schnelle Eingabe von Zeichen und eine präzise, feine Bedienung notwendig sind.

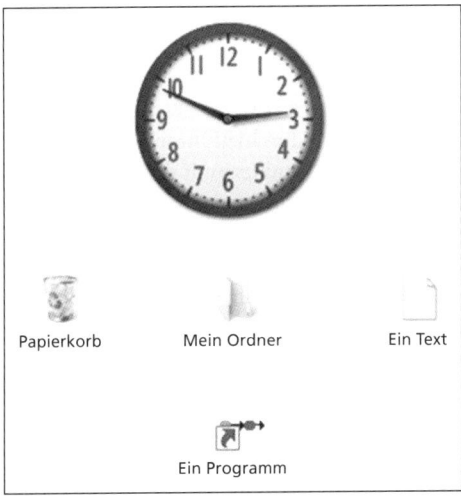

Abb. 7.1: Ein sehr aufgeräumter Desktop eines Computers. So ähnlich könnte es auch auf dem Schreibtisch aussehen, sodass man sofort weiß, wie man den Computer bedient.

Damit sind verschiedene Interaktionsformen mit dem Computer angesprochen. Die textliche Eingabe von Befehlen ist in spezialisierten Programmen nach wie vor üblich. Man spricht hier von eigenen Kommandosprachen. Bei der Computerverwaltung, bei Buchhaltungssoftware oder in Werkstätten werden Spezialisten darin ausgebildet, diese Sprache zu lernen und dadurch mit dem Computer zu interagieren.

Merke

▸ Das *WIMP-Interface* ist die Grundlage der Mensch-Computer-Interaktion. Die Abkürzung bedeutet:

W *Windows:* Verschiedene Fenster, in denen Inhalte dargestellt werden

I *Icons:* Die symbolische, grafische Darstellung von Programmen

M *Menus:* Die Nutzung von Menüs für den Aufruf von Funktionen

P *Pointers:* Bewegung und Orientierung auf dem Bildschirm mit Zeigern, z. B. dem Mauszeiger ◂◂

Für den durchschnittlichen Nutzer ist es interessanter, bestimmte Aktionen durch direkte Manipulation von Objekten auf dem Bildschirm durchzuführen. Programme werden gestartet, indem man sie antippt (mit dem Mauszeiger oder dem Finger). In Grafikprogrammen kann man auf dem Bildschirm Linien und Formen zeichnen. Auf Geräten mit Touchscreen kann man mit zwei Fingern einen Bereich vergrößern usw. Diese direkte Manipulation kann unterschiedlich komplex sein. Ein Objekt auszuwählen, indem man den Zeiger darüber bewegt und dann klickt, ist schnell zu verstehen. Noch einfacher ist es, es mit dem Finger direkt zu berühren. Schon der Doppelklick ist allerdings etwas, was gelernt werden muss. Natürlicher (weil gelernt aus anderen Interaktionen mit der physischen Welt) wäre es, wenn man stärker drückt, um etwas auszuwählen, aber eine Druckmessung wäre deutlich aufwändiger. Dass man durch Wischen über bestimmte Objekte neue Menüs aufrufen kann, muss auch erst gelernt werden. Ideal wäre es, nur Gesten oder Aktionen zu wählen, auf die man spontan kommen würde, wenn man den entsprechenden Gegenstand sieht (Wie müsste ein Icon aussehen, bei dem Sie wischen würden?). Allgemein sollten die Icons, die manipuliert werden sollen, möglichst gut und spontan erkennen lassen, welche Programme oder Funktionen sich dahinter verbergen (▸ **Abb. 7.2**). Dazu kann eine Standardisierung hilfreich sein, sodass ähnliche Icons auch ähnlichen Programmen entsprechen. Da sich Hersteller aber gerade differenzieren wollen von anderen Herstellern ähnlicher Programme, arbeitet man häufig mit zusätzlichem Text oder gibt dem Nutzer die Möglichkeit, seine Icons (und damit Programme) in Ordnern zu sortieren und zu strukturieren. Unter dem Gesichtspunkt eines guten und schnellen Verständnisses lohnt es sich, geeignete Icons gezielt zu gestalten.

Abb. 7.2: Kennen Sie die Bedeutung dieser typischen Icons aus einer Textverarbeitungssoftware? Von links nach rechts: Rechtschreibung prüfen, Inhaltsverzeichnis erstellen, Inhalte einfügen, Tabelle einfügen, Programm beenden.

Merke
▶ Folgende Interaktionsformen sind wesentlich für die Mensch-Computer-Interaktion:

- Kommandosprachen
- Direkte Manipulation
- Menüs
- Formulare
- Frage-Antwort-Felder
- Funktionstasten
- Natürliche Sprache ◄◄

Wenn Programme gestartet sind, ist die wohl häufigste Interaktionsform die über *Menüs*. Bei vielen Programmen wird oben am Bildschirm eine Menüleiste angezeigt, bei der einzelne Funktionen in Menüpunkten organisiert sind. Durch Klicken auf einen Menüpunkt öffnet sich eine Liste von verschiedenen Funktionen, die dann ausgewählt werden können, oder es eröffnen sich weitere Funktionen. Man spricht hier von unterschiedlich breiten und tiefen Menüs. Mit »Breite« wird die Anzahl der Menüpunkte pro Menüebene bezeichnet, mit »Tiefe« die Anzahl der (hierarchischen) Menüebenen. Menüs können auch als auswählbare Schaltflächen in unterschiedlichen Anordnungen vorgegeben werden. Ergonomisch interessant sind kreisförmige Menüs, weil man hier am schnellsten mit der Maus zwischen den verschiedenen Menüpunkten auswählen kann. Mit der Nutzung des Touchscreens haben alternative Anordnungen zugenommen. Bei der Gestaltung des Menüs sind zwei wesentliche Fragen zu beantworten:

1. Wie schnell kann auf eine bestimmte Funktion zugegriffen werden bzw. können die wichtigen Funktionen auch schnell erreicht werden?
2. Wie gut versteht man, welche Funktion sich hinter einem bestimmten Menüpunkt verbirgt?

Für beide Fragen sind Anforderungsanalysen und Nutzerstudien wichtig. Es muss bestimmt werden, was die wichtigsten und am häufigsten benutzten Funktionen sind. Diese sollten dann möglichst auf der obersten Menüebene direkt zugänglich sein. Um die Menüeinträge schnell zu finden, sollten sie inhaltlich sinnvoll sortiert sein, möglichst so, wie es den Vorstellungen des Nutzers entspricht. Weiter darf die Menge verfügbarer Optionen nicht zu groß werden, da es dann unübersichtlich ist und einzelne Menüeinträge schlechter zu finden sind. Je nach Komplexität des Programms können diese verschiedenen Anforderungen zu widersprüchlichen Gestaltungen führen, sodass hier Kompromisse zu finden sind, die für den Nutzer am besten zu akzeptieren sind. Gerade bei den neuen Funktionen, die in immer mehr Kontexten verfügbar sind, besteht Bedarf für neue und weiter entwickelte Gestaltungsideen.

Gerade im Kontext betrieblicher Anwendungsprogramme spielt die Interaktion über *Formulare*, wo z. B. Kundendaten eingegeben werden, eine große Rolle. Aber auch im Internet werden Informationen immer wieder über Felder eingegeben, in die entweder Freitext eingefügt wird, aus Listen ausgewählt werden kann oder eine oder mehrere Optionen angeklickt werden können. Auch bei Umfragen wird diese Art von Interaktion genutzt. Um das Arbeiten mit Formularen zu erleichtern und Fehler bei der Eingabe zu vermeiden, sollten die einzelnen Felder sinnvoll sortiert und gruppiert werden. Besonderer Wert ist auf kurze, aussagekräftige Beschriftungen zu legen. Nach der Eingabe sollte ein Sprung zum nächsten Feld erfolgen, wobei die typische Eingabeabfolge auch grafisch erkennbar sein und den typischen Lesegewohnheiten folgen sollte (z. B. von links nach rechts, von oben nach unten).

Da viele Anwendungen über die *Tastatur* bedient werden (z. B. Textverarbeitung) kann die Nutzung von Funktionstasten oder Tastaturkürzeln die Bearbeitung beschleunigen, da man direkt von der Texteingabe ohne Wechsel des Eingabemediums (z. B. zur Maus) Funktionen aufrufen kann. Bei den Funktionstasten selbst muss die Zuordnung zu den Befehlen erlernt werden (F1 = Hilfe). Man kann dies durch entsprechende Schablonen für die Tastatur erleichtern oder durch entsprechende Anzeigeelemente auf dem Bildschirm. Gleiches gilt für Tastaturkürzel. Häufig werden in Menüs neben den Befehlen auch die vorhandenen Kürzel angezeigt, um das Erlernen zu erleichtern. Schließlich sollte man sich gut überlegen, ob kritische Funktionen (z. B. das Ausschalten des Rechners, das Formatieren der Festplatte usw.) überhaupt so einfach erreichbar sein müssen.

Schließlich wäre Sprache prinzipiell auch zur Bedienung des Computers geeignet. Software, die die Befehle des Nutzers erkennt und umsetzt, ist verfügbar. Die entsprechenden Probleme der sprachlichen Mensch-Maschine-Interaktion wurden bereits in **Kapitel 5.3** diskutiert. Insbesondere die unzureichende Spracherkennung führt dazu, dass diese Art der Bedienung häufig als uneffektiv und frustrierend erlebt wird. Hinzu kommt, dass in vielen Umgebungen eine Sprachbedienung die Umwelt stören würde, z. B. in einem Großraumbüro, im Zug usw. Daher bleibt eine sprachliche Mensch-Computer-Interaktion eher die Ausnahme – entgegen der Annahmen einiger Science-Fiction-Filme (z. B. die natürlich-sprachliche Interaktion mit dem Computer HAL in dem Film *Odyssee im Weltraum*).

Damit wurden die wichtigsten Schnittstellen bei der Mensch-Computer-Interaktion vor allem im Hinblick auf ihre Bedienung beschrieben. Gerade neue Eingabemedien wie der Touchscreen oder die berührungslose Erkennung von Bewegungen und Gestik sind spannende Ansatzpunkte für die Gestaltung neuer Formen der Interaktion. Aber auch bei den hier beschriebenen Elementen sind bei jedem neuen Programm und neuen Funktionen entsprechende Entwicklungen nötig, die von entsprechenden Anforderungsanalysen und Nutzertests begleitet sein sollten. Was bei der Gestaltung zu beachten ist, beschreibt das folgende Kapitel.

7.2 Grundsätze für Dialoge

In dem internationalen Standard EN ISO 9241 werden Richtlinien für die Mensch-Computer-Interaktion beschrieben. Der Teil 110 beschreibt Grundsätze der Dialoggestaltung. Hier wird ein *Dialog* definiert als die »… Interaktion zwischen einem Benutzer und einem interaktiven System als Folge von Handlungen des Benutzers (Eingaben) und Antworten des interaktiven Systems (Ausgaben), um ein Ziel zu erreichen, wobei Benutzer-Handlungen nicht nur Dateneingaben umfassen, sondern auch navigierende und andere steuernde Handlungen des Benutzers« (DIN Deutsches Institut für Normung e. V., S. 4). Damit betrifft ein Dialog zwei der oben beschriebenen Aspekte der Dateneingabe, Verarbeitung und Ausgabe. In dieser EN ISO 9241–110 werden wesentliche Eigenschaften beschrieben, die einen guten Mensch-Maschine-Dialog ausmachen (s. Merke).

Merke
▶ Nach der EN ISO 9241 sind für einen *guten Dialog* folgende Eigenschaften zu beachten:

- Aufgabenangemessenheit
- Selbstbeschreibungsfähigkeit
- Steuerbarkeit

7.2 Grundsätze für Dialoge

- Erwartungskonformität
- Fehlertoleranz
- Individualisierbarkeit
- Lernförderlichkeit ◂◂

Ein Dialog ist dann *aufgabenangemessen*, wenn er den Benutzer dabei unterstützt, seine Arbeitsaufgabe effektiv und effizient zu erledigen. Diese beiden Kriterien wurden bereits in **Kapitel 1** als zentrale Merkmale der Usability beschrieben. Mit »effektiv« ist gemeint, dass man mit dem Dialog überhaupt eine bestimmte Aufgabe erledigen kann. Wenn ein Programm z. B. abstürzt und der Text nicht mehr gespeichert werden kann, ist es in dieser Hinsicht nicht effektiv. »*Effizient*« bedeutet, dass die Bearbeitung der Aufgabe möglichst einfach und schnell möglich ist. Wenn man für häufige Aufgaben wie zum Beispiel zur Formatierung eines Wortes jedes Mal mit der Maus in die dritte Ebene eines Menüs wechseln muss, ist dies nicht effizient. Um zu bewerten, ob ein Dialog aufgabenangemessen ist, sind deshalb Aufgabenanalysen wichtig: Welche Aufgaben will der Nutzer durchführen, was sind die häufigsten und wichtigsten Aufgaben? Wenn dies bekannt ist, kann untersucht werden, ob er diese durchführen kann und wie schnell und einfach dies gelingt.

Ein Dialog ist *selbstbeschreibungsfähig*, wenn jeder einzelne Dialogschritt durch Rückmeldung des Dialogsystems unmittelbar verständlich ist oder dem Benutzer auf Anfrage erklärt wird. Wenn Sie zum Beispiel bei einem aktuellen Textverarbeitungssystem mit der Maus auf die oberste Ebene des Menüs gehen und sich dort auf einem der Begriffe befinden, wird dieser umrahmt und erscheint als Reiter. Was soll man jetzt tun? Der geübte Nutzer weiß: Wenn man jetzt die linke Maustaste drückt, wird dieser Menüpunkt ausgewählt und die einzelnen Einträge erscheinen. Ist dieses Umrahmen tatsächlich unmittelbar verständlich? Weiß der Nutzer, dass er jetzt die Maustaste drücken sollte? Man sieht, dass diese Frage nicht immer einfach zu beantworten ist. Bei vielen Symbolen wird der zweite Aspekt der Selbstbeschreibungsfähigkeit gewählt, um dem Nutzer auf Anfrage Informationen zu liefern. Wenn Sie mit dem Mauszeiger längere Zeit über einem Symbol bleiben, erscheint ein Label, das das Symbol erklärt – das Zeichen erklärt sich also selbst. Dies ist sicherlich eine gute Hilfe für den Nutzer, benötigt aber Zeit und Geduld, da man sich möglicherweise viele Icons erklären lassen muss, bevor man das richtige findet (und darunter leidet dann wieder die Effizienz und damit die Aufgabenangemessenheit). Besser ist es also immer, Symbole oder Anzeigeelemente zu finden, die der Nutzer unmittelbar verstehen kann.

Gute Dialoge sollten *steuerbar* sein. Damit ist gemeint, dass der Nutzer diese starten, Richtung und Geschwindigkeit beeinflussen kann, bis das Ziel erreicht wird. **Abbildung 7.3** zeigt ein besonders schönes Beispiel für einen Dialog, der nicht steuerbar ist. Der Computer erkennt, dass keine Tastatur vorhanden ist, aber fordert den Nutzer auf, über die Tastatur die Aufgabe weiter zu bearbeiten. Solche extremen Situationen müssen natürlich vermieden werden. Insgesamt ist mit diesem Punkt angesprochen, dass die Aufgabe durch den Menschen gesteuert werden sollte. Er sollte also Aktionen beginnen, die Möglichkeit haben, vor- und zurückzugehen und auch die generelle Ablaufgeschwindigkeit variieren können. In bestimmten Fällen kann es aber sinnvoll sein, von diesem Prinzip abzuweichen, z. B. wenn der Nutzer Dinge tut, die nicht sinnvoll erscheinen. Die Abfrage bei der Beendigung des Textverarbeitungsprogramms, ob man sein Dokument speichern möchte, verstößt zwar gegen das Prinzip der Steuerbarkeit, wird aber dennoch vom Nutzer als guter Dialog verstanden.

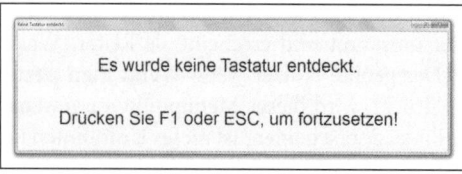

Abb. 7.3: Ein besonders schönes Beispiel für einen Dialog, der für den Nutzer nicht steuerbar ist

7.2 Grundsätze für Dialoge

Gute Dialoge sollten den Erwartungen der Nutzer entsprechen (*Erwartungskonformität*). Damit sind zwei Aspekte angesprochen, einerseits die Vorerfahrungen und der Kenntnisstand der jeweiligen Nutzer, andererseits innerhalb des Programms die Einheitlichkeit oder Konsistenz, mit der Dialoge ablaufen. Konsistent ist es zum Beispiel, wenn bei Betätigung der linken Maustaste immer Aktionen ausgeführt werden, bei der rechten Maustaste immer Kontextmenüs erscheinen. Inkonsistent wäre es, wenn in einem Menü das Item zum Zurückkehren ganz unten auf der Liste steht, in einem anderen Menü ganz oben. Der Nutzer muss dann in jedem Untermenü immer suchen, wo bestimmte Funktionen in diesem Menü auftauchen. Neben den gleichen Positionen ist mit Konsistenz auch eine einheitliche Verwendung von Symbolen, Farben, Formen und Bedienelementen gemeint, so wie es auch in **Kapitel 6** dargestellt wurde.

Neben diesen Erwartungen, die sich innerhalb eines Programms ausbilden, geht es bei Vorerfahrungen und dem Kenntnisstand darum, auch zwischen verschiedenen Programmen Übertragbarkeit zu ermöglichen bzw. das Wissen, das vorhanden ist, auch zu nutzen und möglichst wenig Umlernen zu erwarten. Hier ist natürlich die Frage, was der allgemeine Standard, allgemeine Konventionen sind, denen man folgen sollte. Wer zwischen Apple und Windows wechselt, merkt erst, wie bestimmte Dialoge, die man innerhalb des einen Betriebssystems für selbsterklärend und einfach hält, beim anderen Betriebssystem plötzlich anders gelöst sind und dem entsprechenden Nutzer ebenso natürlich erscheinen. Damit kann es durchaus sinnvoll sein, von diesem Prinzip abzuweichen, um dadurch z. B. effizientere Dialoge zu ermöglichen.

Dialoge sollten möglichst *fehlertolerant* sein, sodass Fehler mit möglichst geringem Aufwand korrigiert werden können. Die »Zurück«-Taste vieler Programme ist ein sehr positives Beispiel für diesen Punkt. Wenn der Nutzer dagegen Eingaben macht, die erst nach langer Verarbeitung zu Fehlern führen, sodass komplett neu angefangen werden muss, ist dies sicherlich eine geringe Fehlertoleranz. Die Befolgung dieses Punkts setzt voraus, dass man sich neben der Umsetzung von Funktionen auch Gedanken macht, was potenzielle Fehler oder

Fehleingaben sein können, um entsprechende Gegenmaßnahmen im Programm zu realisieren.

Schließlich sollte es die Möglichkeit geben, Dialoge an den Nutzer anzupassen, um damit unterschiedlichen Fähigkeiten und Vorlieben Rechnung zu tragen. Sie sollten also *individualisierbar* sein. So kann man z. B. in einigen Textverarbeitungsprogrammen individuelle Menüs erstellen, um damit die Funktionen schnell erreichbar zu machen, die ein individueller Nutzer häufig braucht. Allgemein unterscheidet man drei Gruppen von Nutzern, an die Dialoge angepasst werden sollten:

- Novizen
- Gelegentliche Nutzer
- Experten

Novizen kennen die Aufgabe prinzipiell, wissen aber nicht, wie man sie mit dem System löst. Sie brauchen eine Einführung darin, wie man mit dem Programm umgeht, welche Funktionen auf welche Weise zu erreichen sind und wie man damit die Aufgaben bearbeitet. In Computerspielen wird dies häufig durch Tutorials gelöst, in denen die Spieler einfache Aufgaben bekommen mit jeweils einer kurzen Anweisung, wie diese zu lösen sind. Die Lösung der Aufgabe gibt dem System die Rückmeldung, dass der Nutzer eine bestimmte Funktion verstanden hat, sodass komplexere Aufgaben präsentiert werden können. Dies wird solange fortgeführt, bis die wichtigsten Funktionen bekannt sind. Auch bei anderen Programmen werden solche Tutorials genutzt, um den Novizen an das Programm heranzuführen. Für Novizen könnte es insgesamt sinnvoll sein, nur ausgewählte Optionen gut verständlich darzustellen, um ihnen die Orientierung innerhalb des Programms zu erleichtern.

Gelegentliche Nutzer stellen die zweite Gruppe von Nutzern dar. Sie kennen das Programm prinzipiell und wissen auch, wie man damit bestimmte Aufgaben löst. Sie nutzen es allerdings so selten, dass sie z. B. bestimmte Befehle oder Funktionen suchen müssen. Hier sind Hilfefunktionen sinnvoll, in denen der gelegentliche Nutzer schnell die Lösungen finden kann, die er sucht. Gerade bei ihnen ist es wichtig, dass Menüoptionen und Icons gut verständlich sind, da nicht von gut erlernten Prozessen ausgegangen werden kann.

Experten bilden die dritte Nutzergruppe. Sie sind hochgeübt darin, das Programm zu bedienen und damit Aufgaben zu lösen. Für diese liegt das Ziel der Dialoggestaltung vor allem darin, ihnen eine möglichst effiziente und effektive Aufgabenbearbeitung zu ermöglichen, wie z. B. durch die individuelle Definition von Shortcuts (Abkürzungen), um häufig genutzte Funktionen schnell aufrufen zu können. Zusätzliche Hilfen und Erklärungen sind bei ihnen eher kontraproduktiv, da sie die schnelle Aufgabenbearbeitung verzögern.

Das letzte Prinzip für einen guten Dialog ist die *Lernförderlichkeit*. Die Dialoge sollten so gestaltet sein, dass der Nutzer versteht, was das System tut, sodass er in Zukunft besser mit dem System umgehen kann. Zum Beispiel findet man bei einem fehlerhaften Login in das E-Mail-System häufig die einfache Meldung »Login ist nicht möglich«. Bei dieser Meldung bekommt der Nutzer keine Rückmeldung, was fehlerhaft war: der Benutzername oder das Kennwort oder beides. Lernförderlicher wäre hier, darauf hinzuweisen, dass der Benutzername nicht bekannt oder das Passwort falsch ist. Noch hilfreicher wären Tipps, was an der Eingabe falsch sein könnte, z. B. dass es einen ähnlichen Nutzernamen gibt und man sich vielleicht vertippt hat, oder dass man auf Groß- und Kleinschreibung beim Passwort achten sollte. Bei einem Login darf natürlich die Lernförderlichkeit nur soweit gehen, dass unbefugte Zugriffe nicht unterstützt werden. Bei anderen Funktionen sind dagegen durchaus Dialoge sinnvoll, die den Nutzer wenn notwendig sehr weitgehend dabei unterstützen, den Dialog richtig zu beenden und dabei zu lernen, wo die Fehler lagen, um diese zukünftig vermeiden zu können.

Beispiel
▶ Die Eigenschaften guter Dialoge sollen an folgendem Beispiel kurz verdeutlicht werden. Stellen Sie sich folgende Situation vor: Sie haben für eine Semesterarbeit einen Text

geschrieben und wollen diesen jetzt speichern, bevor Sie den Computer ausschalten. Sie sehen das Diskettensymbol links oben auf ihrem Bildschirm und wählen dies mit Maus und linker Maustaste aus. Es erscheint eine Auswahlbox, in der Sie das Verzeichnis auswählen und einen Dateinamen eingeben. Nachdem Sie dies getan haben, drücken Sie auf den Knopf speichern. »Mist, vertippt, falscher Dateiname!« Aber sie können nichts tun, sondern müssen abwarten, bis der Text gespeichert ist. Dann speichern Sie ihn nochmal unter einem anderen Namen. Danach öffnen Sie den Explorer und löschen die falsche Datei.

Prinzipiell können sie mit dieser Speicherfunktion schnell den Text speichern, dieser Dialog ist also *aufgabenangemessen*. Sie benutzen zwar keine Disketten mehr, aber das Symbol kennen Sie. Hier werden Ihre *Erwartungen* sinnvoll genutzt, um eine gute *Selbstbeschreibung* der Funktion zu erreichen. Die *Steuerbarkeit* ist in dem Beispiel unbefriedigend, da Sie das Speichern nicht unterbrechen können, sondern abwarten müssen, bis es beendet ist. Darunter leidet auch die *Fehlerrobustheit*, weil die Korrektur doch etwas umständlich ist. Es müsste die Möglichkeit geben, den Dateinamen direkt zu ändern. Sie könnten ihn zwar im Explorer ändern, müssten davor aber den Text in der Textverarbeitung schließen und dann mit dem geänderten Namen öffnen. Die *Individualisierbarkeit* ist insofern gegeben, als Sie das Verzeichnis einstellen können, in dem typischerweise Ihre Texte gespeichert werden. Auf diese Weise muss man nicht immer den kompletten Verzeichnisbaum durchgehen, was wiederum die *Aufgabenangemessenheit* verbessert. Die *Lernförderlichkeit* ist gegeben, da Sie über die einzelnen Aktionen des Systems jeweils informiert werden. ◄◄

Was soll mit diesen Regeln erreicht werden? Der Nutzer sollte den aktuellen Zustand des Systems jederzeit möglichst gut verstehen, also was die Informationen bedeuten, die sichtbar sind oder präsentiert werden, was das System gerade tut (Wartet es auf Eingaben? Verarbeitet es Informationen? Gibt es Rückmeldungen?), welche Handlungsmöglichkeiten er überhaupt hat und wie er ausgehend vom aktuellen Zustand möglichst gut seine aktuellen Ziele erreichen kann. Die oben dargestellten Regeln zeigen auf, welche Aspekte dabei beachtet werden müssen. Sie geben aber keine Lösungsrezepte, z. B. wie man ein System lernförderlich macht, sondern beschreiben die Problemfelder, die man als Entwickler beachten muss. Um die Probleme zu lösen, können einige Grundsätze hilfreich sein (s. Merke). Allerdings ist bei der konkreten Umsetzung in einem Programm die Kreativität des Entwicklers gefragt. Anregungen und Beispiele finden sich in einer Vielzahl von entsprechenden Lehrbüchern (▶ **Kap. 7.5**).

Merke
▶ Um das Systemverständnis des Nutzers zu fördern, sollten folgende Regeln des Dialogdesigns beachtet werden (nach Shneiderman, 1992):

- *Sei konsistent*: Gleiche Symbole sollten das Gleiche bedeuten, gleiche Aktionen zu denselben Folgen führen.
- Biete Profis *Abkürzungen* an.
- Gib *Feedback*, was das System gerade tut.
- Dialoge sollten *abgeschlossen* sein.
- Sorge für einfache *Rücksetzmöglichkeiten* (»neu anfangen«).
- Unterstütze *benutzergesteuerte Dialoge*.
- *Reduziere die Belastung* des Gedächtnisses. Man sollte sich nichts merken müssen.
- Sorge für *einfache Fehlerbehandlung*. ◀◀

Aus psychologischer Sicht geht es darum, dass der Nutzer durch die Beachtung dieser Regeln und Grundsätze darin unterstützt wird, ein zutreffendes mentales Modell des Systems aufzubauen. Das wird dann erleichtert, wenn das Programm so funktioniert, wie es der Nutzer erwartet, das heißt, wenn man auf bereits bestehende mentale Modelle (Was glaubt der Novize, wie das Programm funktioniert?) aufbauen kann. Diese Erwartungen und mentalen Modelle zu erfassen, ist eine wesentliche Aufgabe von Anforderungsanalysen: Was möchte der Nutzer mit dem System tun, und wie möchte er dies tun?

Häufig ist es allerdings so, dass potenzielle Nutzer keine klaren Vorstellungen darüber haben, wie man etwas mit einem System effektiv bearbeiten könnte. In diesem Fall muss die Ausbildung des mentalen Modells durch das Programm unterstützt werden. Eine häufig genutzte Möglichkeit ist die Verwendung von Metaphern. In **Kapitel 7.1** war bereits die Desktop-Metapher beschrieben worden. Ein anderes Beispiel wäre das Symbol einer Schere, um die Funktion »Ausschneiden« zugänglich zu machen. Im Idealfall weckt die grafische Darstellung der Schere die Erwartung, dass man hier sein Objekt, das man gerade bearbeitet (z. B. einen Text), ausschneiden kann. Ganz allgemein ist Feedback (Was bewirkt die Handlung des Nutzers?) und die Beschreibung unsichtbarer Prozesse (»Datei wird geladen«) wichtig, damit der Nutzer das System besser versteht und ein zutreffendes mentales Modell aufbaut. Letztlich wird man immer prüfen müssen, ob dies durch die gewählten Methoden erreicht wird. Das ist das Thema des folgenden Kapitels.

Erklärung
▶ Der Begriff *Mentales Modell* bezeichnet die Vorstellung des Nutzers vom System. Es beinhaltet das Wissen über die eigenen Handlungsmöglichkeiten und das Verständnis der Systemaktionen. Bei einem optimalen mentalen Modell weiß der Nutzer jederzeit, was er tun kann, und versteht, was das Programm gerade tut. ◀◀

7.3 Evaluation von Software

Bei der Evaluation von Software geht es häufig primär um eine gute Usability im Sinne der Effektivität und Effizienz (Aufgabenangemessenheit) und der Akzeptanz durch den Nutzer. In letzter Zeit hat die *User Experience* zunehmend an Bedeutung gewonnen. Damit sind spielerische und kreative Aspekte der Nutzung angesprochen, die neben der reinen Aufgabenbearbeitung gerade im Freizeitbereich eine größere Rolle spielen. Es macht Spaß, ein Programm zu nutzen, es fühlt sich gut an, es ist ästhetisch, man verwendet es gerne. Vor der Evaluation einer

Software ist es sinnvoll, sich über die Bedeutung dieser verschiedenen Aspekte klar zu werden und die Ziele bzw. deren Gewichtung explizit darzustellen.

Bei der Evaluation selbst kann man entweder Nutzer nach der freien Beschäftigung mit der entsprechenden Software über die wichtigen Dimensionen der Evaluation befragen. Quantitative und differenziertere Aussagen werden dadurch ermöglicht, dass man gezielt typische Aufgaben vorgibt, die bearbeitet werden sollen, und das Nutzerverhalten bei der Aufgabenbearbeitung beobachtet oder direkt im Computer für eine spätere Analyse aufzeichnet. Dies wird typischerweise ergänzt durch eine darauffolgende Befragung, um auch die subjektiven Aspekte (z. B. die Akzeptanz) abzudecken. Der Vorteil dieses Vorgehens ist, dass sichergestellt ist, dass alle Nutzer dieselben Erfahrungen mit der Software machen.

Beschäftigt man sich mit der Usability im engeren Sinne, geht es bei den Analysen vor allem um die *Effektivität* und *Effizienz*. Um die Effektivität, also die Möglichkeiten der Zielerreichung zu messen, kann der Prozentsatz von erledigten zu allen Aufgaben erfasst werden. Man kann dies ebenfalls als Chance, also das Verhältnis von erledigten zu unerledigten Aufgaben, ausdrücken. Schließlich kann man auch angeben, wie viele Funktionen oder Kommandos überhaupt verwendet wurden (im Verhältnis zu denen, die man hätte verwenden sollen). Effizienz drückt die Güte und Schnelligkeit der Zielerreichung aus. Um dies zu erfassen, sind Zeitmessungen wichtig: Wie schnell wird die Aufgabe erledigt? Wie verändert sich die Bearbeitungsdauer mit Übung? Wie viele fehlerhafte Schritte wurden durchgeführt? Wie viel Zeit hat dies gekostet?

Die entsprechenden Messwerte können direkt genutzt werden, um daraus Hinweise zur Verbesserung der Software abzuleiten. Wenn bestimmte Aufgaben nicht erledigt werden, ist die Dialoggestaltung zu ändern. Wenn Fehler auftauchen, ist zu prüfen, warum dies der Fall ist, um diese zukünftig zu vermeiden. Die zeitlichen Maße sind vor allem dann sinnvoll, um eine Verbesserung gegenüber früheren Versionen (der Schritt ist jetzt 10 s schneller) oder Konkurrenzprodukten zu dokumentieren und so nachzuweisen, dass die eigene Software besser ist.

Merke

▶ Wenn man die Usability von Software erfasst, indem man Aufgaben vorgibt und die Bearbeitung beobachtet, sind folgende Maße von zentraler Bedeutung:

- Für die *Effektivität* der Prozentsatz der erfolgreich bearbeiteten Aufgaben.
- Für die *Effizienz* die Dauer der Aufgabenbearbeitung und die Häufigkeit und Dauer von fehlerhaften Schritten. ◀◀

Akzeptanz beinhaltet verschiedene subjektive Aspekte, die über unterschiedliche Antwortskalen erfasst werden. Dabei geht es um die erlebte Nützlichkeit der Software, um bestimmte Ziele zu erreichen (subjektive Effizienz und Effektivität), die Zufriedenheit mit den einzelnen Funktionen, den Ärger oder Frust mit bestimmten Funktionen, die Frage der Kontrollierbarkeit oder Steuerbarkeit und eine globale, zusammenfassende Beurteilung der Software. Häufig wird die in **Kapitel 3.5** beschriebene SUS (*System Usability Scale*; Brooke, 1996) genutzt, die über 10 Items die wichtigsten Aspekte der Usability erfragt. Ausführlicher erfasst dies der SUMI (*Software Usability Measurement Inventory*; Kirakowski & Corbett, 1993) mit 50 Items. Eine Version für Internetseiten ist das WAMMI (*Website Analysis and Measurement Inventory*; s. www.wammi.com), das mit 20 Items die Güte der Interaktion mit Internetseiten erfasst. Für unterschiedliche Arten von Programmen liegt eine Vielzahl von Instrumenten vor, auf die man über das Internet oder Literatur zugreifen kann (▶ **Kap. 7.5** und **Kap. 3.8**).

Die dargestellten Aspekte der Usability bei der Evaluation greifen jedoch vor allem im Freizeit- und Konsumbereich zu kurz, wo die Motivation zur Beschäftigung mit einer bestimmten Software, der Spaß und ästhetische Aspekte wichtig sind, um die entsprechenden Produkte zu kaufen und längerfristig zu nutzen. Im Arbeitskontext unterstützt eine Software den Nutzer dabei, bestimmte Aufgaben zu erledigen, sodass hier die Motivation zur Nutzung keine Frage der Software ist. Im Konsumbereich ist dies anders, sodass zum Beispiel Konzepte wie der *Joy-of-Use*, also der Spaß bei der Nutzung, im Vordergrund stehen. Bei der Frage, wie dies zu erreichen ist, können psychologische Theorien aus dem Bereich der Motivation und Emotion ebenfalls wichtig sein. Die Medienpsychologie beschäftigt sich häufig mit derartigen Fragen. Die Evaluation von Joy-of-Use wird methodisch vergleichbar durchgeführt wie die der Usability. Allerdings werden andere Messgrößen sowohl bei der Beobachtung des Umgangs mit den Systemen als auch bei der Befragung verwendet. Insgesamt wird deshalb neuerdings auch von der User Experience gesprochen. Darunter versteht man »... Wahrnehmungen und Reaktionen einer Person, die aus der tatsächlichen und/oder der erwarteten Benutzung eines Produkts, eines Systems oder einer Dienstleistung resultieren« (DIN Deutsches Institut für Normung e. V., S. 7). Damit werden über die Konzepte der Gebrauchstauglichkeit hinaus auch die beim Gebrauch entstehenden Emotionen, Vorstellungen, Vorlieben usw. berücksichtigt.

Bei der Durchführung von Nutzertests stellt sich die Frage, wie viele Nutzer untersucht werden müssen, um Probleme bei der Bedienung aufzudecken. Es zeigt sich, dass zehn Personen bereits ausreichen können, um den größten Teil der Probleme aufzudecken. Auf diese Weise kann man prinzipiell relativ schnell und effizient Programme evaluieren. Dies setzt natürlich voraus, dass die vorgegebenen Aufgaben alle (wichtigen) Funktionen der Programme abdecken und dass möglichst unterschiedliche typische Arten von Nutzern berücksichtigt werden. Je komplexer und umfangreicher Programme werden, umso schwieriger ist es, diese vollständig zu testen. In der Praxis wird man daher immer versuchen, sich in der Evaluation auf die wichtigsten Funktionen zu beschränken. Hierfür müssen diese zunächst festgelegt werden. Üblicherweise ermöglicht man es Nutzern dann, auf einfache Weise Fehler oder Probleme zurückzumelden. Damit wird die weitere Usability-Testing auf den realen Nutzungskontext verlagert, welches die Grundlage für Updates der Software darstellt. Das kann problematisch sein, wenn die ersten Versionen zu fehlerbehaftet oder unkomfortabel sind, oder wenn die Konsequenzen von Fehlern gravierend sind (z. B. im Kontext sicherheitsrelevanter Systeme).

7.4 Zusammenfassung

Die Mensch-Computer-Interaktion unterscheidet sich von der Mensch-Maschine-Interaktion allgemein dadurch, dass nicht Aufgaben in der physischen Welt bearbeitet werden, sondern dass dies mit dem Computer in einer virtuellen Umgebung stattfindet. Menschen geben Informationen in den Computer ein, der diese verarbeitet und dann wieder ausgibt. Für die Ein- und Ausgabe sind Schnittstellen möglich, die einerseits physikalisch beschrieben werden können (z. B. Maus, Tastatur, Bildschirm, Touchscreen), andererseits über die Art der Informationspräsentation (z. B. textlich oder grafisch) und des Austauschs (z. B. über Formulare oder Menüs). Je nach Art der Information und der Interaktion können unterschiedliche Formen der Schnittstellengestaltung sinnvoll sein. Die Eigenschaften dieser verschiedenen Formen wurden jeweils kurz dargestellt.

Die Interaktion zwischen Mensch und Computer selbst lässt sich als »Dialog« beschreiben, in dem Informationen ausgetauscht werden, um ein bestimmtes Ziel zu erreichen bzw. eine Aufgabe auszuführen. Es wurden zunächst verschiedene Bewertungskriterien beschrieben, die gute Dialoge auszeichnen. Ganz wesentlich ist die Aufgabenangemessenheit, d. h. Aufgaben überhaupt und effizient erledigen zu können. Aber auch die anderen Eigenschaften guter Dialoge sollten berücksichtigt werden, um eine gute Usability des Programms zu erreichen. Dazu wurden einige Regeln beschrieben, mit denen man diese Eigenschaften erreichen kann. Das allgemeine Ziel muss sein, es dem Nutzer möglichst leicht zu machen, jederzeit zu verstehen, wie er mit der Software seine Ziele erreichen kann und was diese gerade tut. Dies wurde als »mentales Modell« bezeichnet. Berücksichtigt man diese Regeln, kann bereits im Design versucht werden, die Software möglichst optimal zu gestalten.

Die Erfahrung zeigt allerdings, dass Evaluationen durch Nutzer immer notwendig sind, da der Entwickler nie vollständig den verschiedenen Nutzererwartungen gerecht werden kann. Diese Evaluationen sollten verschiedene Nutzertypen und den typischen Nutzungskontext berücksichtigen. Im Rahmen einer solchen Evaluation definiert man eine Reihe typischer, wichtiger Aufgaben und beobachtet die Nutzer bei der Bearbeitung. Die Frage, ob die Aufgaben überhaupt gelöst werden können und wie schnell und fehlerfrei dies geschieht, sind die zentralen Aspekte der Usability. Hinzu kommt die subjektive Bewertung (Akzeptanz), sodass etwas allgemeiner von User Experience (»Nutzungserfahrung«) gesprochen wird. Gebräuchliche Fragebögen und weitere Methoden sind sehr gut im Internet zugänglich. Insgesamt hat die Bedeutung dieser Art von Mensch-Maschine-Interaktion in den letzten Jahrzehnten dramatisch zugenommen und wird sicherlich noch weiter wachsen, wobei insbesondere die immer bessere Verfügbarkeit (»jederzeit online«), die immer breiteren Anwendungsbereiche (»alles wird per App gesteuert«) und neue Interaktionsformen (augmented reality, Anreicherung der Welt durch virtuelle Informationen) spannende Trends sind, die auch für die Mensch-Computer-Interaktion immer neue Fragestellungen eröffnen. Hier liegt sicherlich eines der wichtigsten Arbeitsgebiete für Ingenieurpsychologen.

Fragen zur Selbstüberprüfung

1. Was ist eine Mensch-Maschine-Schnittstelle?
2. Welche drei Aspekte sind bei der Mensch-Computer-Interaktion zu berücksichtigen? Welchen Funktionen von Software entsprechen diese?
3. Welche Eingabemedien für Computer werden unterschieden? Für welche Aufgaben sind diese jeweils besonders gut geeignet?
4. Was ist das WIMP-Interface? Erklären Sie kurz die einzelnen Bestandteile.
5. Beschreiben Sie kurz die sieben wichtigsten Interaktionsformen zwischen Mensch und Computer und nennen Sie jeweils ein Anwendungsgebiet.
6. Welche Interaktionsform würden Sie wählen, wenn Sie die Daten von Probanden eingeben möchten?

7. Beschreiben Sie kurz, wie Sie ein ideales Menü für ein Programm zur Dateneingabe erstellen würden.
8. Beschreiben Sie die sieben Eigenschaften eines guten Dialogs. Geben Sie zu jeder Eigenschaft ein Beispiel.
9. Sie nutzen eine App für den öffentlichen Busverkehr. Da Sie morgens immer wieder dieselbe Strecke fahren, würden Sie diese gerne speichern, um sie nicht immer neu eingeben zu müssen. Leider geht dies in der App nicht. Welche Eigenschaft guter Dialoge ist hier verletzt?
10. Beschreiben Sie die acht Regeln des Dialogdesigns, die dazu beitragen, das Systemverständnis des Nutzers zu fördern. Überlegen Sie sich jeweils ein Beispiel aus Ihrer Erfahrung, bei dem diese Regeln verletzt sind.
11. Was ist ein mentales Modell? Welche beiden zentralen Komponenten beinhaltet es?
12. Was sind die beiden zentralen Aspekte der Usability, die durch eine Beobachtung bei der Aufgabenbearbeitung erfasst werden? Wie misst man diese?

7.5 Literaturempfehlungen

Butz, A. & Rohs, M. (2014). *Mensch-Maschine-Interaktion*. München: Oldenbourg.

Heinecke, A. (2012). *Mensch-Computer-Interaktion. Basiswissen für Entwickler und Gestalter*. Heidelberg: Springer.

Herczeg, M. (2009). *Software-Ergonomie: Theorien, Modelle und Kriterien für gebrauchstaugliche interaktive Computersysteme*. München: Oldenbourg.

Moser, C. (2012). *User Experience Design: Mit erlebniszentrierter Softwareentwicklung zu Produkten, die begeistern*. Berlin: Springer.

Rogers, Y., Sharp, H. & Preece, J. (2011). *Interaction Design: Beyond Human-Computer Interaction*. Southern Gate: John Wiley.

Scott MacKenzie, I. (2013). *Human-Computer Interaction: An Empirical Research Perspective*. Waltham: Elsevier.

Tidwell, J. (2011). *Designing Interfaces*. Beijing: O'Reilly.

8 Automation

Inhalt
Automation durchdringt das Privatleben und die Arbeitswelt zunehmend stärker. Das Kapitel vermittelt ein Verständnis verschiedener Formen der Automation. Diese bilden den Gestaltungsrahmen für die Entwicklung entsprechender Systeme. Da Automation Aufgaben an Stelle des Menschen übernimmt, könnte man vermuten, dass psychologische Aspekte hier wenig wichtig sind. Das Gegenteil ist der Fall, da diese Aufgaben nicht isoliert, sondern in menschliche Tätigkeiten eingebunden sind. Damit ist die Gestaltung der Funktionsteilung zwischen Mensch und Automation der Kern der ingenieurpsychologischen Aufgaben in diesem Bereich. Automation bietet die Chance, Tätigkeiten für den Nutzer effektiver und angenehmer zu gestalten. Dies zu erreichen, ist eines der wichtigsten Arbeitsgebiete von Ingenieurpsychologen.

Unser heutiger Lebensstandard, die Menge an Gegenständen, die für jeden verfügbar sind, oder die große individuelle Mobilität sind nur möglich, weil viele Aufgaben von Maschinen übernommen werden. Weitgehend automatisch, ohne Eingriffe des Menschen, werden Produkte gefertigt und Tätigkeiten effektiver, schneller und ohne dass Erholungspausen nötig wären, ausgeführt. **Kapitel 8.1** beschreibt genauer, was Automation eigentlich ist und in welchen Bereichen des Lebens Automation inzwischen eine Rolle spielt. Dabei zeigt sich, dass Automation nicht ein fest definierter Zustand ist, sondern dass sich dahinter ein fast kontinuierlicher Übergang von manueller Tätigkeit zu vollständig automatischen Prozessen verbirgt. Diese »Levels of Automation« oder Automationsstufen und verschiedene Konzepte der Automation werden in **Kapitel 8.2** dargestellt. Für den Ingenieurpsychologen ist natürlich die Interaktion zwischen der Automation und dem menschlichen Nutzer oder Bediener besonders interessant. Welche Aufgaben sollte die Automation übernehmen, wozu sind Menschen besser fähig? Diese Fragen der Funktionsteilung spielen bei der Gestaltung von Automation eine ganz wesentliche Rolle und werden in **Kapitel 8.3** dargestellt.

Dieser positiven, idealen Sicht steht eine lange Forschungstradition entgegen, die zeigt, dass Automation auch zu einer ganzen Reihe von Problemen führen kann, die gerade in der Funktionsteilung, der Abstimmung zwischen Mensch und Automation begründet sind. Je mehr Aufgaben die Automation übernimmt, je weniger der Mensch noch zu tun hat, umso gravierender ist es, wenn die Automation mit einer bestimmten Situation nicht zurechtkommt und der Mensch übernehmen muss. Diese zentrale »Ironie der Automation« wurde bereits von Bainbridge (1983) in einem wegweisenden Artikel beschrieben und wird in **Kapitel 8.4** diskutiert. Diese Überlegungen führten zur Entwicklung einer ganzen Reihe von Konzepten, die beschreiben sollen, wie sich die Rolle des Menschen im Umgang mit Automation verändert und welche Konsequenzen dies für die Leistung, die Durchführung von Aufgaben, hat. **Kapitel 8.5** gibt einen Überblick über die wichtigsten dieser Konzepte. Diese bilden die Grundlage, um Lösungen für die Probleme im Umgang mit Automation zu finden. Man ist aber noch weit davon entfernt, für die verschiedenen Bereiche, in denen Automation eingeführt wird, optimale Lösungen zu haben. Das letzte Kapitel kann deshalb nur versuchen, einige Ideen für vielversprechende Ansätze zu beschreiben. Dieser Bereich wird in Zukunft sicherlich ein wichtiges Arbeitsgebiet für Ingenieurpsychologen bleiben.

8.1 Definition und Anwendungsgebiete

Der Begriff der Automation ist abgeleitet von dem griechischen Begriff automatos, was »von selbst geschehend« bedeutet. Zu definieren ist Automation wie folgt: »Mit Automatisierung und Automation wird der Prozess sowie sein Resultat bezeichnet, in dem Aufgaben (bzw. die daraus resultierenden Tätigkeiten), die vom Menschen ausgeführt wurden, an eine Maschine übergeben werden.« (Hauß & Timpe, 2000, S. 43) In dieser Beschreibung wird deutlich, dass es in der Regel eine Entwicklung über die Zeit gibt, in der verschiedene Teile einer Tätigkeit von einem technischen System übernommen werden, bis schließlich ein bestimmter Zustand erreicht ist, der als Automation beschrieben wird. Beim Fliegen wurden zum Beispiel verschiedene Flugphasen (erst der Flug zum Ziel, dann die Landung, schließlich der Start) der Reihe nach vom Autopiloten übernommen, sodass heute prinzipiell automatisch von A nach B geflogen werden kann. Beim Autofahren hat dieser Prozess mit dem Tempomat begonnen, der eine vorher eingestellte Geschwindigkeit selbständig regelt. Das Assistenzsystem ACC (*Adaptive Cruise Control* oder adaptiver Tempomat) erkennt andere, langsamere Vorderfahrzeuge, reduziert die Geschwindigkeit und folgt diesen dann mit einem sicheren Abstand. Der nächste Schritt ist das System *ACC-Stopp-and-Go*, das bis zum Stillstand abbremst und die Fahrt im Stau unterstützt. Im Bereich des Bahnverkehrs gibt es inzwischen U-Bahnen (z. B. bestimmte Linien in Nürnberg), die automatisch und ohne Fahrer ihre Fahrgäste befördern.

Beispiel

▶ Kennen Sie aus Ihrem Alltag Automation? Nein? Dann ist diese Automation offensichtlich so gut gestaltet, dass sie Ihnen überhaupt nicht mehr auffällt. Das wäre eigentlich die für den Nutzer ideale Form der Automation – Aufgaben automatisch so zu übernehmen, dass sie ideal in die Handlungen des Nutzers integriert werden können. Einige Beispiele:

- Der Kaffeevollautomat mahlt die Bohnen, brüht den Kaffee auf. Sie müssen nur den richtigen Knopf drücken und eine Tasse unterstellen.

- Der Geldautomat holt das Geld aus dem Safe und händigt es Ihnen aus (wenn Sie dazu berechtigt sind und Ihr Konto gefüllt ist).
- Der Fahrkartenautomat hilft Ihnen, eine Fahrkarte auszuwählen und druckt diese aus (wenn Sie bezahlt haben).
- Sie stellen die Flaschen in den Pfandautomaten. Der erkennt die Flaschen und zahlt das entsprechende Pfand aus.

Wenn Sie selbst darüber nachdenken, fallen Ihnen sicherlich noch viele weitere Beispiele ein. ◄◄

Diese Beispiele zeigen, dass sich durch Automation zunächst die Tätigkeit der Nutzer verändert. Piloten überwachen den Autopiloten, der Fahrer muss nur noch lenken, aber nicht mehr Gas geben oder bremsen (es sei denn, das Vorderfahrzeug hält plötzlich an, worauf viele ACC-Systeme noch nicht reagieren können), und in der Nürnberger U-Bahn wird der Triebfahrzeugführer nicht mehr benötigt. Der letzte Punkt verdeutlicht auch die globalen Folgen der Automation. Durch Automation verändert sich die Art, wie bestimmte Tätigkeiten ausgeführt werden. Positiv gesehen werden keine Menschen mehr benötigt, man spart damit Geld für deren Entlohnung und kann so Produkte günstiger und schneller herstellen. Man kann Menschen von unangenehmen, langweiligen oder gefährlichen Tätigkeiten entlasten. Monotone Fließbandtätigkeiten, das Erkunden feindlichen Geländes in Kampfsituationen oder lange, ereignisarme Flüge sind nur einige Beispiele, in denen Automation global positive Wirkungen zeigt. Gerade Routineaufgaben können Maschinen länger und fehlerfrei erledigen (► **Kap. 8.3**).

Automation kann aber auch negative Aspekte beinhalten. Global verlieren Menschen durch Automation ihre Arbeitsplätze. Aber auch der Einzelne kann Automation negativ erleben. Der Pilot beobachtet nur noch, was der Autopilot tut – vielleicht würde er viel lieber selbst fliegen. Und möchten Sie als Autofahrer gefahren werden, vor allem, wenn Sie weiterhin hinter dem Lenkrad sitzen und beobachten müssen, ob Ihr Auto-Fahrer auch alles richtig macht? Man verliert einen Teil seines Handlungsspielraums, was durchaus als Verlust von Freude bei der Arbeit erlebt werden kann. Diese Veränderungen und möglichen Folgen werden in **Kapitel 8.4** diskutiert.

Dennoch: Insgesamt lässt sich Automation aus der Industriegesellschaft nicht mehr wegdenken. Im Alltag ist Automation ein ganz selbstverständlicher Begleiter (s. Beispiel). Man ist sich häufig gar nicht bewusst, dass man Automation nutzt, z. B. beim Kaffeekochen. Automation erscheint völlig unproblematisch, wenn sie funktioniert und bestimmte Teilaufgaben vollständig übernimmt. Unangenehm erlebt werden dann nur schlechte Displays und Anzeigen (▶ **Kap. 4**) oder eine unverständliche Bedienung (▶ **Kap. 6**). Die Anzahl dieser alltäglichen Aufgaben, die von Automation übernommen werden, wird mit weiteren Entwicklungen sicher noch steigen.

Hinzu kommen für Menschen (momentan) unmögliche Tätigkeiten wie Tiefseemissionen oder Flüge zum Mars. Schwierige, langweilige, gefährliche oder unangenehme Tätigkeiten können für die Menschen übernommen werden. Automation kann bestimmte Dinge tun, die auch die kognitiven Fähigkeiten von Menschen übersteigen, z. B. viele Dinge gleichzeitig gut ausführen. Und schließlich: Automation wird auch eingeführt, weil es technisch möglich ist, ohne dass man sich viele Gedanken über die Menschen macht, die davon betroffen sind.

Solange allerdings die Automation noch nicht perfekt funktioniert, solange noch Menschen die Automation überwachen müssen oder mit ihr zusammenarbeiten müssen, sollte man sich Gedanken darüber machen, auf welche Weise man bestimmte Tätigkeiten automatisiert und wie man sie zwischen Mensch und Maschine aufteilt. Dies ist das Thema der beiden folgenden Kapitel.

8.2   Stufen der Automation

Man kann die *Aufteilung von Aufgaben* zwischen Mensch und Automation auf unterschiedliche Art beschreiben. Einerseits kann es darum gehen, welche Teilaufgaben komplexer Gesamtaufgaben vom Menschen und welche von der Automation übernommen werden. Diese Art der *Funktionsteilung* wird in **Kapitel 8.3** beschrieben. Man kann aber auch innerhalb einer Aufgabe überlegen, wie hier Mensch und Automation zusammenarbeiten. Diese Darstellung ergibt allerdings nur Sinn, solange die Automation noch nicht vollständig und nicht völlig zuverlässig arbeitet. Eigentlich handelt es sich damit um Vorstufen von Automation, die häufig auch als »Assistenz« beschrieben werden. Was ist damit gemeint?

Erklärung
▶ Von *Automation* im engen Sinne spricht man dann, wenn die Maschine vollständig eine bestimmte Tätigkeit übernimmt. Wenn sich Mensch und Maschine ergänzen oder die Maschine den Menschen bei bestimmten Aspekten der Aufgabe unterstützt, spricht man von *Assistenz*. Die *Stufen der Automation* (Levels of Automation) müsste man streng genommen als unterschiedliche *Grade der Assistenz* bis hin zur Automation bezeichnen. ◀◀

Die Beschreibung von verschiedenen *Levels of Automation* oder *Stufen der Automation* ist hier hilfreich (Parasuraman, Sheridan & Wickens, 2000). Die Aufzählung beginnt mit manueller Tätigkeit, bei der Computer keine Rolle spielen. Auf der zweiten Stufe schlägt der Computer verschiedene Möglichkeiten vor, wie die Aufgabe bearbeitet werden kann. Der Mensch entscheidet sich für eine dieser Möglichkeiten und führt sie aus. In der nächsten Stufe schlägt der Computer ein Vorgehen vor, das der Mensch bestätigt und ausführt. Auf der nächsten Stufe führt der Computer dieses Vorgehen selbst aus, das der Mensch bestätigt hat. Im nächsten Schritt wählt der Computer ein Vorgehen aus und erlaubt dem Menschen eine begrenzte Zeit, dies zu verhindern. Schließlich führt der Computer automatisch eine Handlung durch und informiert den Menschen darüber. In der vorletzten Stufe erfolgt die Information nur, wenn der Mensch diese aktiv abfragt. Die volle Automation ist erreicht, wenn der Computer autonom handelt und den Menschen ignoriert.

8.2 Stufen der Automation

Hinter diesem Konzept steckt die Idee der Informationsverarbeitung, wie wir sie in **Kapitel 2** dargestellt hatten. Man nimmt Informationen auf und bewertet diese, um daraus Handlungen abzuleiten, die dann ausgeführt werden. Bei den frühen Stufen der Automation steht entsprechend die Informationsauswahl im Vordergrund, gefolgt von der Handlungsplanung und dann Ausführung. Man könnte sich allerdings auch Assistenz oder Automation vorstellen, die nur bei der Ausführung unterstützt. Operationsroboter können zum Beispiel das Skalpell sicher an die Stelle führen, die ein Chirurg vorher ausgewählt hat. Ein Spurhaltungsassistent unterstützt den Fahrer durch Lenkmomente dabei, in der Mitte der Spur zu bleiben. Ebenso könnte die Automation den Nutzer unterschiedlich stark bei der Wahrnehmung und Bewertung von Information unterstützen. Nachtsichtsysteme können zum Beispiel die Umwelt besser sichtbar machen. Diese verbesserte Sicht kann aber auch genutzt werden, um beispielsweise automatisch Fußgänger zu erkennen und den Fahrer auf diese hinzuweisen. Man könnte damit den Grad von Automation oder Unterstützung auch angepasst an die verschiedenen Stufen des Informationsverarbeitungsprozesses beschreiben.

Eine etwas andere Sichtweise betont stärker die Frage der Kontrolle. Im Konzept von Sheridan (2006) steht die Mensch-Maschine-Interaktion mit den entsprechenden Schnittstellen im Vordergrund (▶ **Abb. 8.1**). Über bestimmte Sensoren werden Informationen aufgenommen, die dem Menschen über Displays oder Anzeigen zur Verfügung gestellt werden. Dieser kann dann mit Bedienelementen Handlungen auslösen, die dann von der Technik umgesetzt werden. Im Auto wird die Geschwindigkeit durch entsprechende Sensoren gemessen und im Tacho angezeigt. Der Fahrer kann dann Gas geben, wodurch dem Motor mehr Treibstoff zugeführt wird, um die von ihm gewünschte Geschwindigkeit zu erreichen. Sowohl Anzeige als auch Umsetzung der Gaspedalstellung werden häufig durch Computer (z. B. den Bordcomputer) unterstützt, der z. B. die Anzeige auf eine bestimmte Weise aufbereitet oder abhängig von der Gaspedalstellung die Kraftstoffzufuhr regelt (Assistenz). Bei der Teil-Automation mit Überwachung (engl.

supervisory control) kann der Computer teilweise oder vollständig selbständig abhängig von der sensorischen Information bestimmte Aktionen planen und ausführen. Der Mensch überwacht dies und greift, wenn nötig, ein. Bei automatischer Kontrolle agiert der Computer selbst, aber informiert den Menschen über die Aktionen. Dieser kann nicht mehr selbst eingreifen, aber möglicherweise die Automation ausschalten und selbst manuell übernehmen.

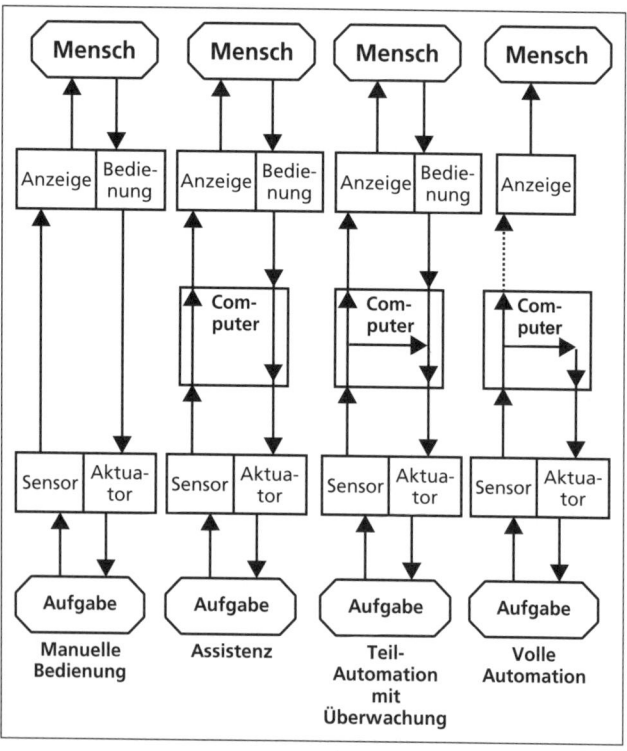

Abb. 8.1: Unterschiedliche Kontrolle im Umgang mit Automation (modifiziert nach Sheridan, 2006)

8.2 Stufen der Automation

Merke
▶ *Überwachungsaufgaben* (*supervisory control*) sind die wichtigsten Tätigkeiten, mit denen man sich im Rahmen von Automation beschäftigt. Der Mensch muss überwachen, was die Automation tut. Dazu ist es notwendig, zu verstehen, welche Aktionen in Abhängigkeit von der aktuellen Situation sinnvoll und notwendig sind und inwiefern die Automation tatsächlich angemessen handelt. Dazu ist eine Rückmeldung über den aktuellen Zustand der Automation entscheidend. Die Automation zu verstehen ist für einen Menschen umso schwieriger, je selbständiger die Automation handelt. ◂◂

Warum wird dieser *Überwachungsmodus* gewählt? Wenn die Handlung anstrengend oder unangenehm ist, könnte es für den Nutzer angenehm sein, dass der Computer die Ausführung übernimmt. Allerdings ist es bei vielen Aufgaben so, dass nicht nur die Ausführung, sondern auch die Aufgabe an sich wenig interessant oder unangenehm ist. Stellen Sie sich eine langweilige Nachtfahrt vor. Sie sind müde und würden natürlich gerne das Auto alleine fahren lassen. Aber: Im Überwachungsmodus würde zwar das Auto alleine fahren, aber Sie müssten trotzdem wach bleiben und zuschauen, ob es tatsächlich richtig die Spur hält, die Geschwindigkeit wählt, auf andere Fahrzeuge reagiert usw.

Eine solche Automation im Überwachungsmodus wäre also nicht wirklich hilfreich für sie, sondern könnte ihre Aufmerksamkeit noch weiter einschränken, als es bei manueller Fahrt der Fall wäre. Dann wäre doch eine Automation sinnvoller, bei der Sie wirklich schlafen könnten, wo also die Kontrolle und Verantwortung vollständig bei der Automation liegt. Die Voraussetzung dafür wäre allerdings, dass die Automation mindestens so zuverlässig und gut fährt, wie Sie es als Mensch tun würden. Hier liegt der Hauptgrund für die Einführung des Überwachungsmodus: Er wird immer dann gewählt, wenn man keine vollständige Zuverlässigkeit garantieren kann oder sie zwar in bestimmten Situationen (z. B. auf der Autobahn) garantieren, aber nicht sicherstellen kann, dass nicht Situationen auftreten könnten, die das System nicht beherrscht. Beim oben beschriebenen Fahren könnte das System z. B. auf der trockenen Autobahn wunderbar funktionieren. Wenn Schnee fällt und die Spurmarkierungen nicht mehr gut sichtbar sind, hätte das System allerdings Probleme, die Spur zu halten.

Ganz häufig liegt die Ursache für die Einführung niedriger Stufen der Automation genau in diesen Einschränkungen der Automation begründet. Sie könnten allerdings auch durch menschzentrierte Überlegungen begründet werden, indem man den Menschen genau da unterstützt, wo es für ihn angenehm und notwendig ist, und ihm die Dinge überlässt, die er besonders gut bewältigen kann. Dies ist das Thema von **Kapitel 8.3**.

Merke
▶ Die Unterscheidung verschiedener Stufen der Automation ist vor allem durch die unzureichende Zuverlässigkeit bzw. den eingeschränkten Funktionsumfang bedingt, der dazu führt, dass Menschen Teile der Handlung übernehmen müssen, die die Automation nicht beherrscht. Man könnte aber auch versuchen, gezielt bestimmte Stufen zu wählen, um den Menschen besser in die Aufgabe einzubinden. ◂◂

8.3 Funktionsteilung – Mensch oder Automation?

Die Alltagsbeispiele in **Kapitel 8.1** hatten gezeigt, wie selbstverständlich für uns im Alltag die Arbeitsteilung mit Automation ist. Wenn auf Knopfdruck Latte Macchiato aus der Maschine kommt, ist man froh, dass man eben nicht mehr Kaffee mahlen, Wasser kochen und aufgießen, Milch schäumen und das Ganze mischen muss. Und der Kaffee schmeckt den meisten Menschen sogar besser, als wenn sie ihn manuell gekocht hätten. Hier liegt eine optimale Funktionsteilung zwischen Mensch und Maschine vor. Aus der Sicht eines Ingenieurpsychologen ist das die ideale Art, Automation zu entwickeln: Man analysiert, welche Teilaufgaben Menschen ungern oder schlecht erledigen können und automatisiert genau diese, überlässt die anderen Teilaufgaben, die Spaß machen und Menschen gut können, aber der manuellen Kontrolle. Dieser Gedanke wurde von Fitts ausgearbeitet, der Listen von Tätigkeiten erstellte, die jeweils besser von Menschen oder von Maschinen übernommen werden können (Fitts, 1951, s. Exkurs). Ein Beispiel für Tätigkeiten, bei denen Menschen nicht gut sind, sind langdauernde Überwachungstätigkeiten. Die Daueraufmerksamkeit oder Vigilanz lässt schon bereits nach 10 bis 20 Minuten deutlich nach, sodass z. B. kleine Signale nicht mehr entdeckt werden. Dies ist natürlich auch ein Problem bei der Überwachung von Teil-Automation, wie es in **Kapitel 8.2** beschrieben wurde. Maschinen können Überwachungsaufgaben dagegen über Stunden und Tage ohne Qualitätsverlust leisten.

Diese Seite der Funktionsteilung erscheint nach wie vor sinnvoll: Man untersucht, bei welchen Teilaufgaben Menschen Probleme haben, und versucht, diese zu automatisieren. Neue Fahrerassistenzsysteme unterstützen den Fahrer zum Beispiel darin, Radfahrer oder Fußgänger zu erkennen, die der Fahrer sonst übersehen würde und was eine der häufigsten Ursachen für Todesfälle dieser schwächeren Verkehrsteilnehmer ist. Die Analyse von Defiziten oder Problemen als Ansatzpunkt für Automation ist demnach eine direkte Folge dieser alten Idee, die auch heute noch aktuell und positiv zu bewerten ist.

Schwieriger ist der andere Aspekt: Man sollte den Menschen auch die Teile von Aufgaben überlassen, die er gut leisten kann und die ihm Spaß machen. Inzwischen können Computer und Maschinen viele Dinge, bei denen der Mensch früher deutlich überlegen war. Auch dann gibt es noch gute Gründe, Automation einzuführen, z. B. weil dies wirtschaftlich günstiger ist. Allerdings können Probleme im Umgang mit Automation entstehen, insbesondere wenn es sich um Teil-Automation (▶ **Kap. 8.2**) handelt. Der Mensch muss dabei die Automation überwachen, wobei man weiß, dass diese Überwachungstätigkeit nicht eine Stärke des Menschen ist. Und die Automation übernimmt Teilaufgaben, die der Mensch vielleicht

> **Exkurs: Die MABA-Listen von Paul Fitts**
> In den 50er Jahren des letzten Jahrhunderts erstellte Fitts Listen von Tätigkeiten, die eher für Menschen oder eher für Maschinen geeignet sind. Diese wurden nach den Anfangsbuchstaben MABA-Listen genannt (»Men Are Better At...«, »Machines Are Better At...«). Menschen können zum Beispiel besser komplexe Entscheidungen in schwierigen oder neuen Situationen treffen, komplexe visuelle Muster unter schlechten Sichtbedingungen erkennen oder neue Lösungsstrategien erarbeiten. Maschinen können dagegen besser über lange Zeiträume konstant gute Leistungen erbringen, dabei hohe Kräfte kontrolliert aufbringen und sind bei langdauernden Überwachungsaufgaben überlegen, da sie nicht ermüden.
>
> Diese Listen haben einen Nachteil: Die Maschinen entwickeln sich ständig weiter. Wenn man die ursprünglichen Listen von Fitts durchsieht, können Maschinen inzwischen schon deutlich mehr. Zum Beispiel ist die automatische Mustererkennung in Fotos inzwischen so gut, dass damit Hindernisse, Fußgänger oder Radfahrer teilweise besser erkannt werden können, als dies durch Menschen möglich ist. Maschinen erobern damit Gebiete, die früher dem Menschen überlassen waren. Was bleibt dann für den Menschen übrig? Sollte man alles automatisieren, was man automatisieren kann?

lieber selbst leisten würde. Häufig geht das Gefühl der Verantwortlichkeit verloren und die Möglichkeit zur Selbstbestimmung oder Selbstorganisation der Arbeit. Dies wirkt sich negativ auf die Arbeitszufriedenheit und Motivation aus.

Wie können diese Probleme vermieden werden? Im nächsten Kapitel werden zunächst verschiedene Konzepte dargestellt, die dieses Problemfeld näher beschreiben. Damit wird besser verständlich, wie Alternativen aussehen könnten, die diese unterschiedlichen Probleme lösen. Dies ist dann das Thema von **Kapitel 8.5**.

8.4 Problemkreise der Automation

Bereits 1983 wies Bainbridge auf grundlegende Problemkreise der Automation hin und nannte dies in ihrem gleichnamigen Artikel die »Ironien der Automation« (*Ironies of Automation*; Bainbridge, 1983). Diese entstehen dann, wenn ein Systemdesigner versucht, bestimmte Aufgaben zu automatisieren. Die zentrale Ursache der Probleme liegt darin, dass regelhaft eine vollständige Automation nicht sofort gelingt, sondern immer Teilaufgaben bleiben, für die sich aktuell keine technischen Lösungen finden lassen. Diese werden dann dem Menschen übergeben. Dadurch entstehen für den Nutzer zwei Klassen von Aufgaben. Einerseits muss der Mensch die Automation überwachen. Andererseits muss er, wenn er bemerkt, dass das System nicht richtig funktioniert, oder wenn das System ausfällt, eingreifen und die Aufgabe manuell übernehmen.

Merke
▶ Eigentlich soll Automation den Menschen entlasten und unterstützen. In der Realität entstehen durch Automation aber häufig sehr langweilige Aufgaben (Beobachtung und Überwachung der Automation) und (sehr selten) Situationen, in denen die Automation nicht funktioniert. Diese sind entweder schwer zu entdecken oder so katastrophal, dass der Nutzer ebenso wie das System davon überfordert ist, sie zu bewältigen. Dies gilt vor allem vor dem Hintergrund, dass der Nutzer vorher so durch die Automation entlastet wurde, dass er nicht mehr richtig in die Aufgabe eingebunden ist und damit auch Schwierigkeiten hat, die kritische Situation zu verstehen. Dies nennt man *Ironie der Automation* (nach Bainbridge, 1983) – Automation soll entlasten und unterstützen und führt genau dadurch zur Überforderung und Katastrophe. ◀◀

Dass Menschen darin nicht besonders gut sind, über längere Zeiträume Aufgaben oder Prozesse zu überwachen, darauf wurde bereits in **Kapitel 8.2** hingewiesen. Mit der Zeit sinkt gerade bei monotonen Aufgaben, bei denen nicht viel passiert, die Daueraufmerksamkeit, sodass Fehler nicht bemerkt werden. **Abbildung 8.2** verdeutlicht dies an einem Beispiel. Hinzu kommen noch schwerwiegendere Bedenken. Häufig werden gerade Aufgaben automatisiert, bei denen Menschen Fehler machen oder nicht effektiv arbeiten. Wenn zum Beispiel viele Informationen gleichzeitig aufgenommen und verarbeitet werden müssen, geraten Menschen schnell an die Grenzen ihrer kognitiven Leistungsfähigkeit. Computer können dagegen mit verschiedenen Sensoren und entsprechender Programmierung genau dies sehr gut leisten. Wie aber soll ein Beobachter von außen entscheiden, ob der Computer diese Aufgaben gut erledigt, wenn man als Mensch gar nicht in der Lage wäre, diese Aufgabe ähnlich gut zu bearbeiten? Die Forderung, der Mensch solle bei derartigen Aufgaben den Computer überwachen, ist absurd.

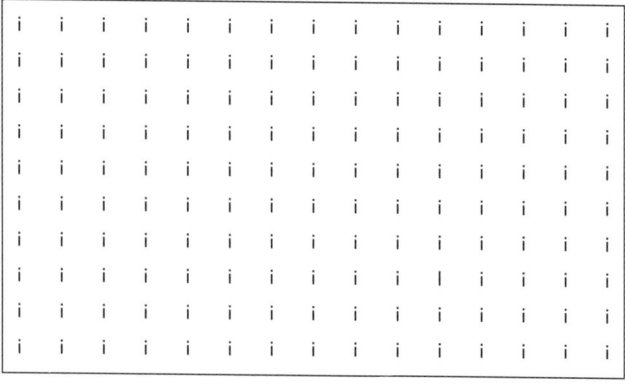

Abb. 8.2: Beispiel für eine typische Vigilanzaufgabe. Gehen Sie das Bild Zeile für Zeile durch. Wie viele »l« sind hier enthalten?

Gelingt es dem Menschen dennoch, einen Fehler zu entdecken, oder fällt das System aus, muss er eingreifen und die Aufgabe manuell durchführen. Problematisch dabei kann sein, dass er vor dem *Systemausfall* nur das System beobachtet, aber nicht selbst gehandelt hat. Der Mensch ist damit nur oberflächlich in die Aufgabe eingebunden, sodass er Schwierigkeiten haben wird, sofort die Situation in ihrer Komplexität richtig zu verstehen. Längerfristig kommt hinzu, dass man seine Kompetenzen ohne Übung verliert, gerade wenn es um schwierigere Regeltätigkeiten geht. Und schließlich: Wann wird die Automation ausfallen? Vermutlich dann, wenn neue, schwierige, unerwartete Situationen auftauchen, mit denen der Programmierer nicht gerechnet hat. Ausgerechnet in diesen Situationen, die die Automation nicht bewältigt, muss nun der Mensch übernehmen, und das möglicherweise völlig unvorbereitet.

Ein zentrales Konzept, das hier angesprochen ist, ist das *Situationsbewusstsein*. Nach Endsley (1995b) besteht es aus drei Stufen. (1) In einer bestimmten Situation müssen die relevanten Informationen wahrgenommen werden, (2) man muss verstehen, was sie bedeuten, und (3) eine Vorstellung davon haben, wie sich die Situation entwickeln wird. Nur dann wird man insbesondere kritische Situationen richtig bewältigen können. Wenn Menschen Automation überwachen, ist es sehr wahrscheinlich, dass sie nicht alle relevanten Informationen aufnehmen, da auf Dauer die Aufmerksamkeit nachlässt. Da sie nicht selber die Aufgabe durchführen, sondern nur die Automation beobachten, werden sie teilweise nicht verstehen, was die Informationen bedeuten. Dies liegt daran, dass sie bei der Überwachung Informationen nur oberflächlich verarbeiten. Damit ist es ihnen häufig unmöglich, vorhersagen zu können, was passieren wird. Wenn die Automation ausfällt, muss der Mensch deshalb auch erst ein adäquates Situationsbewusstsein entwickeln, also sich orientieren und die relevanten Informationen aufnehmen, um die Situation zu verstehen und aufgrund der Erwartung, was passieren wird, dann einzugreifen und eine kritische Situation zu verhindern oder zu bewältigen.

Merke

▶ Das *Situationsbewusstsein* nach Endsley (1995b) umfasst drei Stufen:

1. *Wahrnehmung* der relevanten Informationen
2. *Verständnis* ihrer Bedeutung
3. *Vorhersage* der weiteren Entwicklung der Situation ◄◄

Daher geht es bei der Bewertung von Automation immer darum, das Situationsbewusstsein des Nutzers zu untersuchen. Endsley hat verschiedene Methoden vorgeschlagen, um dies zu messen (Endsley, 1995a). Die wohl bekannteste ist SAGAT (Situation Awareness Global Assessment Technique). Man beobachtet hier Nutzer bei der Bewältigung einer Aufgabe, häufig in der Umgebung einer Simulation. In einem bestimmten Moment wird die Situation dann »eingefroren« und die Sicht darauf verdeckt und der Nutzer befragt, welche Objekte in der Situation vorhanden waren, inwieweit diese relevant für die eigene Handlung waren und wie sich die Situation wohl weiterentwickeln wird (s. Beispiel). Mit dieser Methode wird das Situationsbewusstsein direkt bei der Aufgabenbearbeitung in seinen verschiedenen Komponenten erfasst. Dabei kann klar definiert und gemessen werden, inwieweit die verschiedenen Komponenten ausgeprägt sind. Problematisch bei dieser Technik ist, dass der Nutzer sich sehr schnell darauf einstellt, dass er immer wieder auf eine bestimmte Weise befragt wird, und dann in der Situation versucht, sich genau diese Aspekte zu merken. Dann entspricht sein Verhalten nicht mehr dem natürlichen Verhalten.

Eine weitere Möglichkeit ist es, nach einer Situation den Nutzer selbst abschätzen zu lassen, inwieweit die verschiedenen Aspekte des Situationsbewusstseins während der Aufgabe vorhanden waren (SART: Situation Awareness Rating Technique). Auf diese Weise kann der Nutzer zunächst ganz natürlich und unbeeinflusst arbeiten, sodass die Ergebnisse gut auf das normale Verhalten übertragbar sein sollten. Schwierig ist hier, dass sich ein fehlendes Situationsbewusstsein erst dann bemerkbar macht, wenn bestimmte Dinge schieflaufen. Erst daran merkt man als Nutzer, dass das eigene Situationsbewusstsein wohl nicht so angemessen war, wie man es gedacht hatte. Dies gilt dann natürlich auch für die Selbsteinschätzung nach einer Situation, d. h. gerade ein fehlendes Situationsbewusstsein wird hier schwer zu erfassen sein.

Schließlich kann man auch versuchen, indirekt auf das Situationsbewusstsein zu schließen, indem man beobachtet, ob der Nutzer in bestimmten Situationen in angemessener Weise reagiert. Die Kunst liegt hier darin, Situationen zu definieren, in denen bestimmte Reize auftauchen, auf die der Nutzer nur dann reagieren kann, wenn er diese auch bemerkt und versteht. Man ist hier nicht auf die Befragung mit den möglichen Verzerrungen durch die Angaben der Nutzer angewiesen, sondern kann direkt das tatsächliche Verhalten beobachten. Der Nachteil dieser indirekten Methode ist, dass unklar ist, worin der Fehler genau bestand: Hat der Nutzer die Informationen nicht gesehen, nicht verstanden oder sich keine Gedanken darüber gemacht, was wohl weiter passieren wird?

Jede dieser Methoden hat damit Vor- und Nachteile. In der Praxis wird man deshalb je nach Fragestellung häufig eine Kombination dieser verschiedenen Methoden wählen, um ihre jeweiligen Nachteile auszugleichen.

Beispiel
▶ Bei langen, monotonen Autobahnfahrten stellt sich die Frage, wie lange der Fahrer eigentlich noch wach und aufmerksam ist und wie man ihn dabei unterstützen kann. Die Messung des Situationsbewusstseins ist hier eine gute Möglichkeit, um diese Frage zu beantworten. Man lässt Fahrer dazu in einem Fahrsimulator über zwei Stunden auf einer Autobahn fahren. In zufälligen Abständen hält man die Simulation an und blendet sie aus. Man fragt dann den Fahrer, auf welchen Spuren sich in welchem Abstand andere Fahrzeuge befänden und wie diese sich weiter bewegen würden. Durch eine geschickte Auswahl der Haltepunkte (z. B. kurz bevor ein anderes Fahrzeug vor einem ausschert, wenn man sich einem langsamen Fahrzeug nähert, wenn man von hinten überholt wird usw.) kann man aus den Antworten sehr gut abschätzen, inwieweit das Situationsbewusstsein des Fahrers auf diesen drei Stufen vorhanden ist. Allerdings wird dadurch auch immer wieder die Fahrt unterbrochen, sodass man sich fragen muss, ob

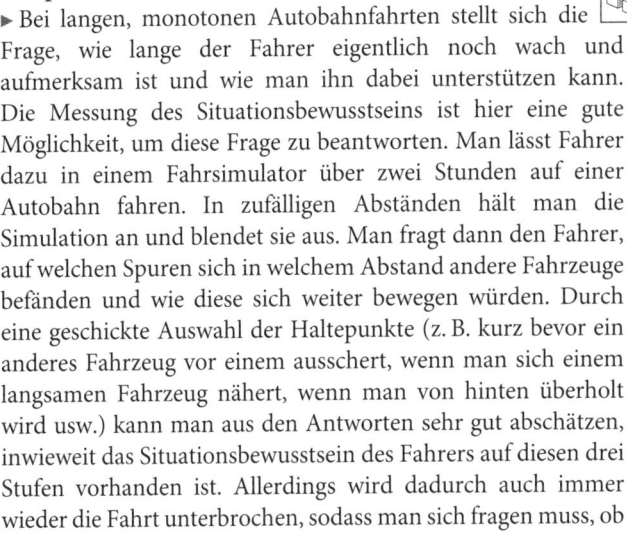

diese Fahrt noch mit »normalen« Fahrten vergleichbar ist. Am Beispiel der Müdigkeit würde der Fahrer durch diese Befragung immer wieder geweckt und aktiviert, sodass die Auswirkungen der Müdigkeit erst viel später und wahrscheinlich anders zu beobachten sind als es bei realen, nicht unterbrochenen Fahrten der Fall wäre. ◂◂

Generell ist zu erwarten, dass das Situationsbewusstsein sinkt, wenn man durch Automation unterstützt wird, da man die entsprechenden Aufgaben nicht mehr selbst ausführen muss. Wie aufmerksam man die Automation überwacht, hängt wiederum davon ab, welche Erfahrungen man mit der Automation macht. Je häufiger man erlebt, dass die Automation Fehler macht, umso genauer wird man sie überwachen. Umgekehrt wird man einer Automation umso mehr trauen, je zuverlässiger sie arbeitet und je weniger Fehler auftreten (s. Merke). Die Zuverlässigkeit der Automation bedingt damit zum großen Teil, welches Vertrauen der Nutzer gegenüber dem System entwickelt. Vom Vertrauen hängt wiederum ab, wie aufmerksam man die Automation überwacht, bzw. wie sehr man sich auf sie verlässt.

Hinsichtlich des Situationsbewusstseins wäre daher eigentlich eine Automation besser, die unzuverlässig arbeitet und nicht zu großem Vertrauen führt. Der Nutzer würde diese Automation besser überwachen, sodass er bei Systemfehlern besser reagieren könnte. Allerdings verringert die mangelnde Zuverlässigkeit die Akzeptanz – wenn die Automation sowieso häufig Fehler macht, erledigt man die Aufgabe vielleicht lieber alleine, ohne Automation.

Diese Zusammenhänge erschweren den Übergang von manuellen Tätigkeiten zur vollen Automation: Natürlich möchte man am liebsten sehr zuverlässige Systeme entwickeln. Je zuverlässiger diese werden, desto mehr verlässt man sich als Nutzer auf die Systeme und desto schlechter kann man Fehler erkennen oder bei Systemausfällen eingreifen. Dies wird auch als *Complacency*, als Nachlässigkeit oder zu großes Vertrauen bezeichnet. Längerfristig gehen Fähigkeiten verloren, und der Mensch wird immer mehr davon abhängig, dass die Auto-

8.4 Problemkreise der Automation

mation perfekt funktioniert. Bewusst Fehler einzubauen, ist auch keine gute Lösung, denn einerseits könnten diese übersehen werden, andererseits sinkt dadurch die Akzeptanz des Systems. Dieses muss dann besser überwacht werden, was für den Nutzer zu zusätzlichem Stress führt. Wenn möglich, wird dann die Automation vermieden und mehr manuelle Kontrolle eingeführt. **Abbildung 8.3** fasst diese Zusammenhänge zusammen.

Insgesamt muss man bei der Entwicklung von Automation sehr darauf achten, dass der Nutzen der zunehmenden Automation nicht durch die entsprechenden Nachteile aufgehoben

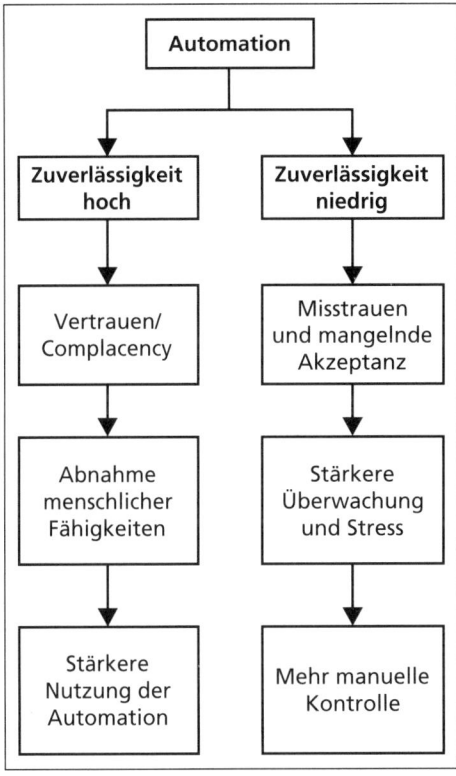

Abb. 8.3: Auswirkungen unterschiedlich zuverlässiger Automation

wird, die gerade bei Systemausfällen sichtbar werden. Die Frage ist auch, wie viele Ausfälle akzeptiert werden bzw. wie zuverlässig ein System sein muss, damit es einerseits für die Nutzer vorteilhaft erscheint, andererseits auch Systemausfälle noch beherrschbar sind. Hinter der scheinbar klaren Aufteilung in **Abbildung 8.3** steckt damit in Wirklichkeit eine wichtige Frage, die für jedes Automationssystem jeweils neu beantwortet werden muss: Wie zuverlässig muss das System sein, wie zuverlässig darf es sein?

Merke

▶ Man unterscheidet verschiedene Arten von Fehlern der Automation. (1) Automation hat in der Regel *situative Grenzen*, in denen sie sehr gut funktioniert. Werden die Grenzen überschritten, kommt es zu Fehlern oder Ausfällen (z. B. eine Spurerkennung fällt bei Schnee aus, weil die Kontraste zu gering werden). (2) Die Automation kann *tatsächlich fehlerhaft programmiert* sein, also z. B. falsche Regeln enthalten. (3) In der *Sensorik können Fehler* auftreten, sodass bestimmte Situationen nicht richtig erkannt werden oder aber erkannt werden, obwohl sie objektiv gar nicht vorliegen. Dann kann die Automation auch nicht richtig reagieren oder reagiert falsch, weil sie die falsche Situation erkannt hat. (4) Automation kann anders handeln, als es ein Mensch tun würde. Auch wenn dies eigentlich nicht falsch ist, kann dies den Menschen überraschen und zum Eingreifen bringen (engl. *automation surprise*). ◀◀

8.5 Auswege und Lösungsansätze

Die Fragen, mit denen **Kapitel 8.4** abgeschlossen wurde, sind sowohl für Entwickler als auch Psychologen unbefriedigend. Eigentlich soll die Automation ja bestimmte Teilaufgaben übernehmen, die der Mensch nicht gut beherrscht oder die lästig sind. Damit sollen bestimmte Tätigkeiten sicherer und effizienter ausgeführt werden können, und im Idealfall sollte dies auch vom Menschen als Entlastung und Unterstützung positiv bewertet werden. Aus einer menschzentrierten Sicht besteht die eigentliche Aufgabe bei der Automation darin, genau diese Arten von Tätigkeiten zu finden, sie der Automation zu übergeben und in die Gesamtaufgabe so einzubinden, dass die Automation den menschlichen Nutzer ergänzt und unterstützt. Je nach Aufgabe kann man auch überlegen, auf welche Art man Unterstützung bietet, ob also auch Teilautomation oder Assistenz für den Nutzer sinnvoll sein könnten. Gerade die Verschränkung dieser manuellen und automatischen Tätigkeiten, die Konzeption und Entwicklung eines Mensch-Maschine-Systems, das gemeinsam mit dem Menschen bestimmte Aufgaben besser und schneller erledigt als der Mensch alleine und das vom Menschen als angenehme Unterstützung, ja vielleicht sogar als Partner erlebt wird, ist Chance und Herausforderung für Ingenieure und Psychologen (s. Beispiel).

Beispiel
▶ Das Konzept des H-Mode (Flemisch et al., 2005) wurde im Bereich der Fahrzeugführung entwickelt, um Stärken von Automation und Menschen in einem gemeinsamen System im Verkehr zum Tragen zu bringen. Es wurde bereits in **Kapitel 6.2** kurz dargestellt, um den Einsatz eines Joysticks als Bedienelement zu veranschaulichen. In diesem Konzept wird die Metapher eines Pferdes benutzt, um damit bei den Nutzern möglichst frühzeitig eine intuitive Vorstellung von dem Zusammenarbeiten mit dieser Art von Automation zu ermöglichen. Ein guter Reiter lenkt sein Pferd und dies ermöglicht es ihm, schnell sein Ziel zu erreichen. Jedes Pferd achtet aber auch darauf, sich nicht in Gefahr zu begeben und schützt so seinen Reiter. Es wird auch von Cowboys berichtet, die beim Reiten schlafen, während das Pferd sie sicher zur Ranch zurückbringt. Der Dressurreiter kann durch langjährige Kontrolle das Pferd aber auch zu komplexen Bewegungen und Figuren bringen. Wäre dies nicht ein gutes Modell, wie eine Automation im Auto funktionieren könnte?

Das Auto unterstützt den Fahrer dabei, schnell von A nach B zu kommen. Wenn der Fahrer eine Ampel übersieht, zu dicht auffährt, zu schnell fährt, könnte ihn die Automation darauf hinweisen, Widerstand leisten und so zum sicheren Fahren beitragen. Wenn der Fahrer einschläft oder unaufmerksam ist, passt die Automation auf. Wenn der Fahrer will, kann er aber auch völlig die Kontrolle übernehmen und einfach wieder ganz alleine fahren.

Wie Untersuchungen von Flemisch zeigen, wird dieses Konzept sehr gut verstanden und akzeptiert (Flemisch et al., 2005). Vielleicht wird der H-Mode in 50 Jahren die normale Art des Autofahrens sein. ◂◂

In der tatsächlichen Forschung und Entwicklung steht allerdings häufig nicht diese zentrale Aufgabe im Vordergrund, sondern der Umgang mit eher praktisch bedingten Ausprägungen von Automation und insbesondere fehlerhafter, nicht vollständig zuverlässiger Automation. Automationsfehler und -ausfälle führen zur Ironie der Automation und letztlich dazu, dass diese Automation von den Nutzern eher abgelehnt wird. Man sucht nach Grenzen der Zuverlässigkeit, die gerade noch akzeptiert werden, Strategien, um die menschlichen Fähigkeiten zu erhalten und die Übernahme bei Fehlern zu ermöglichen, oder führt unterschiedliche Stufen der Automation ein, bei denen Ausfälle besser beherrschbar bleiben. Der beste Ausweg wäre sicherlich, Automation erst dann einzuführen, wenn sie eine zumindest so hohe Zuverlässigkeit wie der Mensch aufweist, sodass dieser sich auch tatsächlich auf die Automation verlassen kann. Angesichts der Komplexität der Situationen und Aufgaben, für die Automation eingeführt wird, ist dies aber häufig nicht möglich. Auch in Zukunft werden daher diese Fragen von Zuverlässigkeit, Systemfehlern und Beherrschbarkeit der Automation eine wichtige Rolle bei der Gestaltung und Bewertung spielen. Bei einer menschzentrierten Automation werden damit immer sowohl die Aspekte der besten Arbeitsteilung als auch der Umgang mit Systemfehlern berücksichtigt werden (s. Erklärung)

Erklärung
▶ Billings führte den Begriff der *menschzentrierten Automation* (engl. *human-centered automation*) ein, bei der folgende Leitlinien wichtig sind (Billings, 1996):

- Halte den Menschen »im Loop«: Der Mensch sollte immer aktiv in die Aufgabe eingebunden sein und nicht nur das System überwachen.
- Sorge dafür, dass der Mensch informiert bleibt: Der Mensch muss weiterhin alle Informationen erhalten, die für die Aufgabe notwendig sind.
- Sorge dafür, dass die Automation überwachbar bleibt: Alle Aktionen und Zustände der Automation sollten für den Menschen leicht zugänglich und verständlich sein.
- Passe die Automation an den Menschen an: Berücksichtige Eigenschaften und Zustände der Nutzer und passe die Automation entsprechend an.
- Sorge für gegenseitiges Verständnis: Sowohl Mensch als auch Automation sollten sich gegenseitig verstehen können. ◄◄

8.6 Zusammenfassung

Es gibt viele Dinge, die Menschen nicht gerne tun und bei denen sie nicht besonders leistungsfähig sind. Dies hat bereits in der Frühzeit Menschen motiviert, Werkzeuge zu entwickeln, um die eigenen Fähigkeiten zu verbessern. Automation bietet für den modernen Menschen flexible und vielfältige Möglichkeiten, Tätigkeiten schnell, effektiv und sicher erledigen zu lassen oder – aus Sicht der menschzentrierten Automation – gemeinsam mit einem technischen System Aufgaben besser und angenehmer zu erledigen, als er es alleine kann. Sowohl für den einzelnen Menschen als auch für die Gesellschaft kann damit Automation sehr attraktiv sein und ist dementsprechend im privaten Umfeld wie in der Arbeitswelt überall zu finden.

Im strengen Sinne liegt Automation nur dann vor, wenn ein technisches System bestimmte Aufgaben vollständig übernimmt. Ganz häufig finden sich Vorstufen und Übergänge, die den Menschen auf unterschiedliche Art unterstützen (durch Informationen, Handlungsvorschläge oder bei der Ausführung) oder nur Teile von Tätigkeiten übernehmen. Dies kann einerseits sehr positiv wirken, wenn Automation die Handlungen des Menschen ergänzt und diese so gestaltet ist, dass sie sich in die Tätigkeit nahtlos integriert. Wichtig ist dabei auch, dass die jeweiligen Fähigkeiten und Eigenschaften des Menschen und der Automation berücksichtigt werden (denken Sie an die MABA-Listen!). Immer wieder führen allerdings Systemausfälle und Fehler dazu, dass Menschen Dinge übernehmen müssen, die eigentlich die Automation bewältigen sollte. Dies ist häufig für den Menschen schwer zu erkennen, da er sich eigentlich auf die Automation verlässt, sie nur überwacht, aber gerade bei sehr zuverlässiger Automation an die Grenzen seiner kognitiven Ressourcen gerät. Dies führt zur »Ironie der Automation« – gerade die Automation, die den Menschen entlasten und schützen soll, erzeugt auf diese Weise schwierige Fehlersituationen, in denen auch der Mensch überfordert ist. Die Frage des Situationsbewusstseins ist vor diesem Hintergrund ein ganz zentrales psychologisches Konzept der Automation. Versteht der Nutzer noch, was in der Umwelt vorgeht, was die Automation tut, und was eine angemessene Aktion in der aktuellen Situation wäre?

Die Aufgaben und Forschungsfragen in diesem Bereich konzentrieren sich damit auf zwei Aspekte: Einerseits wird aufgrund von Aufgaben- und Tätigkeitsanalysen untersucht, welche Teilhandlungen auf welche Weise automatisiert werden sollten, um Schwächen des Menschen auszugleichen, ihn zu entlasten oder gezielt zu unterstützen. Andererseits beschäftigt man sich mit den Folgen von unvollständiger und fehlerhafter Automation, um einen möglichst guten Umgang damit zu erreichen. Je weiter die Automation entwickelt ist, desto weiter wird der zweite Komplex in den Hintergrund geraten. Dies zeigen die vielen Beispiele erfolgreicher Automation, die inzwischen in unserem Alltag zu finden sind. Gerade diese Gestaltung und die nahtlose Einbindung in das »normale« menschliche Leben wird in den nächsten Jahren ein ganz wichtiges Arbeitsgebiet für Ingenieurpsychologen sein.

Fragen zur Selbstüberprüfung

1. Definieren Sie »Automation«.
2. Nennen Sie drei Beispiele für Automation aus Ihrem Alltag. Welche Aufgaben wurden hier automatisiert?
3. Beschreiben Sie positive und negative Folgen der Automation.
4. Was ist mit »Stufen der Automation« gemeint? Beschreiben Sie kurz die wichtigsten Stufen nach Sheridan.
5. Welche Rolle spielen Überwachungsaufgaben bei Automation? Was ist hier das Problem?
6. Was ist eine MABA-Liste? Was ist die Grundidee dieses Ansatzes?
7. Beschreiben Sie den Kern der »Ironie der Automation« nach Bainbridge. Was ist die Hauptursache dieser Ironie?
8. Erklären Sie die drei Stufen des Situationsbewusstseins nach Endsley.
9. Beschreiben Sie kurz drei Techniken zur Erfassung des Situationsbewusstseins und nennen Sie jeweils Vor- und Nachteile.
10. Wie würden Sie das Situationsbewusstsein eines Radfahrers prüfen? Begründen Sie Ihre Antwort.
11. Beschreiben Sie kurz die Prinzipien menschzentrierter Automation nach Billings.

8.7 Literaturempfehlungen

Endsley, M. R. (2004). *Designing for Situation Awareness: An Approach to User-Centered Design (2nd ed.)*. Boca Raton: CRC Press.
Nemeth, C. P. (2002). *Human Factors Methods for Design: Making Systems Human-Centered*. Boca Raton: CRC Press.
Sheridan, T. B. (2002). *Humans and Automation: System Design and Research Issues*. Hoboken: Wiley.

9 Ein kurzer Ausblick…

Dieses Buch bietet einen Einstieg in die Ingenieurpsychologie. Es sollte deutlich geworden sein, dass diese angewandte Disziplin der Psychologie die kognitiven Prozesse von Nutzern untersucht, um dieses Wissen für die Gestaltung und Bewertung technischer Systeme zu nutzen. Das Ziel ist damit idealerweise immer zweigeteilt: (1) *den Nutzer besser zu verstehen* und (2) *bessere Produkte zu gestalten*. In dieser »Zwiespältigkeit« liegt für mich auch der Reiz dieser Disziplin. Einerseits trägt man zum besseren Verständnis des Menschen bei (dies in einem angewandten Kontext!) und damit zum Fortschritt der Wissenschaft, andererseits hilft man dabei, bessere Systeme zu gestalten, mit denen das Leben hoffentlich wiederum sicherer und lebenswerter wird (▶ **Abb. 9.1**).

Abb. 9.1: So sollte der Idealzustand der Mensch-Maschine-Interaktion aussehen.

Sowohl die Übersicht über die Grundlagen dieser angewandten Psychologie als auch über die Anwendungen selbst müssen bei dieser Art von Lehrbuch auf das Wesentliche reduziert bleiben. Allgemeine und Kognitive Psychologie, bei intelligenten Systemen aber auch die Sozialpsychologie, sind Grundlagenfächer, in denen ein Ingenieurpsychologe fundiertes Wissen erwerben sollte. In der konkreten Anwendung kommen methodische Kompetenzen hinzu: Versuchsplanung, Entwicklung von Messverfahren, statistische Verfahren der Datenauswertung, explorative Verfahren zur grafischen Darstellung von Daten, Berichterstellung und Präsentation von Ergebnissen sind die zentralen Themen, die natürlich auch für Ingenieurpsychologen Kernkompetenzen sind. Dies sind Fächer, die in der traditionellen universitären psychologischen Ausbildung unverzichtbarer Bestandteil des Bachelorstudiums sind. Unverzichtbar ist aber auch ein Grundwissen im technischen Bereich, was nur über entsprechende Nebenfächer und Praktika zu erwerben ist. Programmieren in Java oder C++, Messtechnik, Auswertung in Matlab, Grundlagen der Regelungstechnik, Webdesign – dies sind nur wenige der vielfältigen Themenbereiche, in denen man als Ingenieurpsychologe zumindest Grundkenntnisse erwerben sollte, um in der Zusammenarbeit mit den entsprechenden Disziplinen überhaupt die technischen Aspekte zu verstehen und darüber reden zu können. Aktuell erscheint es vielfach für Informatiker oder Ingenieure einfacher, sich ein Basiswissen über Nutzerstudien anzueignen und diese selbst durchzuführen, als Psychologen zu finden, die dies wirklich können und gleichzeitig zumindest zu verstehen, was die Probleme auf der technischen Seite sind. Dieses Lehrbuch ist deshalb auch so gestaltet, dass man hier entsprechende Grundlagen auch ohne ein psychologisches Studium finden und verstehen kann.

Für Psychologen besteht hier aus meiner Sicht ein großes Potenzial, sich *neue Arbeitsfelder* zu erarbeiten, wenn man sich zumindest ein technisches Grundwissen aneignet. Ich bin fest überzeugt, dass ein methodisch und psychologisch gut ausgebildeter Ingenieurpsychologe, der sich die technischen Grundlagen erarbeitet hat, deutlich mehr zur Gestaltung guter Mensch-Maschine-Systeme beitragen kann als ein Ingenieur oder Informatiker – nicht von der technische Seite her, aber von der Seite der Mensch-Maschine-Schnittstelle. Ich meine auch, dass es mehr Sinn macht, wenn sich Ingenieure und Informatiker stärker um die technische und softwaremäßige Umsetzung kümmern, Ingenieurpsychologen stärker um die Gestaltung der

Mensch-Maschine-Schnittstelle. Im Sinne der MABA-Listen von Fitts werden so die Stärken beider Disziplinen ideal kombiniert. Ich meine aber auch, dass dies nur dann wirklich harmonisch gelingen kann, wenn beide Seiten zumindest ein Grundverständnis des jeweiligen anderen Ansatzes besitzen – Ingenieurpsychologen müssen die technischen Grundlagen verstehen, Ingenieure und Informatiker sollten verstehen, dass die Systeme auch von technisch uninteressierten Menschen genutzt werden und diese vielleicht anders an die Interaktion herangehen als sie selbst. Das vorliegende Lehrbuch versucht deshalb auch, die Ingenieurpsychologie so darzustellen, dass weder psychologische noch technische Vorkenntnisse zum Verständnis der Themen notwendig sind. Die Hoffnung ist, dass dieses Lehrbuch für beide Seiten geeignet ist, um das gegenseitige Verständnis zu fördern.

Dieses Lehrbuch kann bei dem vorgegebenen Umfang nur Grundlagen der Ingenieurpsychologie vermitteln. Eine Vielzahl von Themen konnte in diesem Buch nicht berücksichtigt werden. In den Literaturempfehlungen findet man Möglichkeiten, um gezielt bestimmte Themen zu vertiefen. Um nur einige dieser Themen kurz anzureißen:

- Die *Signalentdeckungstheorie* ist im Bereich zwischen Methodik und Wahrnehmung ein ganz wichtiger Ansatz, der einerseits zum Verständnis der menschlichen Wahrnehmung und Aufmerksamkeit beiträgt, andererseits durch die spezielle Methodik Ansatzpunkte für die Gestaltung der Mensch-Maschine-Interaktion liefert.
- *Fehleranalysen* oder der Bereich »*Human Error*« sind gerade bei sicherheitskritischen Systemen ein sehr wichtiger Bereich, um die Gestaltung der Mensch-Maschine-Interaktion zu verbessern. Hier liegt aber auch eine Vielzahl von Publikationen aus diesem Bereich vor, in denen man vertiefte Informationen findet.
- Ein Überblick über *Anwendungsgebiete*: Die Ingenieurpsychologie hat bei speziellen Systemen ganz eigene Ansätze entwickelt. Der Bereich, der wohl die meisten Nutzer betrifft, ist der Verkehr (Straßenverkehr, Luftfahrt, Schifffahrt).

Sowohl gesellschaftlich als auch wirtschaftlich sind industrielle Anwendungen oder der Bereich des Internets sicherlich mindestens ebenso relevant. Jeder dieser Bereiche hat unterschiedliche Problemkreise, sodass eine Darstellung diesen Rahmen sprengen würde. Für die *Verkehrspsychologie* kann auf das Lehrbuch von Vollrath und Krems (Vollrath & Krems, 2011) verwiesen werden.

- Die *alternde Gesellschaft*: Immer wieder wurde darauf hingewiesen, dass die speziellen Anforderungen bestimmter Nutzergruppen bei der Entwicklung zu berücksichtigen sind. In unserer Gesellschaft nimmt der Anteil älterer Personen immer mehr zu. Gleichzeitig könnte Technik gerade ältere Personen besonders gut unterstützen, indem altersbedingte Defizite kompensiert werden. Automatisches Fahren könnte zum Beispiel die Mobilität älterer Personen erhalten, die nicht mehr sicher fahren können. Kommunikationstechnologien könnten ein aktives Sozialleben unterstützen. Allerdings ist gerade bei älteren Personen die Scheu vor Technik häufig stark ausgeprägt. Hier spielt die schlechte Bedienbarkeit und die mangelhafte Anpassung an die Fähigkeiten und Erfahrungen älterer Personen eine wesentliche Rolle. Hier entsteht ein zunehmender Bedarf für entsprechende Entwicklungen.
- *Gesellschaftliche Konsequenzen* technischer Entwicklungen: In der Vergangenheit hat eine blinde Technikgläubigkeit zu Entwicklungen geführt, mit denen noch die heutige Gesellschaft zu kämpfen hat. Der Ein- und Ausstieg aus der Atomenergie sei als ein Beispiel genannt. Neue Technik kann allerdings auch völlig neue Möglichkeiten schaffen, wie die die rasante Entwicklung der Kommunikationstechnologien aktuell zeigt. Soziale Netzwerke, ständige Erreichbarkeit, ständige Kommunikation und Konzentration auf technisch unterstützte Unterhaltung haben im letzten Jahrzehnt die individuelle Lebenswelt und die Gesellschaft massiv verändert. Auch dies sind prinzipiell Themen der Ingenieurpsychologie – welche Möglichkeiten benötigen die Menschen wirklich, wie sind diese zu gestalten, um eine bessere Lebensqualität in der Gesellschaft zu erreichen? Dies sind

Themen, die sicherlich bislang zu wenig untersucht werden und so auch nicht Thema dieses Buches werden konnten.

- *Training* und *Ausbildung*: Technik kann optimiert werden. Aber bestimmte Prozesse sind so komplex, dass man den Umgang damit erst lernen muss. Beim Autofahren werden relativ wenige Fahrstunden verlangt, um die Fahrprüfung antreten zu können. Um Psychologe zu werden, muss man sechs Semester Bachelor und vier Semester Master studieren. Man wird gerade komplexe technische Systeme nicht so gestalten können, dass man sofort und ohne jedes Training mit diesen umgehen kann (In der Science-Fiction-Serie *Perry Rhodan NEO* kann der Protagonist sofort mit einem Raumschiff der Arkoniden umgehen, weil das Interface völlig intuitiv gestaltet ist. Das scheint mir aber wirklich Fiktion zu sein!). Ein wichtiges Anwendungsgebiet des Ingenieurpsychologen ist die Gestaltung von Training, Ausbildung, Manualen. Dieses konnte in diesem Lehrbuch nicht berücksichtigt werden.

Es wird unmittelbar deutlich, dass die ingenieurpsychologischen Themen immer mehr an Bedeutung zunehmen. In der Arbeitswelt sind Computer nicht mehr wegzudenken, im privaten Bereich gewinnen Internet, soziale Netzwerke, Smartphones usw. immer mehr an Bedeutung. Nicht nur das technisch Machbare zu machen, sondern sich Gedanken darüber zu machen, welche Technik Menschen wirklich benötigen, wie diese angenehm und gut bedient werden kann, wie sich unser Leben dadurch verändert und wie man dies im Hinblick auf eine höhere Lebensqualität optimieren kann, scheint mir angesichts der immer stärkeren Technikdominanz ein ganz zentrales Thema zu sein. Das ist für mich Ingenieurpsychologie!

Literatur

Armand, J. T., Redick, T. S. & Poulsen, J. R. (2014). Task-specific performance effects with different numeric keypad layouts. *Applied Ergonomics, 45(4)*, 917–922.

Bailey, R. W. (1989). *Human performance engineering: Using human factors/ergonomics to achieve computer system usability.* Englewood Cliffs, NJ: Prentice Hall.

Bainbridge, L. (1983). Ironies of automation. *Automatica, 19(6)*, 775–779.

Billings, C. E. (1996). *Human-Centered Aviation Human-centered automation: principles and guidelines.* Moffett Field: NASA.

Brooke, J. (1996). SUS – A quick and dirty usability scale. In P. Jordan, B. Thomas, B. Weerdmeester & A. McClelland (Eds.), *Usability Evaluation in Industry* (pp. 189–194). London: Taylor & Francis.

Card, S. K., English, W. K. & Burr, B. J. (1978). Evaluation of mouse, rate-controlled isometric joystick, step keys, and text keys for text selection on a CRT. *Ergonomics, 21(8)*, 601–613.

Card, S. K., Moran, T. P. & Newell, A. (1983). *The psychology of human-computer interaction.* Hillsdale, NJ: Erlbaum.

DIN Deutsches Institut für Normung e. V. *Ergonomie der Mensch-System-Interaktion – Teil 210: Prozess zur Gestaltung gebrauchstauglicher interaktiver Systeme (ISO 9241-210:2010).* Berlin: Beuth Verlag.

Endsley, M. R. (1995a). Measurement of situation awareness in dynamic systems. *Human Factors, 37(1)*, 65–84.

Endsley, M. R. (1995b). Toward a theory of situation awareness in dynamic systems. *Human Factors, 37(1)*, 32–64.

Faul, F., Erdfelder, E., Buchner, A. & Lang, A.-G. (2009). Statistical power analyses using G*Power 3.1: Tests for correlation and regression analyses. *Behavior Research Methods, 41*, 1149–1160.

Fitts, P. M. (Ed.). (1951). *Human engineering for an effective air-navigation and traffic-control system.* Washington, DC: National Research Council Committee on Aviation Psychology.

Fitts, P. M. (1954). The information capacity of the human motor system in controlling the amplitude of movement. *Journal of Experimental Psychology, 47(6)*, 381–391.

Flemisch, F., Schomerus, J. & Kelsch, J.: Schmuntzsch, U. (2005). Vom Fahrer zum Reiter? Zwischenbericht 2005 auf dem Weg von der

H-Metapher zum H-Mode für Bodenfahrzeuge. In VDI Wissensforum IWB GmbH (Hrsg.), *Fahrer im 21. Jahrhundert. Der Mensch als Fahrer und seine Interaktion mit dem Fahrzeug* (S. 63–74). Düsseldorf: VDI Verlag GmbH.

Giese, F. (1927). Methoden der Wirtschaftspsychologie. In E. Abderhalden (Hrsg.), *Handbuch der biologischen Arbeitsmethoden (Bd. 2, Abt. VIc)*. Berlin: Urban & Schwarzenberg.

Hacker, W. (2005). *Allgemeine Arbeitspsychologie: Psychische Regulation von Wissens-, Denk- und körperlicher Arbeit* (2. Aufl.). *Schriften zur Arbeitspsychologie: Vol. 58*. Bern: Huber.

Hauß, Y. & Timpe, H.-P. (2000). Automatisierung und Unterstützung im Mensch-Maschine System. In H.-P. Timpe, T. Jürgensohn & H. Kolrep (Hrsg.), *Mensch-Maschine-Systemtechnik* (S. 41–62). Düsseldorf: Symposion.

Hoyos. (1990). Menschliches Handeln in technischen Systemen. In C. G. Hoyos & B. Zimolong (Hrsg.), *Enzyklopädie der Psychologie. Themenbereich D Praxisgebiete, Serie III Wirtschafts-, Organisations- und Arbeitspsychologie, Band 2 Ingenieurpsychologie* (S. 1–30). Göttingen: Hogrefe.

Kahnemann, D. (1973). *Attention and effort*. Englewood Cliffs, NJ: Prentice Hall.

Kirakowski, J. & Corbett, M. (1993). SUMI: the Software Usability Measurement Inventory. *British Journal of Educational Technology, 24*, 210–212.

Lomow, B. (1964). *Ingenieurpsychologie*. Berlin: VEB Deutscher Verlag der Wissenschaften.

Maciej, J. & Vollrath, M. (2009). Comparison of manual vs. speech-based interaction with in-vehicle information systems. *Accident analysis and prevention, 41(5)*, 924–930.

Mackworth, N. H. (1948). The breakdown of vigilance during prolonged visual search. *Quarterly Journal of Experimental Psychology, 1*, 6–21.

Moede, W. (1930). *Lehrbuch der Psychotechnik*. Berlin: Springer.

Münsterberg, H. (1913). *Psychologie und Wirtschaftsleben: Ein Beitrag zur angewandten Experimental-Psychologie*. Leipzig: Barth.

Münsterberg, H. (1914). *Grundzüge der Psychotechnik*. Leipzig: Barth.

Patterson, R. D. (1990). Auditory warning sounds in the work environment. *Philosophical transactions of the Royal Society of London. Series B: Biological sciences, 327(1241)*, 485–492.

Schmidt, G., Kiss, M., Babbel, E. & Galla, A. (2008). The wizard on wheels: rapid prototyping and user testing of future driving assistance using wizard of oz technique in a vehicle. In FISITA (Ed.), *Proceedings of the FISITA 2008 – The future of automobiles und mobility*. München: FISITA.

Parasuraman, R., Sheridan, T. & Wickens, C.D. (2000). A Model for Types and Levels of Human Interaction with Automation. *IEEE Transactions on Systems, Man, and Cybernetics – Part A: Systems and Humans, 30(3),* 286–297.

Sheridan, T. (2006). Supervisory control. In G. Salvendy (Ed.), *Handbook of Human Factors and Ergonomics* (pp. 1025–1052). Hoboken: Wiley.

Shneiderman, B. (1992). *Designing the User Interface. Strategies for Effective Human-Computer Interaction.* Amsterdam: Addison-Wesley.

Stern, W. (1903–1904). Angewandte Psychologie. In W. Stern (Ed.), *Beiträge zur Psychologie der Aussage* (pp. 4–45). Leipzig: Barth.

Vollrath, M., Knust, M. & Struck, S. (2014). Ich sehe was, was du nicht siehst« – Assistenz für Blinde und Sehbehinderte. In Intelligente Transport- und Verkehrssysteme und -dienste Niedersachsen e. V. (Hrsg.), *AAET – Automatisierungssysteme, Assistenzsysteme und eingebettete Systeme für Transportmittel* (S. 276–290). Braunschweig: ITS Niedersachsen e. V.

Vollrath, M. & Krems, J. (2011). *Verkehrspsychologie: Ein Lehrbuch für Psychologen, Ingenieure und Informatiker.* Stuttgart: Kohlhammer.

Wainer, H. (1984). How to display data badly. *American Statistician, 38 (2),* 137–147.

Warm, J. S., Parasuraman, R. & Matthews, G. (2008). Vigilance requires hard mental work and is stressful. *Human Factors, 50(3),* 433–441.

Werneke, J. (2006). *Adaptive Fahrerassistenz – eine Bedarfsanalyse: Diplomarbeit.* Lüneburg: Leuphana.

Werneke, J. & Vollrath, M. (2012). What does the driver look at? The influence of intersection characteristics on attention allocation and driving behavior. *Accident analysis and prevention, 45,* 610–619.

Wickens, C. D. (2002). Multiple resources and performance prediction. *Theoretical Issues in Ergonomic Sciences, 3(2),* 159–177.

Wickens, C. D., Goh, J., Helleberg, J., Horrey, W. & Talleur, D. A. (2003). Attentional models of multitask pilot performance using advanced display technology. *Human Factors, 45(3),* 360–380.

Wickens, C. D. & Hollands, J. G. (2000). *Engineering psychology and human performance* (3rd ed.). Upper Saddle River, NJ: Prentice-Hall.

Wickens, C. D. & Kramer, A. (1985). Engineering Psychology. *Annual Reviews of Psychology, 36,* 307–348.

Wickens, C. D., Lee, J., Liu, Y. & Becker, S. G. (2004). *An introduction to human factors engineering* (2nd ed.). Upper Saddle River, NJ: Pearson/Prentice Hall.

Wright, C. E. & Lee, F. (2013). Issues related to HCI application of fitts's law. *Human-Computer Interaction, 28(6),* 548–578.

Zimolong, B. (2006). Gegenstand und Entwicklung der Ingenieurpsychologie. In B. Zimolong & U. Konradt (Hrsg.), *Enzyklopädie der Psychologie Praxisgebiete Wirtschafts-, Organisations- und Arbeitspsychologie: Vol. 2. Ingenieurpsychologie* (S. 3–31). Göttingen: Hogrefe.

Zimolong, B. & Konradt, U. (Hrsg.). (2006). *Enzyklopädie der Psychologie Praxisgebiete Wirtschafts-, Organisations- und Arbeitspsychologie: Vol. 2. Ingenieurpsychologie*. Göttingen: Hogrefe.

Stichwortverzeichnis

A

Affordance 149
Aktives Stellteil 146
Akustische Warnungen 111–112
Akustischer Alarm 46, 114, 116
Akzeptanz 23, 45, 54, 64, 72–73, 75, 118, 160, 174–176, 179, 198
Amplitude 109
Anforderungsanalyse 55, 59–61, 114, 164, 173
Auditory Earcon 117
Auditory Icon 117
Aufforderungscharakter 149, 153
Aufgabenanalyse 17–18, 62, 64, 69, 135, 147, 152, 167
Aufgabenangemessenheit 166–168, 172, 174, 178
Aufmerksamkeit 25, 31–32, 35, 37, 39, 43–44, 85–86, 89, 91, 110, 127, 195, 208
Automation 19, 87, 181–183, 186, 190, 193, 203
Automation Surprise 200

B

Beanspruchung 58, 72, 75
Bedienelement 21, 133, 140
Bedienteil 133, 136, 138, 153
Bewegung 133, 135, 139, 140–141, 149, 153–154
Bottom-up 38, 85
Brain-Computer-Interface 131

C

Closed-Loop-Kontrolle 51, 135–136, 146, 154
Cocktailparty-Effekt 111
Complacency 198

D

Desktop-Metapher 151, 160, 174
Display 21, 28, 33, 36–37, 40, 45, 47, 139, 185, 187

E

Effektivität 22, 73, 151, 174–176
Effizienz 23, 26, 73, 151, 168, 174–176
Effort 37–38, 40
Empirie 67
Ergonomie 24–25, 61
Erkennbarkeit 93–94, 96
Erwartungskonformität 95, 167, 169
Evaluation 17, 126, 174, 176–177
Expectancy 37, 39–41
Experiment 51, 68, 70
Explorative Studie 67–68

F

Fehler der Automation 200
Fehlertoleranz 167, 169
Fehlervermeidung 152–153, 156

Fitts'sches Gesetz 133–135, 141, 153
Fixation 86, 96–97, 123–124
Fokusgruppe 57, 65
Folgetracking 138
Formular 163–164
Frequenz 109, 113, 116
Funktionsteilung 182, 186, 190

G

Gebrauchstauglichkeit 22–23, 72–73
GOMS 63–64
Grafik 96, 98, 100

H

Handlungsaufforderung 83, 139
HMI 14, 160
Hörschwelle 110, 112
Human Factors 24–25
Human Factors Engineering 19
Human-Centered Automation 202
Human-Centered Design 53
Human-Machine-Interface 14, 160
Hyperartikulation 122

I

Icon 83, 162
Individualisierbarkeit 167, 170
Ingenieurpsychologie 14–15, 17–20, 25–26, 50, 55, 206
Instruktion 69
Interaktionsform 162–163, 179
Interface 14, 22, 131, 160–161
Intuitivität 73, 149, 151
Ironie der Automation 182, 193, 204

Ironies of Automation 193
Iteratives Design 55

J

Joy-of-Use 72, 75, 176

K

Kompensatorisches Tracking 138
Konsistenz 95, 169

L

Latte Macchiato 33–35, 107, 150, 190
Lautstärke 109–110, 113, 115–116
Lebenszyklus 55
Lernen 151, 210
Lernförderlichkeit 167, 171–172
Lesen 31, 92, 123
Levels of Automation 186
Lokalisation 44, 109

M

MABA-Liste 192, 204
Mensch-Computer-Interaktion 26–27, 73, 157–158, 163, 166
Mensch-Maschine-Interaktion 14–15, 20, 25, 33, 37, 118, 154, 178, 187
Mensch-Maschine-Schnittstelle 14, 22, 54, 73, 157, 160
Menschzentrierte Automation 202
Menschzentriertes Design 52–53, 55
Mentales Modell 173–174, 178

Menu 162
Menü 162–163
Messverfahren 72
Methode des Lauten
 Denkens 72
MMS 14, 160
Modell 30, 37, 42, 173
Modell multipler
 Ressourcen 42, 46

N

Nutzergruppe 61, 171, 209
Nutzungskontext 60–61, 69
Nutzungsszenario 58

O

Open-Loop-Kontrolle 135–136, 146

P

Partizipatives Design 52, 54
Pointer 162
Pop-Out-Effekt 90, 92, 96
Psychotechnik 18, 20
Pursuit-Tracking 138

R

Realitätsnähe 97
Redundanz 96
Rückmeldung 21, 51, 132, 146, 148, 153

S

SAGAT 196
Salience 37–40
SART 196
Schmerzschwelle 110, 113
SEEV-Modell 37, 40, 47

Selbstbeschreibungs-
 fähigkeit 166–167
Sensorische
 Vorverarbeitung 86
Situationsbewusstsein 195, 198, 204
Sprachdialogsystem 119, 123
Spracherkennung 119, 122
Sprachwarnung 117
Steuerbarkeit 166, 168, 172
Stichprobe 68
Stufen der Automation 185–186, 190
SUMI 176
Supervisory Control 87, 188
SUS 73, 176
Systemaktion 82
Systemausfall 195
Systemparameter 83
Systemverständnis 72, 173
Systemzustand 80

T

Talking-to-Early 120, 122
Tastatur 142, 144, 160, 165
Top-down 39, 85
Touchscreen 144
Tracking 137–138

U

Unterscheidbarkeit 94, 96
Usability 22–23, 72–73, 75, 151, 167, 174, 176
Usc Case 58
User Experience 23, 45, 174, 179

V

Value 37, 39–40
Verstehen 34, 36
Vigilanz 87, 191

Visuelle Informationen 79, 82, 93, 98
Visuelle Suche 89
Visuelle Wahrnehmung 84, 87

W

Wahrnehmung 25, 32, 34, 40, 43, 84, 86, 110

WAMMI 176
Warnsignal 113–114, 117
WIMP-Interface 160, 162
Window 162
Wizard-of-Oz-Studie 57

Z

Zentralität 96
Zufriedenheit 23

Mark Vollrath/Josef Krems

Verkehrspsychologie

Ein Lehrbuch für Psychologen, Ingenieure und Informatiker

2011. 236 Seiten. Fester Einband
€ 49,90
ISBN 978-3-17-020846-9

Kohlhammer Standards Psychologie

Der moderne Verkehr wird immer sicherer, obwohl die Anforderungen an die Verkehrsteilnehmer zunehmen. Hohe Verkehrsdichten, komplexe städtische Umgebungen, neue Informationstechnologien und automatisches Fahren sind einige Schlüsselthemen. Im Mittelpunkt der modernen Verkehrspsychologie steht inzwischen das System Fahrer-Fahrzeug-Umwelt. Psychologen arbeiten in interdisziplinären Teams auch an der Gestaltung von Fahrzeugen, Straßen und Verkehrssystemen mit. Dieses Lehrbuch vermittelt ein grundlegendes Verständnis des Fahrers im Verkehr und seiner Interaktion mit neuen technischen Systemen – und hoffentlich auch den Reiz, den dieses wachsende Gebiet auf Forscher und Anwender ausübt.

W. Kohlhammer GmbH · 70549 Stuttgart
vertrieb@kohlhammer.de · www.kohlhammer.de

Johannes Schiebener/Matthias Brand

Allgemeine Psychologie I

2014. 272 Seiten mit 49 Abb. und 3 Tab. Kart.
€ 22,99
ISBN 978-3-17-021990-8
Urban-Taschenbücher, Band 745
Grundriss der Psychologie, Band 3

Die Allgemeine Psychologie I bildet für Studierende den Einstieg in die Psychologie. Um dieser Zielgruppe gerecht zu werden, werden die Themen Perzeption, Kognition und Handeln in diesem Lehrbuch kompakt und leicht verständlich vermittelt. Das in allen Kapiteln einheitliche Konzept spiegelt die empirische und naturwissenschaftliche Arbeitsweise in der Allgemeinen Psychologie wider. Phänomene und Theorien werden mit Alltagsbeispielen erläutert, neurobiologische Grundlagen erklärt und empirische Studien vorgestellt.

W. Kohlhammer GmbH · 70549 Stuttgart
vertrieb@kohlhammer.de · www.kohlhammer.de